用途別 消防設備設置基準

編集　消防設備設置基準研究会

新日本法規

はしがき

　建築物が大規模化、高層化等し、その利用形態の特異化・複雑化が進展しています。一方で、高齢化社会を支える病院、診療所や社会福祉施設等の重要性が高まるとともに、利用形態や建築構造・施設設備も複雑多様化しています。

　病院、診療所や社会福祉施設等は、適切に管理運用するために、その利用形態に応じて詳細に区分分類されているとともに、近年の火災事故等を教訓に設置すべき消防用設備等の基準もより細分化されています。

　これらの施設においては、その用途を正しく捉え、当該用途に応じた消防用設備等の設置、防火管理等を適確に行うことが必要となります。

　このためには、当該防火対象物の利用形態等に応じた用途を適確に判断するとともに、その規模（階高、延べ面積、階の構造など）や収容人員に応じた消防用設備等を選択し、設置することが必要となります。

　防火対象物の用途区分を示している消防法施行令別表第1については、近年特に複雑かつ難解となっており、適正な運用を図るには用途に関する他法令による規定や行政実例の知識も必要となるため、これらを把握、理解することは容易ではありません。

　本書は、防火対象物の用途区分の内容を解説するとともに、消防法17条1項の規定に基づき、当該用途に応じて設置が義務付けられる消防用設備等の基準について、防火対象物の用途ごとに、表形式でコンパクトにまとめたものです。さらに、消防法17条2項の規定に基づき、市町村等の条例において、付加することのできる基準として「東京都火災予防条例」の内容を附記しています。

　本書が、防火対象物の防火安全の実務に携わる方々に広く活用され、消防用設備等の設置の義務付けに係る法令の正しい理解の一助になることを期待してやみません。

平成29年3月

消防設備設置基準研究会

略 語 表

1 法令等

根拠となる法令等の略記例及び略語は、次のとおりである（〔 〕は本文中の略語を示した。）。

　　消防法施行令第10条第1項第1号＝令10①一
　　平成17年3月25日総務省令第40号＝平17・3・25総務令40
　　平成26年3月28日消防庁告示第4号＝平26・3・28消告4

略　語	法　令　名　等
法〔法〕	消防法
令〔令〕	消防法施行令
規〔規〕	消防法施行規則
〔危令〕	危険物の規制に関する政令
建法	建築基準法
建令	建築基準法施行令
児福法	児童福祉法
障害支援法	障害者の日常生活及び社会生活を総合的に支援するための法律
風営法	風俗営業等の規制及び業務の適正化等に関する法律
風営令	風俗営業等の規制及び業務の適正化等に関する法律施行令
風営規	風俗営業等の規制及び業務の適正化等に関する法律施行規則
老福法	老人福祉法
条例	東京都火災予防条例
条例規則	東京都火災予防条例施行規則

2 通知

根拠となる通知の略記例は、次のとおりである。

　　平成28年3月31日消防予第100号＝平28・3・31消防予100

3 判例

根拠となる判例の略記例は、次のとおりである。

　　大審院昭和3年6月7日判決、大審院民事判例集7巻443頁＝大判昭3・6・7民集7・443

目　次

第1章　消防用設備等の設置の義務付け

ページ
1　設置の義務付けに係る基本法令……………………………………………………………1
2　市町村条例による付加規定…………………………………………………………………1
3　特殊消防用設備等……………………………………………………………………………1
4　消防用設備等の種類…………………………………………………………………………2
5　必要とされる防火安全性能を有する消防の用に供する設備等…………………………3

第2章　防火対象物のとらえ方

1　防火対象物の定義
　1-1　消防法で定義される防火対象物………………………………………………………8
　1-2　消防法施行令で規定される防火対象物………………………………………………11

2　防火対象物の単位
　2-1　消防用設備等の設置単位………………………………………………………………19
　2-2　渡り廊下等により接続されている建築物……………………………………………19
　2-3　別棟として取り扱うことができる場合………………………………………………19
　2-4　令8区画によるみなし防火対象物……………………………………………………24
　2-5　令9条による複合用途防火対象物のみなし防火対象物……………………………29
　2-6　令9条の2による地下街との接続……………………………………………………32
　2-7　同一の敷地………………………………………………………………………………33
　2-8　規12条の2の構造（火災発生時の延焼を抑制する機能を備える構造）…………35
　2-9　規則13条区画……………………………………………………………………………40
　2-10　特定共同住宅等の区画…………………………………………………………………43

3　防火対象物の用途
　3-1　防火対象物の用途区分（令別表第1）………………………………………………46
　3-2　令別表第1の備考………………………………………………………………………48
　3-3　主用途と従属用途………………………………………………………………………49

目　次

4　その他
　4－1　建築物に係る面積、高さ等の算定方法…………………………………52
　4－2　消防法において引用される建築基準法令の用語…………………………60
　4－3　消防用設備等の設置緩和……………………………………………………63

第3章　主たる用途別の消防設備設置基準

「消防設備設置基準一覧表」の見方・扱い方………………………………………76
　1　劇場・映画館・演芸場又は観覧場……………………………………………81
　2　公会堂・集会場…………………………………………………………………87
　3　キャバレー・カフェー・ナイトクラブ等……………………………………91
　4　遊技場・ダンスホール…………………………………………………………95
　5　性風俗関連特殊営業を営む店舗等……………………………………………100
　6　カラオケボックス等……………………………………………………………105
　7　待合・料理店等…………………………………………………………………109
　8　飲食店……………………………………………………………………………113
　9　百貨店・マーケット等…………………………………………………………117
　10　旅館・ホテル・宿泊所等………………………………………………………123
　11　寄宿舎・下宿・共同住宅………………………………………………………128
　12　特定共同住宅等…………………………………………………………………132
　13　病院・診療所・助産所…………………………………………………………139
　14　老人短期入所施設・養護老人ホーム・特別養護老人ホーム等……………145
　15　老人デイサービスセンター・軽費老人ホーム・老人福祉センター等……154
　16　幼稚園・特別支援学校…………………………………………………………163
　17　小学校・中学校・高等学校等…………………………………………………167
　18　図書館、博物館、美術館その他これらに類するもの………………………172
　19　公衆浴場のうち、蒸気浴場、熱気浴場その他これらに類するもの………176
　20　令別表第1(9)項イに掲げる公衆浴場以外の公衆浴場………………………180
　21　車両の停車場又は船舶若しくは航空機の発着場（旅客の乗降又は待合いの用に供する
　　　建築物に限る。）………………………………………………………………184
　22　神社、寺院、教会その他これらに類するもの………………………………188
　23　工場又は作業場…………………………………………………………………193
　24　映画スタジオ又はテレビスタジオ……………………………………………197
　25　自動車車庫又は駐車場…………………………………………………………201

— 2 —

26	飛行機又は回転翼航空機の格納庫	205
27	倉　庫	208
28	令別表第1(1)項から(14)項までに該当しない事業場	212
29	特定複合用途防火対象物	216
30	複合型居住施設	222
31	非特定複合用途防火対象物	227
32	地下街	232
33	準地下街	237
34	重要文化財等	242
35	延長50m以上のアーケード	247
36	市町村長の指定する山林	250
37	舟　車	251
38	住宅の用に供される防火対象物	253

第4章　部分の用途に着目した消防設備設置基準

1　少量危険物を貯蔵し、又は取り扱うもの又は部分
- 1－1　少量危険物の定義 …… 254
- 1－2　設置が義務付けられる消防用設備等 …… 255

2　指定可燃物を貯蔵し、又は取り扱うもの又は部分
- 2－1　指定可燃物の定義 …… 256
- 2－2　設置が義務付けられる消防用設備等 …… 257

3　屋上部分で航空機等の発着の用に供される部分
- 3－1　回転翼航空機又は垂直離着陸航空機の発着の用に供されるものの定義 …… 260
- 3－2　設置が義務付けられる消防用設備等 …… 260
- 3－3　ヘリコプターの屋上緊急離着陸場等の特例 …… 260

4　道路の用に供される部分
- 4－1　道路の用に供される部分の定義 …… 262
- 4－2　設置が義務付けられる消防用設備等 …… 262
- 4－3　道路の用に供される部分に係る基準の特例 …… 263

目　次

5　自動車の修理等に供される部分
5－1　自動車の修理等に供される部分の定義……………………………………264
5－2　設置が義務付けられる消防用設備等……………………………………264

6　駐車の用に供される部分
6－1　駐車の用に供される部分の定義……………………………………………265
6－2　設置が義務付けられる消防用設備等……………………………………265

7　電気設備が設置されている部分
7－1　電気設備が設置されている部分の定義…………………………………266
7－2　設置が義務付けられる消防用設備等……………………………………266
7－3　設置の緩和……………………………………………………………………267

8　鍛造場等多量の火気を使用する部分
8－1　鍛造場等多量の火気を使用する部分の定義……………………………268
8－2　設置が義務付けられる消防用設備等……………………………………268
8－3　設置の緩和……………………………………………………………………268

9　通信機器室
9－1　通信機器室の定義……………………………………………………………269
9－2　設置が義務付けられる消防用設備等……………………………………269

10　冷凍室・冷蔵室
10－1　冷凍室・冷蔵室の定義………………………………………………………270
10－2　設置が義務付けられる消防用設備等………………………………………270

11　大規模・高層建築物等の総合操作盤
11－1　総合操作盤の定義……………………………………………………………271
11－2　消防用設備等に係る総合操作盤を設ける防火対象物の要件……………271

第1章　消防用設備等の設置の義務付け

1　設置の義務付けに係る基本法令

　消防用設備等は、法17条の規定に基づき防火対象物の用途、規模（延べ面積、床面積、階数）、部分の状況（無窓階・避難階）や収容人員の状況に応じて、当該防火対象物の関係者に対し、設置が義務付けられている。

　この場合の防火対象物の用途は、令別表第1において類似の用途（利用形態、火災危険性等）ごとに(1)項から(20)項までに区分されている。この場合において、一般住宅（個人の住居の用に供されるもので寄宿舎、下宿及び共同住宅以外のもの）の用途に供される部分が存する防火対象物にあっては、令別表第1に掲げる対象物の用途に供される部分の床面積の合計に応じて、その取扱いが決められている（昭50・4・15消防予41・消防安41）。

　また、法17条1項に規定される消防用設備等には、当該規定に基づいて令第2章第3節の第2款から第6款までの規定により設置し、及び維持しなければならない消防用設備等（通常用いられる消防用設備等）に代えて設置することのできる「必要とされる防火安全性能を有する消防の用に供する設備等」が含まれる（令7⑦）。

○基本規定（法17①）

> 学校、病院、工場、事業場、興行場、百貨店、旅館、飲食店、地下街、複合用途防火対象物その他の防火対象物で政令で定めるものの関係者は、政令で定める消防の用に供する設備、消防用水及び消火活動上必要な施設（消防用設備等）について消火、避難その他の消防の活動のために必要とされる性能を有するように、政令で定める技術上の基準に従って、設置し、及び維持しなければならない。

2　市町村条例による付加規定

　法17条1項に基づく消防用設備等の設置の義務付けは、全国一律に適用され防火対象物の防火安全を確保するための必要最低の基準とされており、個々の市町村の気候又は風土の特殊性を考慮したものとなっていない。このため、市町村において気候又は風土の特殊性を考慮した条例を定め、法17条1項の規定に基づく消防用設備等の技術上の基準に関する政令又はこれに基づく命令の規定と異なる規定を設けることができるとされている（法17②）。

　この場合において、条例で定める基準は、法17条1項の消防用設備等の技術上の基準より強化されたものであり、緩和する規定については設けることはできない。

　一方、消防長又は消防署長が個々の防火対象物の位置、構造又は設備の状況から判断して、令第2章第3節の規定による消防用設備等の基準によらなくとも、火災の発生又は延焼のおそれが著しく少なく、かつ、火災等の災害による被害を最少限度に止めることができると認めるときには、特例を適用して緩和することができるとされている（令32）。

○条例付加に関する基本規定（法17②）

> 市町村は、その地方の気候又は風土の特殊性により、法17条1項の消防用設備等の技術上の基準に関する政令又はこれに基づく命令の規定のみによっては防火の目的を充分に達し難いと認めるときは、条例で、法17条1項の消防用設備等の技術上の基準に関して、当該政令又はこれに基づく命令の規定と異なる規定を設けることができる。

3　特殊消防用設備等

　特殊消防用設備等は、法17条1項の規定に基づく政令・命令又は法17条2項の規定に基づく条例で定める技術上の基準に従って設置し、及び維持しなければならない消防用設備等に代えて設置することができる特殊の消防用設備等その他の設備等とされている（法17③）。

　また、特殊消防用設備等の設置及び維持に関する計画（設備等設置維持計画）に従って設置し、及

第1章　消防用設備等の設置の義務付け

び維持するものとして、総務大臣の認定を受けたものを用いる場合には、当該消防用設備等（それに代えて当該認定を受けた特殊消防用設備等が用いられるものに限る。）については、法17条1項及び2項の規定は適用しないとされている（法17③）。

総務大臣の認定を受ける場合には、あらかじめ日本消防検定協会又は法人であって総務大臣の登録を受けたものが行う性能評価（設備等設置維持計画に従って設置し、及び維持する場合における特殊消防用設備等の性能に関する評価をいう。）を受けなければならないとされている（法17の2①）。

○特殊消防用設備等に関する基本規定（法17③）

> 法17条1項の防火対象物の関係者が、同項の政令若しくはこれに基づく命令又は法17条2項の規定に基づく条例で定める技術上の基準に従って設置し、及び維持しなければならない消防用設備等に代えて、特殊の消防用設備等その他の設備等（特殊消防用設備等）であって、当該消防用設備等と同等以上の性能を有し、かつ、当該関係者が総務省令で定めるところにより作成する特殊消防用設備等の設置及び維持に関する計画（設備等設置維持計画）に従って設置し、及び維持するものとして、総務大臣の認定を受けたものを用いる場合には、当該消防用設備等（それに代えて当該認定を受けた特殊消防用設備等が用いられるものに限る。）については、法17条1項及び2項の規定は、適用しない。

4　消防用設備等の種類

法17条1項の規定により、防火対象物に設置が義務付けられる消防用設備等には、次のものがある（令7）。

消防用設備等		種　類
消防の用に供する設備	消火設備 水その他消火剤を使用して消火を行う機械器具又は設備	①　消火器及び次に掲げる簡易消火用具 　　水バケツ、水槽、乾燥砂、膨張ひる石・膨張真珠岩 ②　屋内消火栓設備 ③　スプリンクラー設備 ④　水噴霧消火設備 ⑤　泡消火設備 ⑥　不活性ガス消火設備 ⑦　ハロゲン化物消火設備 ⑧　粉末消火設備 ⑨　屋外消火栓設備 ⑩　動力消防ポンプ設備
	警報設備 火災の発生を報知する機械器具又は設備	①　自動火災報知設備 ②　ガス漏れ火災警報設備（液化石油ガスの保安の確保及び取引の適正化に関する法律2条3項に規定する液化石油ガス販売事業によりその販売がされる液化石油ガスの漏れを検知するためのものを除く。） ③　漏電火災警報器 ④　消防機関へ通報する火災報知設備 ⑤　警鐘、携帯用拡声器、手動式サイレンその他の非常警報器具及び次に掲げる非常警報設備 　　非常ベル、自動式サイレン、放送設備
	避難設備 火災が発生した場合において避難するために	①　すべり台、避難はしご、救助袋、緩降機、避難橋その他の避難器具 ②　誘導灯及び誘導標識

第1章　消防用設備等の設置の義務付け

	用いる機械器具又は設備	
消防用水	防火水槽又はこれに代わる貯水池その他の用水
消火活動上必要な施設	排煙設備、連結散水設備、連結送水管、非常コンセント設備及び無線通信補助設備
必要とされる防火安全性能を有する消防の用に供する設備等	消防の用に供する設備、消防用水及び消火活動上必要な施設

5　必要とされる防火安全性能を有する消防の用に供する設備等

　「必要とされる防火安全性能を有する消防の用に供する設備等」とは、「通常用いられる消防用設備等」（令第2章第3節の第2款から第6款までの規定により設置し、及び維持しなければならない消防用設備等）に代えて、設置することができるものであり、その基準は総務省令により規定される（令29の4①）。

　また、防火対象物の関係者は、総務省令に定めるところにより消防長又は消防署長が、その防火安全性能が当該通常用いられる消防用設備等の防火安全性能と同等以上であると認める消防の用に供する設備、消防用水又は消火活動上必要な施設を用いることができる（令29の4①）。

　防火安全性能とは、①火災の拡大を初期に抑制する性能、②火災時に安全に避難することを支援する性能又は③消防隊による活動を支援する性能とされている（令29の4①）。

　また、必要とされる防火安全性能を有する消防の用に供する設備等については、通常用いられる消防用設備等と同等以上の防火安全性能を有するように設置し、及び維持しなければならない（令29の4②）。

　必要とされる防火安全性能を有する消防の用に供する設備等を設置した場合には、通常用いられる消防用設備等（それに代えて必要とされる防火安全性能を有する消防の用に供する設備等が用いられるものに限る。）に係る令第2章第3節の第2款から第6款までの規定を適用しないとされている（令29の4③）。

　なお、必要とされる防火安全性能を有する消防の用に供する設備等に関する基準としては、次のものが規定されている。

●必要とされる防火安全性能を有する消防の用に供する設備等に関する省令（平16・5・31総務令92）

○パッケージ型消火設備　→　屋内消火栓設備に代えて設置することができる。
　パッケージ型消火設備の設置及び維持に関する技術上の基準（平16・5・31消告12）
　設置対象は、次のとおりである。

令11条1項1号から3号まで及び6号に掲げる防火対象物又はその部分のうち、令別表第1(1)項から(12)項まで若しくは(15)項に掲げる防火対象物又は同表(16)項に掲げる防火対象物の同表(1)項から(12)項まで若しくは(15)項に掲げる防火対象物の用途に供される部分（指定可燃物（可燃性液体類に係るものを除く。）を危令別表第4で定める数量の750倍以上貯蔵し、又は取り扱うものを除く。）であって、次に掲げるもの（地階、無窓階又は火災のとき煙が著しく充満するおそれのある場所を除く。）に設置することができる。

Ⅰ型	耐火建築物	地階を除く階数が6以下であり、かつ、延べ面積が3,000㎡以下のもの
	耐火建築物以外のもの	地階を除く階数が3以下であり、かつ、延べ面積が2,000㎡以下のもの
Ⅱ型	耐火建築物	地階を除く階数が4以下であり、かつ、延べ面積が1,500㎡以下のもの

	耐火建築物以外のもの	地階を除く階数が2以下であり、かつ、延べ面積が1,000㎡以下のもの
パッケージ型自動消火設備を設置している防火対象物又はその部分		規13条3項各号に掲げる部分（スプリンクラーヘッドの設置を要さない部分）

○パッケージ型自動消火設備 → スプリンクラー設備に代えて設置することができる。
　パッケージ型自動消火設備の設置及び維持に関する技術上の基準（平16・5・31消告13）
　設置対象は、次のとおりである。

Ⅰ型	令12条1項1号、3号、4号及び9号から12号までに掲げる防火対象物又はその部分（令12条2項2号ロに規定する部分を除く。）のうち、令別表第1(5)項若しくは(6)項に掲げる防火対象物又は同表(16)項に掲げる防火対象物の同表(5)項若しくは(6)項に掲げる防火対象物の用途に供される部分で、延べ面積が10,000㎡以下のもの
Ⅱ型	令12条1項1号及び9号に掲げる防火対象物又はその部分で、延べ面積が275㎡未満のもの（易燃性の可燃物が存し消火が困難と認められるものを除く。）

●特定共同住宅等における必要とされる防火安全性能を有する消防の用に供する設備等に関する省令（平17・3・25総務令40）

設置対象は、特定共同住宅とされている。なお、詳しくは、「第2章　2－10、第3章　12・30」を参照すること。

> 特定共同住宅等とは、令別表第1(5)項に掲げる防火対象物及び同表(16)項イに掲げる防火対象物（同表(5)項イ及びロ並びに(6)項ロ及びハに掲げる防火対象物（同表(6)項ロ及びハに掲げる防火対象物にあっては、有料老人ホーム、福祉ホーム、老人福祉法5条の2第6項に規定する認知症対応型老人共同生活援助事業を行う施設又は障害者の日常生活及び社会生活を総合的に支援するための法律5条17項に規定する共同生活援助を行う施設に限る。）の用途以外の用途に供される部分が存せず、かつ、同表(5)項イ並びに(6)項ロ及びハに掲げる防火対象物の用途に供する各独立部分（構造上区分された数個の部分の各部分で独立して当該用途に供されることができるものをいう。）の床面積がいずれも100㎡以下であって、同表(5)項ロに掲げる防火対象物の用途に供される部分の床面積の合計が、当該防火対象物の延べ面積の2分の1以上のものに限る。）であって、火災の発生又は延焼のおそれが少ないものとして、その位置、構造及び設備について消防庁長官が定める基準(注)に適合するものをいう。
> (注)　消防庁長官が定める基準
> 　　○特定共同住宅等の位置、構造及び設備を定める件（平17・3・25消告2）
> 　　○特定共同住宅等の構造類型を定める件（平17・3・25消告3）
> 　　○特定共同住宅等の住戸等の床又は壁並びに当該住戸等の床又は壁を貫通する配管等及びそれらの貫通部が一体として有すべき耐火性能を定める件（平17・3・25消告4）
> 　　○共同住宅用スプリンクラー設備の設置及び維持に関する技術上の基準（平18・5・30消告17）
> 　　○共同住宅用自動火災報知設備の設置及び維持に関する技術上の基準（平18・5・30消告18）
> 　　○住戸用自動火災報知設備及び共同住宅用非常警報設備の設置及び維持に関する技術上の基準（平18・5・30消告19）
> 　　○戸外表示器の基準（平18・5・30消告20）

第1章　消防用設備等の設置の義務付け

●**特定小規模施設における必要とされる防火安全性能を有する消防の用に供する設備等に関する省令**（平20・12・26総務令156）

特定小規模施設（次に掲げる防火対象物であって、規23条4項7号ヘに規定する特定1階段等防火対象物以外のもの）において、令21条1項及び2項の規定により設置し、及び維持しなければならない自動火災報知設備に代えて用いることができる必要とされる防火安全性能を有する消防の用に供する設備等は、特定小規模施設用自動火災報知設備とされている。

右欄に掲げる防火対象物のうち、延べ面積が300㎡未満のもの	① 令別表第1(2)項ニに掲げる防火対象物
令別表第1(16)項イに掲げる防火対象物のうち、右欄の防火対象物の用途に供される部分が存するもの（延べ面積が300㎡以上のものにあっては、規13条1項2号に規定する小規模特定用途複合防火対象物（令21条1項8号に掲げる防火対象物を除く。）であって、右欄に掲げる防火対象物の用途に供される部分（同項5号及び11号から15号までに掲げる防火対象物の部分を除く。）及び規23条4項1号ヘに掲げる部分以外の部分が存しないものに限る。）	② 令別表第1(5)項イ、(6)項イ(1)から(3)まで及び(6)項ロに掲げる防火対象物 ③ 令別表第1(6)項ハに掲げる防火対象物（利用者を入居させ、又は宿泊させるものに限る。）
上欄に掲げる防火対象物以外の令別表第1(16)項イに掲げる防火対象物（同表(5)項イ及びロに掲げる用途以外の用途に供される部分が存せず、かつ、(5)項イに掲げる用途に供される部分の床面積が300㎡未満のものに限る。）のうち、延べ面積が300㎡以上500㎡未満のもの	

○特定小規模施設用自動火災報知設備の設置及び維持に関する技術上の基準（平20・12・26消告25）

●**排煙設備に代えて用いることができる必要とされる防火安全性能を有する消防の用に供する設備等に関する省令**（平21・9・15総務令88）

加圧防排煙設備（消防隊による活動を支援するために、火災が発生した場合に生ずる煙を有効に排除し、かつ、給気により加圧することによって、当該活動の拠点となる室への煙の侵入を防ぐことのできる設備であって、排煙口、給気口、給気機等により構成されるものをいう。）は、次に適合する防火対象物又はその部分において、令28条の規定により設置し、及び維持しなければならない排煙設備に代えて用いることができる必要とされる防火安全性能を有する消防の用に供する設備等とされている。

① 令別表第1(4)項又は(13)項イに掲げる防火対象物（同表(13)項イに掲げる防火対象物にあっては、昇降機等の機械装置により車両を駐車させる構造のものを除く。）の地階又は無窓階で、床面積が1,000㎡以上のものであること。

② 主要構造部（建築基準法2条5号に規定する主要構造部をいう。）が、耐火構造（同条7号に規定する耐火構造をいう。）であること。

③ 吹抜きとなっている部分、階段の部分、昇降機の昇降路の部分、ダクトスペースの部分その他これらに類する部分については、当該部分とその他の部分（直接外気に開放されている廊下、バルコニーその他これらに類する部分を除く。）とが準耐火構造（建築基準法2条7号の2に規定する準耐火構造をいう。）の床若しくは壁又は防火設備（同条9号の2ロに規定する防火設備をいう。）で区画されていること。

④ スプリンクラー設備、水噴霧消火設備、泡消火設備（移動式のものを除く。）、不活性ガス消火設備（移動式のものを除く。）、ハロゲン化物消火設備（移動式のものを除く。）又は粉末消火

第1章　消防用設備等の設置の義務付け

> 設備（移動式のものを除く。）が令12条、令13条、令14条、令15条（2号及び3号を除く。）、令16条（3号を除く。）、令17条（2号を除く。）若しくは令18条（2号を除く。）に定める技術上の基準に従い、又は当該技術上の基準の例により設置されていること。

●複合型居住施設における必要とされる防火安全性能を有する消防の用に供する設備等に関する省令（平22・2・5総務令7）

複合型居住施設において、令21条1項及び2項の規定により設置し、及び維持しなければならない自動火災報知設備に代えて用いることができる必要とされる防火安全性能を有する消防の用に供する設備等は、複合型居住施設用自動火災報知設備とされている。
対象となる複合型居住施設は、次のとおりである。

> 令別表第1(16)項イに掲げる防火対象物のうち、延べ面積が500㎡未満で、かつ、同表(5)項ロ並びに(6)項ロ及びハに掲げる防火対象物（同表(6)項ロ及びハに掲げる防火対象物にあっては、有料老人ホーム、福祉ホーム、老人福祉法5条の2第6項に規定する認知症対応型老人共同生活援助事業を行う施設又は障害者の日常生活及び社会生活を総合的に支援するための法律5条17項に規定する共同生活援助を行う施設に限る。）の用途以外の用途に供される部分が存しないもの（令21条1項8号に掲げる防火対象物及び規23条4項7号ヘに規定する特定1階段等防火対象物を除く。）をいう。

注　令21条2項の規定に基づく自動火災報知設備の技術上の基準の例によること。

　　ただし、令別表第1(6)項ロ及びハの用途に供される部分（以下「福祉施設等」という。）の床面積の合計が300㎡未満の複合型居住施設にあっては、特定小規模施設用自動火災報知設備の設置及び維持に関する技術上の基準（平20・12・26消告25）の例によることができる。

＜設置の免除＞
　　次のいずれの項目にも適合するときに限り、福祉施設等及び令21条1項11号から14号までに掲げる防火対象物の部分以外の部分について、感知器を設置しないことができる。ただし、受信機を設けない場合は、この限りでない。

福祉施設等の居室（建築基準法2条4号に規定する居室）	準耐火構造（建築基準法2条7号の2に規定する準耐火構造）の壁及び床（3階以上の階に存する場合にあっては、耐火構造（建築基準法2条7号に規定する耐火構造）の壁及び床）で区画したものであること。
福祉施設等の壁及び天井（天井のない場合にあっては、屋根）の室内に面する部分（回り縁、窓台その他これらに類する部分を除く。）の仕上げ	地上に通ずる主たる廊下その他の通路にあっては準不燃材料（建築基準法施行令1条5号に規定する準不燃材料）で、その他の部分にあっては難燃材料（建築基準法施行令1条6号に規定する難燃材料）でしたものであること。
区画する壁及び床の開口部	面積の合計が8㎡以下であり、かつ、一の開口部の面積が4㎡以下であること。
開口部の防火措置	開口部には、防火設備（建築基準法2条9号の2ロに規定する防火設備）である防火戸（3階以上の階に存する場合にあっては、建築基準法施行令112条1項に規定する特定防火設備である防火戸）（廊下と階段とを区画する部分以外の部分の開口部にあっては、防火シャッターを除く。）で、随時開くことができる自動

	閉鎖装置付きのもの若しくは次に定める構造のもの又は鉄製網入りガラス入り戸（2以上の異なった経路により避難することができる部分の出入口以外の開口部で、直接外気に開放されている廊下、階段その他の通路に面し、かつ、その面積の合計が4㎡以内のものに設けるものに限る。）を設けたものであること。 ① 随時閉鎖することができ、かつ、煙感知器の作動と連動して閉鎖すること。 ② 居室から地上に通ずる主たる廊下、階段その他の通路に設けるものにあっては、直接手で開くことができ、かつ、自動的に閉鎖する部分を有し、その部分の幅、高さ及び下端の床面からの高さが、それぞれ、75㎝以上、1.8m以上及び15㎝以下であること。
福祉施設等の主たる出入口	直接外気に開放され、かつ、福祉施設等における火災時に生ずる煙を有効に排出することができる廊下、階段その他の通路に面していること。

● **特定駐車場における必要とされる防火安全性能を有する消防の用に供する設備等に関する省令**
（平26・3・27総務令23）

特定駐車場において、令13条及び15条の規定により設置し、及び維持しなければならない泡消火設備に代えて用いることができる必要とされる防火安全性能を有する消防の用に供する設備等は、特定駐車場用泡消火設備とされている。
対象となる特定駐車場は、次のとおりである。

> 令別表第1に掲げる防火対象物の駐車の用に供される部分で、次に掲げるものをいう。
> ① 当該部分の存する階（屋上部分を含み、駐車するすべての車両が同時に屋外に出ることができる構造の階を除く。）における当該部分の床面積が、地階又は2階以上の階にあっては200㎡以上、1階にあっては500㎡以上、屋上部分にあっては300㎡以上のもののうち、床面から天井までの高さが10m以下の部分
> ② 昇降機等の機械装置により車両を駐車させる構造のもので、車両の収容台数が10以上のもののうち、床面から天井までの高さが10m以下のもの

〇特定駐車場用泡消火設備の設置及び維持に関する技術上の基準（平26・3・28消告5）

1　防火対象物の定義

1－1　消防法で定義される防火対象物

　防火対象物とは、「山林又は舟車、船きょ若しくはふ頭に繋留された船舶、建築物その他の工作物若しくはこれらに属する物」とされている（法2②）。
　それぞれの用語の定義は、次のとおりである。

用　語	内　　　容
山　林	消防法上の火災発生危険を生じるおそれのあるもので、山岳森林に限定されず、森林はもとより原野や荒廃地も含まれる。
舟　車	船舶安全法2条1項の規定の適用のない船舶、端舟、はしけ、被曳船その他の舟及び車両をいう（法2⑥）。 なお、船舶安全法2条1項の規定を適用しない船舶、端舟、はしけ、被曳船その他の舟及び車両は、次のとおりである。 ①　船舶は、総トン数20トン未満の漁船をいう（船舶安全法32）。 ②　端舟は、ボート、カッター等をいう。 ③　はしけは、港湾において、主としてブイに係留中の本船と物揚場や水際線に面する倉庫、荷揚場間の貨物輸送に従事する港運船をいう。重量物の荷役においては、岸壁係留中の本船への揚げ積みなども行う。狭義には引船により曳航されるものとなるが、広義には自航式のものも含まれる。 ④　被曳船は、ロープ等で引かれる船をいう。引き船；引き綱（鎖）；曳船用ホーサー；被曳船、引かれ船；曳き船がある。 ⑤　その他の舟は、小型なものであり、水上を移動する主として手漕ぎの乗り物をいう。 ⑥　車両は、自動車、自転車、荷車、汽車、電車、そり、モノレールカー、ケーブルカーなど車輪等を用いて陸上を移動するものをいう。
船きょ	ドックともいわれ、船の建造・修理などを行うために構築された設備であり、その構造により、乾ドック・湿ドック・浮きドックなどがある。
ふ　頭	波止場（はとば）ともいわれ、港内で、船を横づけにして荷物の積卸しや旅客の乗降などをする区域をいい、陸から海に突き出して設けるものが多い。 また、桟橋とは、船を横づけにして、人の乗り降りや貨物の積卸しなどができるように、岸から水上に突き出して造った構築物であり、床面を木・鉄・コンクリートなどの柱で支える構造となっている。
繋　留	船や気球など浮遊するものをつなぎとめておくことをいう。
船きょ又はふ頭に繋留された船舶	船舶安全法の適用のある船舶であって、船きょ又はふ頭に繋留されたものをいい、航行中のものは含まれない。また、外国船籍のものであっても、船きょ又はふ頭に繋留されていれば、原則として消防法の適用を受ける。 ＜参考＞　陸域と連続的に接続されている船舶については、土地に定着されている工作物とみなされる。
船　舶	船舶安全法2条1項の規定の適用を受ける船舶をいう。 ＜参考1＞　船舶安全法 〔船舶の所要施設〕 第2条　船舶ハ左ニ掲グル事項ニ付国土交通省令（漁船ノミニ関スルモノニ付テハ国土交通省令・農林水産省令）ノ定ムル所ニ依リ施設スルコトヲ要ス

一　船体
　二　機関
　三　帆装
　四　排水設備
　五　操舵、繋船及揚錨ノ設備
　六　救命及消防ノ設備
　七　居住設備
　八　衛生設備
　九　航海用具
　十　危険物其ノ他ノ特殊貨物ノ積附設備
　十一　荷役其ノ他ノ作業ノ設備
　十二　電気設備
　十三　前各号ノ外国土交通大臣ニ於テ特ニ定ムル事項
② 前項ノ規定ハ櫓櫂ノミヲ以テ運転スル舟ニシテ国土交通大臣ノ定ムル小型ノモノ其ノ他国土交通大臣ニ於テ特ニ定ムル船舶ニハ之ヲ適用セズ

＜参考2＞　船舶安全法施行規則
（定義）
第1条　①　〔省略〕
2　この省令において「漁船」とは、次の各号の一に該当する船舶をいう。
　一　もつぱら漁ろう（附属船舶を用いてする漁ろうを含む。以下次号において同じ。）に従事する船舶
　二　漁ろうに従事する船舶であつて漁獲物の保蔵又は製造の設備を有するもの
　三　もつぱら漁ろう場から漁獲物又はその加工品を運搬する船舶
　四　もつぱら漁業に関する試験、調査、指導若しくは練習に従事する船舶又は漁業の取締りに従事する船舶であつて漁ろう設備を有するもの
3　〔省略〕

（適用除外）
第2条　法第2条第2項の国土交通大臣の定める小型の舟は、6人を超える人の運送の用に供しない舟とする。
2　法第2条第2項の国土交通大臣において特に定める船舶は、次のとおりとする。
　一　推進機関を有する長さ12m未満の船舶（危険物ばら積船及び特殊船を除く。）であつて次に掲げるもの
　　イ　次に掲げる要件に適合するもの
　　　(1)　3人を超える人の運送の用に供しないものであること。
　　　(2)　推進機関として船外機を使用するものであり、かつ、当該船外機の連続最大出力が長さ5m未満の船舶にあつては3.7kw以下、長さ5m以上の船舶にあつては7.4kw以下であること。
　　　(3)　湖若しくはダム、せき等により流水が貯留されている川の水域であつて、面積が50k㎡以下のもの又は次に掲げる要件に適合する川以外の水域で告示で定めるもののみを航行するものであること。
　　　　(一)　平水区域であること。
　　　　(二)　海域にあつては、陸地により囲まれており、外海への開口部の幅が500m以下で、当該海域内の最大幅及び奥行きが開口部の幅よりも大きいものであり、かつ、外海の影響を受けにくいこと。
　　　　(三)　面積が100k㎡以下であること。
　　　　(四)　当該水域における通常の水象条件のもとで、波浪が穏やかであり、水流又は潮流が微弱であること。

	ロ　長さ3m未満の船舶であつて、推進機関の連続最大出力が1.5kw未満のもの 二　長さ12m未満の帆船（国際航海に従事するもの、沿海区域を超えて航行するもの、推進機関を有するもの（前号に掲げるものを除く。）、危険物ばら積船、特殊船及び人の運送の用に供するものを除く。） 三　推進機関及び帆装を有しない船舶（次に掲げるものを除く。） 　イ　国際航海に従事するもの 　ロ　沿海区域を超えて航行するもの 　ハ　平水区域を超えて航行するもののうち、推進機関を有する他の船舶に押されて航行の用に供するもの（沿海区域を航行区域とする推進機関を有する船舶と結合し一体となつて航行する船舶であつて平水区域及び平水区域から最強速力で4時間以内に往復できる区域のみを航行するもの並びに管海官庁が当該船舶の航海の態様等を考慮して差し支えないと認めるものを除く。） 　ニ　危険物ばら積船（危険物船舶運送及び貯蔵規則第257条の2の液体油脂ばら積船であつて平水区域のみを航行するものを除く。） 　ホ　推進機関を有する他の船舶に引かれ又は押されてばら積みの油（海洋汚染等及び海上災害の防止に関する法律（昭和45年法律第136号）第3条第2号に規定する油をいう。以下同じ。）の運送の用に供するもの 　ヘ　推進機関を有する他の船舶に引かれ又は押されて人の運送の用に供するもの（次に掲げる要件に適合する長さ12m未満の船舶を除く。） 　　(1)　長さ5m未満の船舶にあつては、当該他の船舶の推進機関の連続最大出力が7.4kw以下、長さ5m以上の船舶にあつては、当該他の船舶の推進機関の連続最大出力が15kw以下であること。 　　(2)　第1号イ(1)及び(3)に掲げる要件 　ト　特殊船 　チ　推進機関を有する他の船舶に押されるものであつて、当該推進機関を有する船舶と堅固に統合して一体となる構造を有するもの 　リ　係留船（多数の旅客が利用することとなる用途として告示で定めるものに供する係留船であつて、2層以上の甲板を備えるもの又は当該用途に供する場所が閉囲されているものに限る。以下同じ。） 四　災害発生時にのみ使用する救難用の船舶で国又は地方公共団体の所有するもの 五　係船中の船舶 六　告示で定める水域のみを航行する船舶 七　前各号に掲げるもののほか、船舶の堪航性及び人命の安全の保持に支障がないものとして告示で定める船舶
建築物	土地に定着する工作物のうち、屋根及び柱若しくは壁を有するもの（これに類する構造のものを含む。）、これに附属する門若しくは塀、観覧のための工作物又は地下若しくは高架の工作物内に設ける事務所、店舗、興行場、倉庫その他これらに類する施設（鉄道及び軌道の線路敷地内の運転保安に関する施設並びに跨線橋、プラットホームの上家、貯蔵槽その他これらに類する施設を除く。）をいい、建築設備を含むものとする（建法2①一）。
土地に定着する工作物	工作物は、一般的に人工的に作られたもの全部を示すものであるが、これらの工作物のうち「土地に定着している工作物」については、「土地ニ接着シテ人工的作業ヲ為シタルニ依リテ成立セル物をいう」（大判昭3・6・7民集7・443）という判例がある。 具体的には、建物、道路、鉄道、橋、トンネル、堤防、溜池、貯水池、井戸、水道設備、電柱、電線、ガスタンク、テレビ塔、広告塔などがこれに該当する。

1－2　消防法施行令で規定される防火対象物

　防火対象物の定義は、法2条2項において定義されているが、当該防火対象物のうち火災予防上必要と認められるものについては、用途、規模（延べ面積、床面積、階層等）、収容人員等に応じて、防火管理、防災管理、防炎規制、消防用設備等の設置などが義務付けられている。
　その概要は、次のとおりである。

規制の項目	規制の対象となる防火対象物の範囲等	
防火管理者を定めなければならない防火対象物等（法8）	**対象となる防火対象物** 学校、病院、工場、事業場、興行場、百貨店（これに準ずるものとして政令で定める大規模な小売店舗を含む。）、複合用途防火対象物（防火対象物で政令で定める2以上の用途に供されるものをいう。）その他多数の者が出入し、勤務し、又は居住する防火対象物で政令で定めるもの **規制等の内容** 管理について権原を有する者は、政令で定める資格を有する者のうちから防火管理者を定め、政令で定めるところにより、当該防火対象物について消防計画の作成、当該消防計画に基づく消火、通報及び避難の訓練の実施、消防の用に供する設備、消防用水又は消火活動上必要な施設の点検及び整備、火気の使用又は取扱いに関する監督、避難又は防火上必要な構造及び設備の維持管理並びに収容人員の管理その他防火管理上必要な業務を行わせなければならない。	**大規模な小売店舗** 延べ面積が1,000㎡以上の小売店舗で百貨店以外のもの（令1の2①）。 **複合用途防火対象物** 防火対象物で、異なる2以上の用途のうちに令別表第1(1)項から(15)項までに掲げる防火対象物の用途のいずれかに該当する用途が含まれているものをいう。この場合において、当該異なる2以上の用途のうちに、一の用途で、当該一の用途に供される防火対象物の部分がその管理についての権原、利用形態その他の状況により他の用途に供される防火対象物の部分の従属的な部分を構成すると認められるものがあるときは、当該一の用途は、当該他の用途に含まれるものとする（令1の2②）。 **規制の対象となる防火対象物** 次に掲げる防火対象物とする（令1の2③）。 ① 令別表第1に掲げる防火対象物（同表(16の3)項及び(18)項から(20)項までに掲げるものを除く。）のうち、次に掲げるもの 　㋐ 令別表第1(6)項ロ、(16)項イ及び(16の2)項に掲げる防火対象物（同表(16)項イ及び(16の2)項に掲げる防火対象物にあっては、同表(6)項ロに掲げる防火対象物の用途に供される部分が存するものに限る。）で、当該防火対象物に出入し、勤務し、又は居住する者の数（収容人員）が10人以上のもの 　㋑ 令別表第1(1)項から(4)項まで、(5)項イ、(6)項イ、ハ及びニ、(9)項イ、(16)項イ並びに(16の2)項に掲げる防火対象物（同表(16)項イ及び(16の2)項に掲げる防火対象物にあっては、同表(6)項ロに掲げる防火対象物の用途に供される部分が存するものを除く。）で、収容人員が30人以上のもの 　㋒ 令別表第1(5)項ロ、(7)項、(8)項、(9)項ロ、(10)項から(15)項まで、(16)項ロ及び(17)項に掲げる防火対象物で、収容人員が50人以上のもの ② 新築の工事中の次に掲げる建築物で、収容人員が

第2章　防火対象物のとらえ方

		50人以上のもののうち、総務省令で定めるもの ㋐　地階を除く階数が11以上で、かつ、延べ面積が10,000㎡以上である建築物 ㋑　延べ面積が50,000㎡以上である建築物 ㋒　地階の床面積の合計が5,000㎡以上である建築物 ③　建造中の旅客船（船舶安全法8条に規定する旅客船をいう。）で、収容人員が50人以上で、かつ、甲板数が11以上のもののうち、総務省令で定めるもの
統括防火管理者を定めなければならない防火対象物 (法8の2)	対象となる防火対象物	規制の対象となる防火対象物
	高層建築物（高さ31mを超える建築物をいう。その他政令で定める防火対象物で、その管理について権原が分かれているもの又は地下街（地下の工作物内に設けられた店舗、事務所その他これらに類する施設で、連続して地下道に面して設けられたものと当該地下道とを合わせたものをいう。）でその管理について権原が分かれているもののうち消防長若しくは消防署長が指定するもの	次に掲げる防火対象物とする（令3の3）。 ①　令別表第1(6)項ロ及び(16)項イに掲げる防火対象物（同表(16)項イに掲げる防火対象物にあっては、同表(6)項ロに掲げる防火対象物の用途に供される部分が存するものに限る。）のうち、地階を除く階数が3以上で、かつ、収容人員が10人以上のもの ②　令別表第1(1)項から(4)項まで、(5)項イ、(6)項イ、ハ及びニ、(9)項イ並びに(16)項イに掲げる防火対象物（同表(16)項イに掲げる防火対象物にあっては、同表(6)項ロに掲げる防火対象物の用途に供される部分が存するものを除く。）のうち、地階を除く階数が3以上で、かつ、収容人員が30人以上のもの ③　令別表第1(16)項ロに掲げる防火対象物のうち、地階を除く階数が5以上で、かつ、収容人員が50人以上のもの ④　令別表第1(16の3)項に掲げる防火対象物
	規制等の内容	
	管理について権原を有する者は、政令で定める資格を有する者のうちからこれらの防火対象物の全体について防火管理上必要な業務を統括する防火管理者（統括防火管理者）を協議して定め、政令で定めるところにより、当該防火対象物の全体についての消防計画の作成、当該消防計画に基づく消火、通報及び避難の訓練の実施、当該防火対象物の廊下、階段、避難口その他の避難上必要な施設の管理その他当該防火対象物の全体についての防火管理上必要な業務を行わせなければならない。	
火災の予防上必要な事項等につい	対象となる防火対象物	規制の対象となる防火対象物
	法8条1項の防火対象物のうち火災の予防上必要があるもの	防火対象物は、令別表第1(1)項から(4)項まで、(5)項イ、(6)項、(9)項イ、(16)項イ及び(16の2)項に掲げる

― 12 ―

第2章　防火対象物のとらえ方

て点検を要する防火対象物（法8の2の2）	として政令で定めるもの	防火対象物であって、次に掲げるものとする（令4の2の2）。 ① 収容人員が300人以上のもの ② ①に掲げるもののほか、令別表第1(1)項から(4)項まで、(5)項イ、(6)項又は(9)項イに掲げる防火対象物の用途に供される部分が避難階（建築基準法施行令13条1号に規定する避難階をいう。）以外の階（1階及び2階を除くものとし、総務省令で定める避難上有効な開口部を有しない壁で区画されている部分が存する場合にあっては、その区画された部分とする。）（避難階以外の階）に存する防火対象物で、当該避難階以外の階から避難階又は地上に直通する階段（建築基準法施行令26条に規定する傾斜路を含む。）が2（当該階段が屋外に設けられ、又は総務省令で定める避難上有効な構造を有する場合にあっては、1）以上設けられていないもの
	規制等の内容	
	管理について権原を有する者は、総務省令で定めるところにより、定期に、防火対象物における火災の予防に関する専門的知識を有する者で総務省令で定める資格を有するもの（防火対象物点検資格者）に、当該防火対象物における防火管理上必要な業務、消防の用に供する設備、消防用水又は消火活動上必要な施設の設置及び維持その他火災の予防上必要な事項（点検対象事項）がこの法律又はこの法律に基づく命令に規定する事項に関し総務省令で定める基準（点検基準）に適合しているかどうかを点検させ、その結果を消防長又は消防署長に報告しなければならない。ただし、法17条の3の3の規定による点検及び報告の対象となる事項については、この限りでない。	
避難上必要な施設等の管理を要する防火対象物（法8の2の4）	**対象となる防火対象物**	**規制の対象となる防火対象物**
	学校、病院、工場、事業場、興行場、百貨店、旅館、飲食店、地下街、複合用途防火対象物その他の防火対象物で政令で定めるもの	防火対象物は、令別表第1に掲げる防火対象物（同表(18)項から(20)項までに掲げるものを除く。）とする（令4の2の3）。
	規制等の内容	
	管理について権原を有する者は、当該防火対象物の廊下、階段、避難口その他の避難上必要な施設について避難の支障になる物件が放置され、又はみだりに存置されないように管理し、かつ、防火戸についてその閉鎖の支障になる物件が放置され、又はみだりに存置されないように管理しなければならない。	

第2章　防火対象物のとらえ方

自衛消防組織の設置を要する防火対象物 (法8の2の5)	対象となる防火対象物	規制の対象となる防火対象物
	法8条1項の防火対象物のうち多数の者が出入するものであり、かつ、大規模なものとして政令で定めるもの	防火対象物は、法8条1項の防火対象物のうち、次に掲げるものとする（令4の2の4）。 ① 令別表第1(1)項から(4)項まで、(5)項イ、(6)項から(12)項まで、(13)項イ、(15)項及び(17)項に掲げる防火対象物（自衛消防組織設置防火対象物）で、次のいずれかに該当するもの 　㋐ 地階を除く階数が11以上の防火対象物で、延べ面積が10,000㎡以上のもの 　㋑ 地階を除く階数が5以上10以下の防火対象物で、延べ面積が20,000㎡以上のもの 　㋒ 地階を除く階数が4以下の防火対象物で、延べ面積が50,000㎡以上のもの ② 令別表第1(16)項に掲げる防火対象物（自衛消防組織設置防火対象物の用途に供される部分が存するものに限る。）で、次のいずれかに該当するもの 　㋐ 地階を除く階数が11以上の防火対象物で、次に掲げるもの 　　ⓐ 自衛消防組織設置防火対象物の用途に供される部分の全部又は一部が11階以上の階に存する防火対象物で、当該部分の床面積の合計が10,000㎡以上のもの 　　ⓑ 自衛消防組織設置防火対象物の用途に供される部分の全部が10階以下の階に存し、かつ、当該部分の全部又は一部が5階以上10階以下の階に存する防火対象物で、当該部分の床面積の合計が20,000㎡以上のもの 　　ⓒ 自衛消防組織設置防火対象物の用途に供される部分の全部が4階以下の階に存する防火対象物で、当該部分の床面積の合計が50,000㎡以上のもの 　㋑ 地階を除く階数が5以上10以下の防火対象物で、次に掲げるもの 　　ⓐ 自衛消防組織設置防火対象物の用途に供される部分の全部又は一部が5階以上の階に存する防火対象物で、当該部分の床面積の合計が20,000㎡以上のもの 　　ⓑ 自衛消防組織設置防火対象物の用途に供される部分の全部が4階以下の階に存する防火対象物で、当該部分の床面積の合計が50,000㎡以上のもの 　㋒ 地階を除く階数が4以下の防火対象物で、自衛消防組織設置防火対象物の用途に供される部分の床面積の合計が50,000㎡以上のもの ③ 令別表第1(16の2)項に掲げる防火対象物で、延べ面積が1,000㎡以上のもの
	規制等の内容	
	管理について権原を有する者は、政令で定めるところにより、当該防火対象物に自衛消防組織を置かなければならない。	

第2章　防火対象物のとらえ方

防炎防火対象物の指定等（法8の3）	対象となる防火対象物		規制の対象となる防火対象物
	高層建築物若しくは地下街又は劇場、キャバレー、旅館、病院その他の政令で定める防火対象物		①　防火対象物は、令別表第1(1)項から(4)項まで、(5)項イ、(6)項、(9)項イ、(12)項ロ及び(16の3)項に掲げる防火対象物（防炎防火対象物）並びに工事中の建築物その他の工作物（総務省令で定めるものを除く。）とする（令4の3①）。 ②　令別表第1(16)項に掲げる防火対象物の部分で①の防炎防火対象物の用途のいずれかに該当する用途に供されるものは、①の規定の適用については、当該用途に供される一の防炎防火対象物とみなす（令4の3②）。
	規制等の内容		
	使用する防炎対象物品（どん帳、カーテン、展示用合板その他これらに類する物品で政令で定めるものをいう。）は、政令で定める基準以上の防炎性能を有するものでなければならない。		
住宅用防災機器（法9の2）	対象となる防火対象物		注　住宅の用途に供される部分の取扱いについては、「令別表第1に掲げる防火対象物の取り扱いについて」（昭50・4・15消防予41・消防安41）の2を参照すること。
	住宅の用途に供される防火対象物（その一部が住宅の用途以外の用途に供される防火対象物にあっては、住宅の用途以外の用途に供される部分を除く。）（住宅）		
	規制等の内容		
	関係者は、住宅用防災機器（住宅における火災の予防に資する機械器具又は設備であって政令で定めるものをいう。）の設置及び維持に関する基準に従って、住宅用防災機器を設置し、及び維持しなければならない。		
消防用設備等の設置・維持（法17）	対象となる防火対象物		規制の対象となる防火対象物
	学校、病院、工場、事業場、興行場、百貨店、旅館、飲食店、地下街、複合用途防火対象物その他の防火対象物で政令で定めるもの		令第2章第3節に掲げる設置及び維持の技術上の基準の各条の規定による。
	規制等の内容		
	関係者は、政令で定める消防の用に供する設備、消防用水及び消火活動上必要な施設（消防用設備等）について消火、避難その他の消防の活動のために必要とされる性能を有するように、政令で定める技術上の基準に従って、設置		

第2章　防火対象物のとらえ方

		し、及び維持しなければならない。	
消防機関の検査を受けなければならない防火対象物等（法17の3の2）	対象となる防火対象物	規制の対象となる防火対象物
	法17条1項の防火対象物のうち特定防火対象物その他の政令で定めるもの	次に掲げる防火対象物とする（令35①）。 ① 次に掲げる防火対象物 　㋐　令別表第1(2)項ニ、(5)項イ並びに(6)項イ(1)から(3)まで及びロに掲げる防火対象物 　㋑　令別表第1(6)項ハに掲げる防火対象物（利用者を入居させ、又は宿泊させるものに限る。） 　㋒　令別表第1(16)項イ、(16の2)項及び(16の3)項に掲げる防火対象物（㋐又は㋑に掲げる防火対象物の用途に供される部分が存するものに限る。） ② 令別表第1(1)項、(2)項イからハまで、(3)項、(4)項、(6)項イ(4)、ハ及びニ、(9)項イ、(16)項イ、(16の2)項並びに(16の3)項に掲げる防火対象物（①の㋑及び㋒に掲げるものを除く。）で、延べ面積が300㎡以上のもの ③ 令別表第1(5)項ロ、(7)項、(8)項、(9)項ロ、(10)項から(15)項まで、(16)項ロ、(17)項及び(18)項に掲げる防火対象物で、延べ面積が300㎡以上のもののうち、消防長又は消防署長が火災予防上必要があると認めて指定するもの ④ ①～③に掲げるもののほか、令別表第1(1)項から(4)項まで、(5)項イ、(6)項又は(9)項イに掲げる防火対象物の用途に供される部分が避難階以外の階に存する防火対象物で、当該避難階以外の階から避難階又は地上に直通する階段が2（当該階段が屋外に設けられ、又は総務省令で定める避難上有効な構造を有する場合にあっては、1）以上設けられていないもの
	規制等の内容	
	関係者は、法17条1項の政令若しくはこれに基づく命令若しくは同条2項の規定に基づく条例で定める技術上の基準（設備等技術基準）又は設備等設置維持計画に従って設置しなければならない消防用設備等又は特殊消防用設備等（政令で定めるもの（簡易消火用具及び非常警報器具（令35②））を除く。）を設置したときは、総務省令で定めるところにより、その旨を消防長又は消防署長に届け出て、検査を受けなければならない。	
消防用設備等・特殊消防用設備等の点検・報告（法17の3の3）	対象となる防火対象物	規制の対象となる防火対象物
	法17条1項の防火対象物（政令で定めるものを除く。）	(1) 消防用設備等又は特殊消防用設備等について点検を要しない防火対象物等（令36①） 　　消防用設備等又は特殊消防用設備等について点検を要しない防火対象物は、令別表第1(20)項に掲げる防火対象物とする。 (2) 有資格者による点検対象防火対象物 　　消防用設備等又は特殊消防用設備等について消防設備士免状の交付を受けている者又は総務省令で定める資格を有する者に点検をさせなければならない防火対象物は、次に掲げる防火対象物とする（令36②）。 ① 令別表第1(1)項から(4)項まで、(5)項イ、(6)項、(9)項イ、(16)項イ、(16の2)項及び(16の3)項に掲げる防火対象物で、延べ面積が1,000㎡以
	規制等の内容	
	関係者は、当該防火対象物における消防用設備等又は特殊消防用設備等（法8条の2の2第1項の防火対象物にあっては、消防用設備等又は特殊消防用設備等の機能）について、総務省令で定めるところにより、定期に、当該防火対象物のうち政令で定めるものにあっては消防設備士免状の交付を受けている者又は総務省令	

	で定める資格を有する者に点検させ、その他のものにあっては自ら点検し、その結果を消防長又は消防署長に報告しなければならない。	上のもの ② 令別表第1(5)項ロ、(7)項、(8)項、(9)項ロ、(10)項から(15)項まで、(16)項ロ、(17)項及び(18)項に掲げる防火対象物で、延べ面積が1,000㎡以上のもののうち、消防長又は消防署長が火災予防上必要があると認めて指定するもの ③ ①、②に掲げるもののほか、令別表第1(1)項から(4)項まで、(5)項イ、(6)項又は(9)項イに掲げる防火対象物の用途に供される部分が避難階以外の階に存する防火対象物で、当該避難階以外の階から避難階又は地上に直通する階段が2(当該階段が屋外に設けられ、又は総務省令で定める避難上有効な構造を有する場合にあっては、1)以上設けられていないもの
防災管理者等（法36）	**対象となる防火対象物**	**防災管理を要する災害**
	法8条から8条の2の3までの規定は、火災以外の災害で政令で定めるものによる被害の軽減のため特に必要がある建築物その他の工作物として政令で定めるものについて準用する。	火災以外の災害で政令で定めるもの及び法36条1項において読み替えて準用する法8条の2の2第1項の火災以外の災害で政令で定めるものは、次に掲げる災害とする（令45）。 ① 地震 ② 毒性物質の発散その他の総務省令で定める原因により生ずる特殊な災害
		防災管理を要する建築物その他の工作物
		法36条1項の政令で定める建築物その他の工作物は、令4条の2の4の防火対象物とする（令46）。 次に掲げるものとする（令4の2の4）。 ① 令別表第1(1)項から(4)項まで、(5)項イ、(6)項から(12)項まで、(13)項イ、(15)項及び(17)項に掲げる防火対象物（自衛消防組織設置防火対象物）で次のいずれかに該当するもの 　㋐　地階を除く階数が11以上の防火対象物で、延べ面積が10,000㎡以上のもの 　㋑　地階を除く階数が5以上10以下の防火対象物で、延べ面積が20,000㎡以上のもの 　㋒　地階を除く階数が4以下の防火対象物で、延べ面積が50,000㎡以上のもの ② 令別表第1(16)項に掲げる防火対象物（自衛消防組織設置防火対象物の用途に供される部分が存するものに限る。）で、次のいずれかに該当するもの 　㋐　地階を除く階数が11以上の防火対象物で、次に掲げるもの 　　ⓐ　自衛消防組織設置防火対象物の用途に供される部分の全部又は一部が11階以上の階に存する防火対象物で、当該部分の床面積の合計が10,000㎡以上のもの

| | | ⓑ 自衛消防組織設置防火対象物の用途に供される部分の全部が10階以下の階に存し、かつ、当該部分の全部又は一部が5階以上10階以下の階に存する防火対象物で、当該部分の床面積の合計が20,000㎡以上のもの
ⓒ 自衛消防組織設置防火対象物の用途に供される部分の全部が4階以下の階に存する防火対象物で、当該部分の床面積の合計が50,000㎡以上のもの
㈦ 地階を除く階数が5以上10以下の防火対象物で、次に掲げるもの
　ⓐ 自衛消防組織設置防火対象物の用途に供される部分の全部又は一部が5階以上の階に存する防火対象物で、当該部分の床面積の合計が20,000㎡以上のもの
　ⓑ 自衛消防組織設置防火対象物の用途に供される部分の全部が4階以下の階に存する防火対象物で、当該部分の床面積の合計が50,000㎡以上のもの
㈢ 地階を除く階数が4以下の防火対象物で、自衛消防組織設置防火対象物の用途に供される部分の床面積の合計が50,000㎡以上のもの
③ 令別表第1(16の2)項に掲げる防火対象物で、延べ面積が1,000㎡以上のもの |

2　防火対象物の単位

　消防法令の規定に基づき、消防用設備等を設置する場合における防火対象物の取扱いについては、「消防用設備等の設置単位について」(昭50・3・5消防安26)において示されており、その概要は、次のとおりである。

2－1　消防用設備等の設置単位

　建築物である防火対象物については、特段の規定（例：令8、令9、令9の2、令19②、令20②、令27②）のない限り、建築物又は工作物に着目した棟であり、敷地ではないとされている。
(注)　「棟」とは、一般的に建築用語として、「屋根面が交差する分水部分」とされるが、一の独立した建築物を数える場合の単位とされている。

2－2　渡り廊下等により接続されている建築物

　建築物と建築物が渡り廊下（その他これらに類するものを含む。）、地下連絡路（その他これに類するものを含む。）又は洞道（換気、暖房又は冷房の設備の風道、給排水管、配電管等の配管類、電線類その他これらに類するものを布設するためのものをいう。）により接続されている場合は、原則として1棟とされている。

2－3　別棟として取り扱うことができる場合

　渡り廊下、地下連絡路又は洞道により接続されている建築物について、次の要件に該当する場合は、別棟として取り扱うことができる。
(1)　渡り廊下で接続されている場合
　建築物と建築物が地階以外の階において渡り廊下で接続されている場合は、次の3要件のすべてに適合する場合には、別棟として取り扱われる。

渡り廊下の要件	
渡り廊下の用途	通行又は運搬の用途のみに供され、かつ、可燃性物品等の存置その他通行上の支障がない状態にあるものであること。
渡り廊下の有効幅員	接続される一方又は双方の建築物の主要構造部が木造である場合は3m未満、その他の場合は6m未満であること。

第2章　防火対象物のとらえ方

接続される建築物相互間の距離	原　則
	① 接続する部分が1階にあっては6mを超えること。 ② 接続する部分が2階以上の階にあっては10mを超えること。 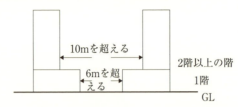 建築物相互間の距離は、原則として、接続部分が最短となる距離とすることとされている（昭53・2・21消防予32、昭53・9・9消防予174）。
	例　外

次の(1)から(3)までに適合する場合は、この限りでない。

(1) 接続される建築物の外壁及び屋根（渡り廊下の接続部分からそれぞれ3m以内の距離にある部分に限る。次の(2)において同じ。）
① 耐火構造又は防火構造で造られていること。

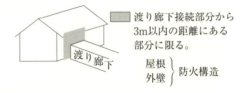

② ①以外のものについては、次の㋐又は㋑によること。
　㋐ 耐火構造又は防火構造のへいその他これらに類するもので延焼防止上有効に防護されていること。
　㋑ 閉鎖型スプリンクラーヘッドを用いるスプリンクラー設備若しくはドレンチャー設備で延焼防止上有効に防護されていること。

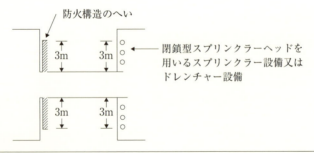

(2) (1)の外壁及び屋根
　開口部を有しないこと。
　ただし、渡り廊下から3m以内となる部分の開口部の面積の合計が4㎡以内であり、かつ、当該開口部に防火設備（甲種防火戸又は乙種防火戸）が設けられている場合にあっては、この限りでない（昭54・10・31消防予208）。

第2章 防火対象物のとらえ方

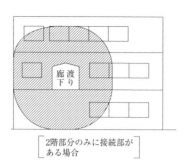
[2階部分のみに接続部がある場合]

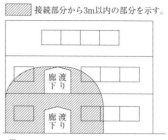
接続部分から3m以内の部分を示す。
[1・2階に接続部がある場合の1階部分の考え方（2階の接続部の開口部は含まない。）]

(3) 渡り廊下	
①	吹き抜け等の開放式であること。
②	①以外（非開放式）のものは、次の㋐から㋒までに適合するものであること。
㋐ 構造	構造耐力上主要な部分（建令1三）は、鉄骨造、鉄筋コンクリート造又は鉄骨鉄筋コンクリート造であること。
	その他の部分は不燃材料又は準不燃材料で造ったものであること。
㋑ 接続部の出入口	建築物の両端の接続部に設けられた出入口の部分の面積は、いずれも4㎡以下であること。
	防火設備（甲種防火戸又は乙種防火戸）で、随時開くことができる自動閉鎖装置付のもの又は煙感知器の作動と連動して自動的に閉鎖する構造のものが設けられていること。
㋒ 排煙	自然排煙用開口部又は機械排煙設備が排煙上有効な位置に、火災の際容易に接近できる位置から手動で開放できるように又は煙感知器の作動と連動して開放するように設けられていること。  ただし、閉鎖型スプリンクラーヘッドを用いるスプリンクラー設備又はドレンチャー設備が設けられているものにあってはこの限りでない。 (1) 自然排煙用開口部 　開口部の面積の合計が1㎡以上であること。 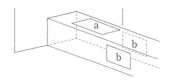

— 21 —

(ア) 屋根又は天井に設ける開口部
渡り廊下の幅員の3分の1以上の幅で長さ1m以上のもの

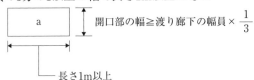

(イ) 外壁に設ける開口部
その両側に渡り廊下の3分の1以上の長さで高さ1m以上のもの

(ウ) その他
(ア)又は(イ)と同等以上の排煙上有効な開口部を有すること。
(2) 機械排煙設備
渡り廊下の内部の煙を有効、かつ、安全に外部へ排除することができるものであり、電気で作動させるものにあっては非常電源が附置されていること。

(2) 地下連絡路で接続されている場合

　天井部分が直接外気に常時開放されているもの（いわゆるドライエリア形式のもの）は、除かれる。
　建築物と建築物が地下階において接続されている場合において、次の7要件のすべてに適合する場合には、別棟として取り扱われる。

地下連絡路の要件	
主要構造部	接続される建築物又はその部分（地下連絡路が接続されている階の部分をいう。）の主要構造部は、耐火構造であること。
用　途	① 通行又は運搬の用途のみに供されること。 ② 可燃物品等の存置その他通行上支障がない状態にあること。
地下連絡路の構造	① 耐火構造 ② 天井及び壁並びに床の仕上げ材料及びその下地材料は、不燃材料であること。
有効長さ・幅員	地下連絡路の長さ（地下連絡路の接続する両端の出入口に設けられた防火戸相互の間隔をいう。）は6m以上であり、その幅員は6m未満であること。 ただし、双方の建築物の接続部に閉鎖型スプリンクラーヘッドを用いるスプリンクラー設備又はドレンチャー設備が延焼防止上有効な方法により設けられている場合は、この限りでない。

第2章 防火対象物のとらえ方

建築物と地下連絡路の開口部	地下連絡路の両端の出入口の部分を除き、開口部のない耐火構造の床又は壁で区画されていること。
出入口の構造	① 出入口の開口部の面積は、4㎡以下であること。 ② 甲種防火戸で随時開くことができる自動閉鎖装置付のもの又は随時閉鎖することができ、かつ、煙感知器の作動と連動して閉鎖するものが設けられていること。
地下連絡路の排煙設備	① 排煙設備は、機械排煙設備とし、地下連絡路の内部の煙を有効、かつ、安全に外部へ排除することができるものであり、電気で作動させるものには非常電源が附置されたものを設けること。 ② 閉鎖型スプリンクラーヘッドを用いるスプリンクラー設備が設けられている場合は、この限りでない。

(3) 洞道により接続されている場合
　洞道が次により設けられている場合には、別棟として扱われる。

洞道の要件	
建築物と洞道の接続	洞道が接続されている部分の開口部及び当該洞道の点検又は換気のための開口部（接続される建築物内に設けられるもので2㎡以下のものに限る。）を除き、開口部のない耐火構造の床又は壁で区画されていること。
洞道の構造	① 耐火構造又は防火構造とすること。 ② 内側の仕上げ材料及びその下地材料は、不燃材料であること。
貫通部の構造	洞道内の風道、配管、配線等が建築物内の耐火構造の壁又は床を貫通する場合の当該貫通部において、当該風道、配管、配線等と洞道及び建築物内の耐火構造の壁又は床とのすき間を不燃材料で埋めてあること。 ただし、洞道の長さが20mを超える場合にあっては、この限りでない。
点検のための開口部（建築物内に設けられているものに限る。）	① 防火設備（甲種防火戸又は乙種防火戸）を設けること。 ② 開口部の面積が2㎡以上のものにあっては、自動閉鎖装置付のものとすること。
換気のための開口部	常時開放状態にあるものにあっては、防火ダンパーが設けられていること。

(4) 隣接する建物が近接している場合
　近接する建物が、次図のように、渡り廊下、地下連絡路又は洞道により、相互に構造的に接続されていない場合には、原則として別棟として扱われる（昭53・2・21消防予32、昭54・9・11消防予173）。

立面図

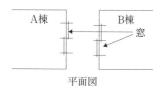

平面図

— 23 —

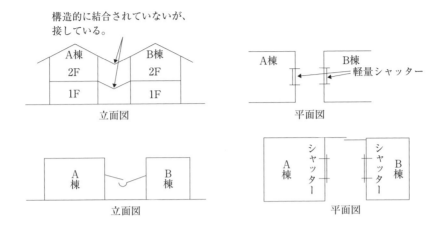

2−4　令8区画によるみなし防火対象物

　防火対象物が開口部のない耐火構造（建築基準法2条7号に規定する耐火構造をいう。）の床又は壁で区画されているときは、その区画された部分に対する令第2章第3節に規定する消防用設備等の設置及び維持の技術上の基準の適用については、それぞれ別の防火対象物とみなされる（令8）。
　これは、区画することにより、相互に開口部等を通じて火災時に延焼のおそれがないと考えられることから、別の防火対象物として取り扱うことができる。なお、区画に配管等を貫通させるための開口部を設ける場合には、当該開口部等が一定の要件を満たす場合に、開口部がないものとして取り扱われる。

(1)　令8区画の構造
　令8区画は、「開口部のない耐火構造の床又は壁による区画」とする必要があることから、次の構造を有する必要がある（平7・3・31消防予53）。
① 　鉄筋コンクリート造、鉄骨鉄筋コンクリート造又はこれらと同等に堅牢かつ容易に変更できない耐火構造であること。
② 　建築基準法施行令107条1号の通常の火災時の加熱に2時間以上耐える性能を有すること。
③ 　令8区画の耐火構造の床又は壁の両端又は上端は、次の㋐から㋒のいずれかによること。
　㋐ 　外壁面又は屋根面から50cm以上突き出していること。

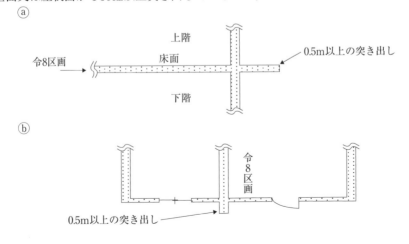

第2章　防火対象物のとらえ方

ⓒ

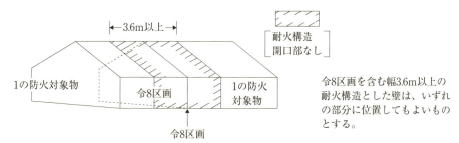

㋑　外壁又は屋根が当該令8区画を含む幅3.6m以上にわたり耐火構造で、この部分に開口部がないこと。

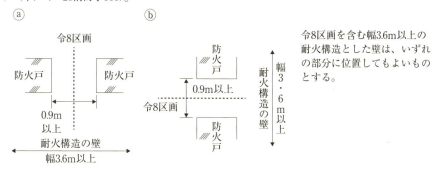

㋒　外壁又は屋根が当該令8区画を含む幅3.6m以上にわたり耐火構造で、この部分に開口部がある場合は防火設備が設けられており、かつ、開口部相互が令8区画を介し90cm以上離れていること。
　なお、90cm未満となる位置には面積の大小にかかわらず、換気口等の開口部を設けることはできない（平7・7・28消防予166）。

(2)　令8区画を貫通する配管等
　令8区画に配管等を貫通して設けることは、原則として認められないが、必要不可欠な配管であって、当該区画を貫通する配管及び当該貫通部について、開口部のない耐火構造の床又は壁による区画と同等とみなすことができる場合にあっては、当該区画の貫通が認められている（平7・3・31消防予53）。
　この場合の令8区画を貫通する配管及び当該貫通部についての要件は、次のとおりである。

区　分	要　件
配管の用途	原則として、給排水管であること。
一の配管	呼び径200mm以下のものであること。
貫通部の穴の口径	配管を貫通させるために令8区画に設ける穴が直径300mm以下となる工法であること。

— 25 —

第2章　防火対象物のとらえ方

	貫通部の形状が矩形となるものにあっては、直径が300mmの円に相当する面積以下であること。
穴相互の離隔距離	配管を貫通させるために令8区画に設ける穴相互の離隔距離は、貫通するために設ける穴の直径の大なる方の距離(当該直径が200mm以下の場合にあっては、200mm)以上であること。
配管及び貫通部	一体で、建築基準法施行令107条1号の通常の火災時の加熱に2時間以上耐える性能を有するものであること。
貫通部	モルタル等の不燃材料で完全に埋め戻す等、十分な気密性を有するように施工すること。
配管への接触防止措置	熱伝導により、配管の表面に可燃物が接触した場合に発火するおそれのある場合には、当該可燃物が配管の表面に接触しないような措置を講ずること。

令8区画に設ける穴と配管

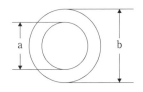

a：配管直径200mm以下
b：穴の直径300mm以下

令8区画に設ける貫通のための穴

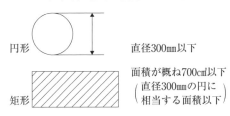

円形　　直径300mm以下
矩形　　面積が概ね700cm²以下
　　　　(直径300mmの円に相当する面積以下)

穴相互の離隔距離

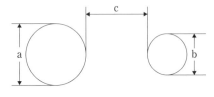

a：穴の直径mm（300mm以下）
b：穴の直径mm（300mm以下）
c：穴相互の離隔距離
cは、次の条件を満たすこと。
・c≧Max a or b
・c≧200mm

令8区画の端部と穴の離隔距離

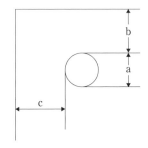

b及びcは、aの直径（aが200mmより小の場合は200mmとする。）以上とすることが望ましい。

(3)　令8区画を貫通する配管等に関する運用

　令8区画を貫通する鋼管等のうち、次の表により設置されているものにあっては、「令8区画及び共住区画の構造並びに当該区画を貫通する配管等の取扱いについて」(平7・3・31消防予53)に適合するものとして取り扱うことができる(平19・10・5消防予344)。

令8区画及び共住区画を貫通する鋼管等の取扱いについて（平19・10・5消防予344）		
1 鋼管等を使		令8区画及び共住区画を貫通する配管等にあっては、貫通部及びその両側1m以上の範囲は鋼管等とすること。 ただし、次に定める①及び②に適合する場合は、貫通部から1m以内となる部分の排水管に衛生機器を接続して差し支えないこと。 ①　衛生機器の材質は、不燃材料であること。

第2章　防火対象物のとらえ方

用する範囲		② 排水管と衛生機器の接続部に、塩化ビニル製の排水ソケット、ゴムパッキン等が用いられている場合には、これらは不燃材料の衛生機器と床材で覆われていること。	
2 鋼管等の種類		令8区画及び共住区画を貫通する鋼管等は、次に掲げるものとすること。 ① JISG3442（水配管用亜鉛めっき鋼管） ② JISG3448（一般配管用ステンレス鋼管） ③ JISG3452（配管用炭素鋼管） ④ JISG3454（圧力配管用炭素鋼鋼管） ⑤ JISG3459（配管用ステンレス鋼管） ⑥ JISG5525（排水用鋳鉄管） ⑦ 日本水道協会規格（JWWA）K116（水道用硬質塩化ビニルライニング鋼管） ⑧ JWWAK132（水道用ポリエチレン粉体ライニング鋼管） ⑨ JWWAK140（水道用耐熱性硬質塩化ビニルライニング鋼管） ⑩ 日本水道鋼管協会規格(WSP)011（フランジ付硬質塩化ビニルライニング鋼管） ⑪ WSP032（排水用ノンタールエポキシ塗装鋼管） ⑫ WSP039（フランジ付ポリエチレン粉体ライニング鋼管） ⑬ WSP042（排水用硬質塩化ビニルライニング鋼管） ⑭ WSP054（フランジ付耐熱性樹脂ライニング鋼管）	
3 貫通部の処理	(1) セメントモルタルによる方法	① 日本建築学会建築工事標準仕様書（JASS）15「左官工事」によるセメントと砂を容積で1対3の割合で十分から練りし、これに最小限の水を加え、十分混練りすること。 ② 貫通部の裏側の面から板等を用いて仮押さえし、セメントモルタルを他方の面と面一になるまで十分密に充填すること。 ③ セメントモルタル硬化後は、仮押さえに用いた板等を取り除くこと。	
	(2) ロックウールによる方法	① JISA9504（人造鉱物繊維保温材）に規定するロックウール保温材（充填密度150kg/㎥以上のものに限る。）又はロックウール繊維（充填密度150kg/㎥以上のものに限る。）を利用した乾式吹き付けロックウール又は湿式吹き付けロックウールで隙間を充填すること。 ② ロックウール充填後、25mm以上のケイ酸カルシウム板又は0.5mm以上の鋼板を床又は壁と50mm以上重なるように貫通部に蓋をし、アンカーボルト、コンクリート釘等で固定すること。	
4 可燃物への着火防止措置		配管等の表面から150mmの範囲に可燃物が存する場合には、(1)又は(2)の措置を講ずること。	
	(1) 可燃物への接触防止措置	①に掲げる被覆材を②に定める方法により被覆すること。 ① 被覆材 　ロックウール保温材(充填密度150kg/㎥以上のものに限る。)又はこれと同等以上の耐熱性を有する材料で造った厚さ25mm以上の保温筒、保温帯等とすること。 ② 被覆方法 　㋐ 床を貫通する場合	

鋼管等の呼び径	被覆の方法
100以下	貫通部の床の上面から上方60cmの範囲に一重に被覆する。
100を超え200以下	貫通部の床の上面から上方60cmの範囲に一重に被覆し、さらに、床の上面から上方30cmの範囲には、もう一重被覆する。

第2章　防火対象物のとらえ方

		㋑　壁を貫通する場合	
		鋼管等の呼び径	被覆の方法
		100以下	貫通部の壁の両面から左右30cmの範囲に一重に被覆する。
		100を超え200以下	貫通部の壁の両面から左右60cmの範囲に一重に被覆し、さらに、壁の両面から左右30cmの範囲には、もう一重被覆する。
	(2) 給排水管の着火防止措置	次の①又は②に該当すること。 ①　当該給排水管の内部が、常に充水されているものであること。 ②　可燃物が直接接触しないこと。また、配管等の表面から150mmの範囲内に存在する可燃物にあっては、構造上必要最小限のものであり、給排水管からの熱伝導により容易に着火しないもの（木軸、合板等）であること。	
5 配管等の保温	配管等を保温する場合にあっては、次の①又は②によること。 ①　保温材として4(1)①に掲げる材料を用いること。 ②　給排水管にあっては、JISA9504（人造鉱物繊維保温材）に規定するグラスウール保温材又はこれと同等以上の耐熱性及び不燃性を有する保温材を用いてもさしつかえないこと。この場合において、3及び4の規定について、特に留意されたいこと。		
6 配管等の接続	配管等を1に掲げる範囲において接続する場合には、次に掲げるところによること。 ①　配管等は、令8区画及び共住区画を貫通している部分において接続しないこと。 ②　配管等の接続は、次に掲げる方法又はこれと同等以上の性能を有する方法により接続すること。なお、㋑に掲げる方法は、立管又は横枝管の接続に限り、用いることができること。		
	工法の区分	作業手順	
	㋐　メカニカル接続	ⓐ　ゴム輪（ロックパッキン、クッションパッキン等を含む。以下同じ。）を挿入管の差し口にはめ込むこと。 ⓑ　挿入管の差し口端分を受け口の最奥部に突き当たるまで挿入すること。 ⓒ　予め差し口にはめ込んだゴム輪を受け口と差し口との間にねじれがないように挿入すること。 ⓓ　押し輪又はフランジで押さえること。 ⓔ　ボルト及びナットで周囲を均等に締め付けゴム輪を挿入管に密着させること。	
	㋑　差込み式ゴムリング接続	ⓐ　受け口管の受け口の内面にシール剤を塗布すること。 ⓑ　ゴムリングを所定の位置に差し込むこと。 　　ここで用いるゴムリングは、EPDM（エチレンプロピレンゴム）又はこれと同等の硬さ、引っ張り強さ、耐熱性、耐老化性及び圧縮永久歪みを有するゴムで造られたものとすること。 ⓒ　ゴムリングの内面にシール剤を塗布すること。 ⓓ　挿入管の差し口にシール剤を塗布すること。 ⓔ　受け口の最奥部に突き当たるまで差し込むこと。	
	㋒　袋ナット接続	ⓐ　袋ナットを挿入管差し口にはめ込むこと。 ⓑ　ゴム輪を挿入管の差し口にはめ込むこと。 ⓒ　挿入管の差し口端部を受け口の最奥部に突き当たるまで挿入すること。 ⓓ　袋ナットを受け口にねじ込むこと。	

第2章 防火対象物のとらえ方

	エ ねじ込み式接続	ⓐ 挿入管の差し口端外面に管用テーパおネジを切ること。 ⓑ 接合剤をネジ部に塗布すること。 ⓒ 継手を挿入管にねじ込むこと。
	オ フランジ接続	ⓐ 配管の芯出しを行い、ガスケットを挿入すること。 ⓑ 仮締めを行いガスケットが中央の位置に納まっていることを確認すること。 ⓒ 上下、次に左右の順で、対称位置のボルトを数回に分けて少しずつ締めつけ、ガスケットに均一な圧力がかかるように締めつけること。
	③ 耐火二層管と耐火二層管以外の管との接続部には、耐火二層管の施工方法により必要とされる目地工法を行うこと。	
7 支持	鋼管等の接続部の近傍を支持するほか、必要に応じて支持すること。	
参考	<参考> 施工方法の例（鋼管等の表面の近くに可燃物がある場合） 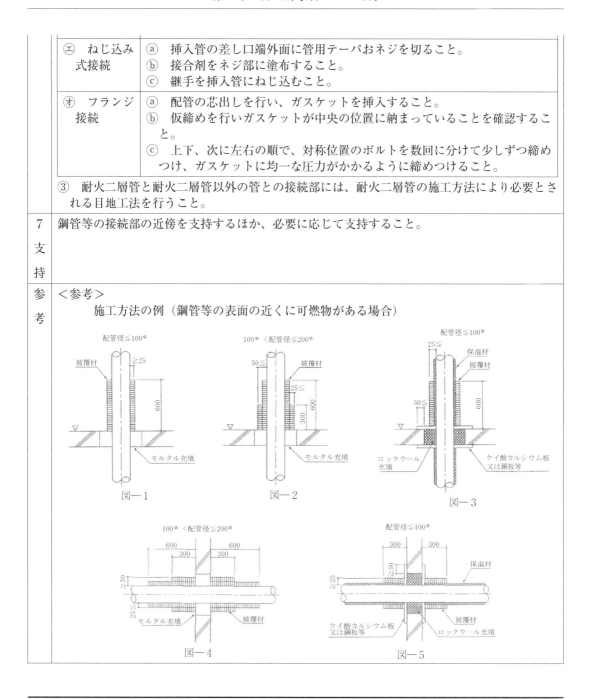	

2-5 令9条による複合用途防火対象物のみなし防火対象物

複合用途防火対象物は、一の建物内に、令別表第1に掲げる(1)項から(15)項までの用途に供される部分が2以上存するものであるが（令1の2②）、消防用設備等の設置及び維持の規制については、①建物全体を一の防火対象物として規制をする、又は②それぞれの用途に供される部分ごとに規制するとの2通りの方法がある。

第2章　防火対象物のとらえ方

　令9条では、原則として、それぞれの用途に供される部分ごとに、当該部分を当該用途に供される一の防火対象物とみなして、消防用設備等を設置することとされている。ただし、当該防火対象物全体として設置し維持することが火災予防上合理的と認められる消防用設備等については、複合用途防火対象物全体又は階に対し設置することとされている。

原則：用途の部分ごとに設置する消防用設備等	
①　消火器又は簡易消火用具（令10）	⑩　消防機関へ通報する火災報知設備（令23）
②　屋内消火栓設備（令11）	⑪　非常警報器具（令24）
③　水噴霧消火設備（令13）	⑫　消防用水（令27）（注）
④　泡消火設備（令13）	⑬　排煙設備（令28）
⑤　不活性ガス消火設備（令13）	⑭　連結散水設備（令28の2）
⑥　ハロゲン化物消火設備（令13）	⑮　連結送水管（令29）
⑦　粉末消火設備（令13）	⑯　非常コンセント設備（令29の2）
⑧　屋外消火栓設備（令19）（注）	⑰　無線通信補助設備（令29の3）
⑨　動力消防ポンプ設備（令20）（注）	
（注）　当該用途に供されている建築物として、設置が必要となる。	

例外：複合用途防火対象物全体又は階に設置する消防用設備等			
スプリンクラー設備（令12①三・十～十二）	特定複合用途防火対象物（令別表第1(16)項イ）	地階を除く階数が11以上のもの（総務省令で定める部分を除く（規13①②）。）		
^	^	令別表第1(1)項から(4)項まで、(5)項イ、(6)項又は(9)項イに掲げる防火対象物の用途に供される部分（総務省令で定める部分を除く（規13②）。）の床面積の合計が3,000㎡以上のものの階のうち、当該部分が存する階		
^	^	令別表第1(1)項から(4)項まで、(5)項イ、(6)項又は(9)項イの用途に供される部分が存する階	地階又は無窓階	当該部分の床面積が1,000㎡以上
^	^	^	4階以上10階以下の階	令別表第1(2)項又は(4)項の用途に供される部分が存する階1,000㎡以上
^	^	^	^	上記以外の用途に供される部分が存する階1,500㎡以上
^	非特定複合用途防火対象物（令別表第1(16)項ロ）	11階以上の階		
自動火災報知設備（令21①三・七・十・十四）	特定複合用途防火対象物（令別表第1(16)項イ）	延べ面積　300㎡以上		
^	^	令別表第1(1)項から(4)項まで、(5)項イ、(6)項又は(9)項イに掲げる防火対象物の用途に供される部分が避難階以外の階に存する防火対象物で、当該避難階以外の階から避難階又は地上に直通する階段が2（当該階段が屋外に設けられ、又は総務省令で定める避難上有効な構造を有する場合にあっては、1）以上設けられていないもの		
^	^	地階又は無窓階で、床面積の合計が100㎡以上		

第2章　防火対象物のとらえ方

	非特定複合用途防火対象物（令別表第1(16)項ロ）	11階以上の階	
ガス漏れ火災警報設備（令21の2①五）	特定複合用途防火対象物（令別表第1(16)項イ）	地階のうち、床面積の合計が1,000㎡以上で、かつ、令別表第1(1)項から(4)項まで、(5)項イ、(6)項又は(9)項イに掲げる防火対象物の用途に供される部分の床面積の合計が500㎡以上	
	非特定複合用途防火対象物（令別表第1(16)項ロ）	設置なし	
漏電火災警報器（令22①六・七）	特定複合用途防火対象物（令別表第1(16)項イ）のうち、延べ面積が500㎡以上で、かつ、令別表第1(1)項から(4)項まで、(5)項イ、(6)項又は(9)項イに掲げる防火対象物の用途に供される部分の床面積の合計が300㎡以上のもの		
	契約電流容量（同一建築物で契約種別の異なる電気が供給されているものは、最大契約電流容量）が50Aを超えるもの		
非常警報設備（令24）	非常ベル、自動式サイレン又は放送設備（令24②二）	収容人員が50人以上のもの	
		地階及び無窓階の収容人員が20人以上のもの	
	非常ベル及び放送設備又は自動式サイレン及び放送設備（令24③二・三）	地階を除く階数が11以上のもの	
		地階の階数が3以上のもの	
		特定複合用途防火対象物（令別表第1(16)項イ）で、収容人員が500人以上のもの	
避難器具（令25①五）	特定複合用途防火対象物（令別表第1(16)項イ）の3階（令別表第1(2)項又は(3)項に掲げる防火対象物の用途に供される部分が2階に存する場合には、2階）以上の階のうち、当該階（当該階に総務省令で定める避難上有効な開口部を有しない壁で区画されている部分が存する場合にあっては、その区画された部分）から避難階又は地上に直通する階段が2以上設けられていない階で、収容人員が10人以上のもの		
誘導灯及び誘導標識（令26①）	避難口誘導灯	特定複合用途防火対象物（令別表第1(16)項イ）	全部
		非特定複合用途防火対象物（令別表第1(16)項ロ）	地階、無窓階及び11階以上の部分
	通路誘導灯	特定複合用途防火対象物（令別表第1(16)項イ）	全部
		非特定複合用途防火対象物（令別表第1(16)項ロ）	地階、無窓階及び11階以上の部分
	客席誘導灯	特定複合用途防火対象物（令別表第1(16)項イ）の部分で、令別表第1(1)項に掲げる防火対象物の用途に供されるもの	
	誘導標識	全部	

2-6　令9条の2による地下街との接続

　地下街は、地下部分に設けられた公共通路に面して、店舗等を設けるものであり、一般的に駅前広場の地下に設けられている場合が多い。また、利便性を向上させるために駅ビルや周辺のビルと接続する場合が多い。
　このような形態の場合、それぞれの部分等において発生する火災が他の部分に対しても影響を与えることが考えられる。これらのことを踏まえ、原則として、地下街と接続する建築物等の地階については、地下街と一体をなすものとして、消防用設備等の設置が必要となる。これらの接続形態については、様々な構造等があることから、個々の事案に応じて地下街と一体をなすものかの判断は消防長又は消防署長が行い、一体をなすものについては指定を行うこととされている。

(1)　地下街と一体をなす防火対象物の地階としての指定
　特定防火対象物（令別表第1(1)項から(4)項まで、(5)項イ、(6)項、(9)項イ）及び特定複合用途防火対象物（令別表第1(16)項イ）の地階が地下街と一体をなすものとして消防長又は消防署長が指定したものは、地下街の部分とみなされ、次の消防用設備等の設置が必要となる（令9の2）。

消防用設備等の種類	対象となる規模等	関係条文
スプリンクラー設備	延べ面積が1,000㎡以上	令12①六
自動火災報知設備	延べ面積が300㎡以上	令21①三
ガス漏れ火災警報設備	延べ面積が1,000㎡以上	令21の2①一
非常警報設備（非常ベル及び放送設備又は自動式サイレン及び放送設備）	全部	令24③一

(2)　特定防火対象物の地階と地下街とが一体をなす場合の指定基準
　令9条の2の規定により、消防長又は消防署長が地下街と一体であるとみなす場合の判断の基準については、「特定防火対象物の地階と地下街とが一体をなす場合の判定基準及び指定方法について」（昭50・3・11消防安32）に基づき、次の事項に該当する以外の防火対象物とされている。

地下街と特定防火対象物の地階とが接続するもの 次のすべての事項に該当するものは、該当しない。	
①　構　造	特定防火対象物の地階及び地下街の主要構造部は耐火構造
②　接続部の開口部	特定防火対象物の地階と地下街とが接続している部分（以下「接続部分」という。）の開口部の面積の合計は、4㎡以下であること。ただし、次のいずれかに該当するものにあっては、この限りでない。
	㋐　地下道、歩行者専用連絡通路、広場その他これらに類するもの（天井、壁及び床の下地並びに仕上げを不燃材料でしたものに限る。以下「地下道等」という。）を介して接続している場合で、当該地下道等の長さ（地階部分（地下道等に供される部分を除く。）と当該地階に最も近い地下街の店舗等の部分との歩行距離をいう。）が20m以上であるもの。 　ただし、接続部分又はその直近に排煙上有効な大きさの吹抜け又は地上へ直接通じる2以上の階段を有するものにあっては、10m以上とすることができる。
	㋑　地下道等を介して接続し、かつ、当該地下道等の両端部にスプリンクラー設備又はドレンチャー設備が延焼防止上有効に設けられていること。
③　開口部の措置	随時開くことができる自動閉鎖装置付の特定防火設備又は随時閉鎖することができ、かつ、煙感知器の作動と連動して閉鎖する特定防火設備が設けられていること。ただし、②の㋐に該当するものは、防火設備とすることができる。

④ 開口部以外の接続部分	耐火構造の床又は壁で区画されていること。
⑤ 階段	接続階から避難階に通じるすべての階段が、建築基準法施行令123条の規定に適合するもの若しくはこれらと防煙上同等以上の構造のものであるか又は接続階及び接続部分に有効な排煙設備が設けられているものであること。 ただし、特定防火対象物の地階に特定用途が存しない場合、②アに該当する場合又は接続階にスプリンクラー設備が設けられている場合は、この限りでない。

(3) 指定方法

　消防長又は消防署長が特定防火対象物の地階が地下街と一体をなすものとして指定する場合には、その旨を当該防火対象物及び地下街の関係者に書面をもって通知することとされている。

　この場合の通知の様式は、次のとおりとされている（昭50・3・31消防安32）。

地下街と一体をなすものとみなされる防火対象物の指定通知書

番　　　号
年　月　日

防火対象物の関係者　殿

消防長（消防署長）（市町村長）　　㊞

　消防法施行令第9条の2の規定により下記の防火対象物の地階は、下記の地下街と一体をなすものと指定したので通知する。

防火対象物	所在地	
	名称	
	関係者	
	用途	
地下街	所在地	
	名称	
	関係者	
備考		

2-7　同一の敷地

　消防用設備等の設置単位は、原則として建築物1棟となっているが、例外として令8条（開口部のない防火区画による別の防火対象物としての取扱い）、令9条（複合用途防火対象物の用途ごとの部分のみなし防火対象物）及び令9条の2（地下街と地階の接続）の取扱いがある。

　さらに防火対象物が同一の敷地内に複数棟設置されている場合には、当該防火対象物の用途にかかわらず、構造、敷地の形態等により、設置が義務付けられることとなる消防用設備等がある。屋外消火栓設備、動力消防ポンプ設備及び消防用水がこれに該当し、次のような取扱いとなっている。

　なお、敷地とは、一の建築物又は用途上不可分の関係にある2以上の建築物のある一団の土地をいう

（建令1一）。又は、一の工作物又は用途上不可分の関係にある2以上の工作物のある一団の土地をいい、一般的には、公道、隣地境界線等により区分された一団の土地とされている（昭57・7・2消防予143）。

(1) 屋外消火栓設備（令19）

屋外消火栓設備は、防火対象物において火災が発生した場合に、建築物の外からの消火や隣接する建築物への延焼防止等に使用するものである。

　(ア)　原則（令19①）

屋外消火栓設備は、次に掲げる建築物について設置するものとする。

用途・対象となる範囲	建築物の構造	対象となる床面積（注）
令別表第1(1)項から(15)項まで、(17)項及び(18)項に掲げる建築物	耐火建築物	9,000㎡以上
	準耐火建築物	6,000㎡以上
	その他の建築物	3,000㎡以上

（注）　床面積は、地階を除く階数が1であるものにあっては1階の床面積を、地階を除く階数が2以上であるものにあっては1階及び2階の部分の床面積の合計をいう。

　(イ)　同一敷地内にある建築物（令19②）

同一敷地内にある2以上の令別表第1(1)項から(15)項まで、(17)項及び(18)項に掲げる建築物（耐火建築物及び準耐火建築物を除く。）で、当該建築物相互の1階の外壁間の中心線からの水平距離が、1階にあっては3m以下、2階にあっては5m以下である部分を有するものは、令19条1項の規定の適用については、一の建築物とみなすこととされている。

　(ウ)　設置の省略（令19④）

防火対象物にスプリンクラー設備、水噴霧消火設備、泡消火設備、不活性ガス消火設備、ハロゲン化物消火設備、粉末消火設備又は動力消防ポンプ設備を令12条、13条、14条、15条、16条、17条、18条若しくは20条に定める技術上の基準に従い、又は当該技術上の基準の例により設置したときは、当該設備の有効範囲内の部分について屋外消火栓設備を設置しないことができる。

(2) 動力消防ポンプ設備（令20）

動力消防ポンプ設備は、屋外消火栓設備と同様に、防火対象物において火災が発生した場合に、建築物の外からの消火や隣接する建築物への延焼防止等に使用するものである。

　(ア)　原則（令20①二）

原則として、屋外消火栓設備の設置が義務付けられる防火対象物に設置が必要となる。

　(イ)　同一敷地内にある建築物（令20②）

令19条2項の規定を準用する（上記(1)(イ)参照）。

　(ウ)　設置の省略（令20⑤）

令20条1項各号に掲げる防火対象物又はその部分に次に掲げる消火設備をそれぞれに定めるところにより設置したときは、同項の規定にかかわらず、当該設備の有効範囲内の部分について動力消防ポンプ設備を設置しないことができる。

① 令20条1項各号に掲げる防火対象物又はその部分に屋外消火栓設備を令19条に定める技術上の基準に従い、又は当該技術上の基準の例により設置したとき。

② 令20条1項1号に掲げる防火対象物の1階又は2階に屋内消火栓設備、スプリンクラー設備、水噴霧消火設備、泡消火設備、不活性ガス消火設備、ハロゲン化物消火設備又は粉末消火設備を令11条、12条、13条、14条、15条、16条、17条若しくは18条に定める技術上の基準に従い、又は当該技術上の基準の例により設置したとき。

③ 令20条1項2号に掲げる建築物の1階又は2階にスプリンクラー設備、水噴霧消火設備、泡消火設備、不活性ガス消火設備、ハロゲン化物消火設備又は粉末消火設備を令12条、13条、14条、15条、16条、17条若しくは18条に定める技術上の基準に従い、又は当該技術上の基準の例により設置したとき。

(3) 消防用水 (令27)

消防用水は、一定規模以上の敷地面積を有するものについて、消防活動用の消火水を確保するために、義務付けられている。

(ア) 原則 (令27①)

消防用水は、次に掲げる建築物について設置するものとする。

建築物の用途	敷地面積	建築物の床面積など	
令別表第1(1)項から(15)項まで、(17)項及び(18)項に掲げる建築物	20,000㎡以上	耐火建築物	15,000㎡以上
		準耐火建築物	10,000㎡以上
		その他の建築物	5,000㎡以上
令別表第1に掲げる建築物	全部	高さ31mを超え、かつ、その延べ面積（地階に係るものを除く。）が25,000㎡以上のもの	

(イ) 同一敷地内にある建築物 (令27②)

同一敷地内にある建築物が一の建築物としてみなされる場合は、次のとおりである。

① 同一敷地内に令別表第1(1)項から(15)項まで、(17)項及び(18)項に掲げる建築物（高さが31mを超え、かつ、延べ面積が25,000㎡以上の建築物を除く。）が2以上ある場合

② ①の建築物が、当該建築物相互の1階の外壁間の中心線からの水平距離が、1階にあっては3m以下、2階にあっては5m以下である部分を有する場合

③ ①の建築物の床面積を、耐火建築物にあっては15,000㎡、準耐火建築物にあっては10,000㎡、その他の建築物にあっては5,000㎡でそれぞれ除した商の和が1以上となる場合

2-8 規12条の2の構造（火災発生時の延焼を抑制する機能を備える構造）

スプリンクラー設備を設置することを要しない構造については、令12条1項1号及び9号で「火災発生時の延焼を抑制する機能を備える構造として総務省令で定める」と規定されており、規12条の2に詳しく規定されている。

規12条の2では、令別表第1の区分に従い、基準面積（注）の別によって火災発生時の延焼を抑制する機能を備える構造が規定されている。

この構造に適合する部分については、スプリンクラー設備を設置しないことができる。

（注）基準面積とは、防火上有効な措置が講じられた構造を有するものとして総務省令（規13の5の2）で定める部分以外の部分の床面積の合計をいう（規12の2①一）。

防火上有効な措置が講じられた構造を有する部分とは、次のいずれにも該当する部分（当該部分の床面積の合計が当該部分が存する防火対象物の延べ面積に2分の1を乗じて得た値を超える場合にあっては、当該2分の1を乗じて得た値の面積に相当する部分に限る。）をいう。

部分の要件	内　容
用　途	① 手術室、分娩室、内視鏡検査室、人工血液透析室、麻酔室、重症患者集中治療看護室その他これらに類する室（規13③七） ② レントゲン室等放射線源を使用し、貯蔵し、又は廃棄する室（規13③八）
防火上の措置	次のいずれかに該当する防火上の措置が講じられた部分であること。 ① 準耐火構造の壁及び床で区画され、かつ、開口部に防火戸（随時開くことができる自動閉鎖装置付きのもの又は随時閉鎖することができ、かつ、煙感知器の作動と連動して閉鎖するものに限る。）を設けた部分

	② 不燃材料で造られた壁、柱、床及び天井（天井のない場合にあっては、屋根）で区画され、かつ、開口部に不燃材料で造られた戸（随時開くことができる自動閉鎖装置付きのものに限る。）を設けた部分であって、当該部分に隣接する部分（直接外気に開放されている廊下その他外部の気流が流通する場所（規13③六）を除く。）のすべてがスプリンクラー設備の有効範囲内に存するもの
設置場所	次の階に存しないこと。 ① 床面積が1,000㎡以上の地階又は無窓階 ② 床面積が1,500㎡以上の4階以上10階以下の階

(1) 令12条1項1号及び9号の総務省令で定める構造

　令別表第1(6)項イ(1)及び(2)並びにロ、(16)項イ並びに(16の2)項に掲げる防火対象物（同表(16)項イ及び(16の2)項に掲げる防火対象物にあっては、同表(6)項イ(1)若しくは(2)又はロに掲げる防火対象物の用途に供される部分に限る。）又はその部分の区分に応じ、次に掲げるところにより、当該防火対象物又はその部分に設置される区画を有するものとする（規12の2①）。

区　分	項　目	内　容
基準面積が1,000㎡未満のもの（規12の2①一）	居室の区画	防火対象物又はその部分の居室を準耐火構造の壁及び床で区画したものであること。
	壁及び天井（天井のない場合にあっては、屋根）の室内に面する部分（回り縁、窓台その他これらに類する部分を除く。）の仕上げ	① 地上に通ずる主たる廊下その他の通路にあっては、準不燃材料でしたものであること。 ② その他の部分にあっては、難燃材料でしたものであること。 　ただし、居室（専ら当該施設の職員が使用することとされているものを除く。以下「入居者等の利用に供する居室」という。）が避難階のみに存する防火対象物で、延べ面積が275㎡未満のもののうち、規12条の2第2項2号の規定の例によるものにあっては、この限りでない。
	区画する壁及び床の開口部の面積	① 面積の合計が8㎡以下であること。 かつ ② 一の開口部の面積が4㎡以下であること。
	開口部の防火措置	開口部には、防火戸（廊下と階段とを区画する部分以外の開口部にあっては、防火シャッターを除く。）で随時開くことができる自動閉鎖装置付きのもの又は次に掲げる構造のものを設けたものであること。 ① 随時閉鎖することができ、かつ、煙感知器（イオン化式スポット型感知器、光電式感知器及び煙複合式スポット型感知器をいう。）の作動と連動して閉鎖すること。 ② 居室から地上に通ずる主たる廊下、階段その他の通路に設けるものにあっては、直接手で開くことができ、かつ、自動的に閉鎖する部分を有し、その部分の幅、高さ及び下端の床面からの高さが、それぞれ、75cm以上、1.8m以上及び15cm以下であること。
	区画の面積等	① 区画された部分すべての床の面積が100㎡以下であること。

第2章　防火対象物のとらえ方

	項目	内容
基準面積が1,000㎡以上のもの（規12の2①二）	居室の区画	防火対象物又はその部分の居室を耐火構造の壁及び床で区画したものであること。
	壁及び天井（天井のない場合にあっては、屋根）の室内に面する部分（回り縁、窓台その他これらに類する部分を除く。）の仕上げ	① 地上に通ずる主たる廊下その他の通路にあっては、準不燃材料でしたものであること。 ② その他の部分にあっては、難燃材料でしたものであること。
	区画する壁及び床の開口部の面積	① 面積の合計が8㎡以下であること。 かつ、 ② 一の開口部の面積が4㎡以下であること。
	開口部の防火措置	開口部には、特定防火設備である防火戸（廊下と階段とを区画する部分以外の開口部にあっては、防火シャッターを除く。）で、随時開くことができる自動閉鎖装置付きのもの若しくは①に掲げる構造のもの又は②を設けたものであること。 ① 次に掲げる構造のもの 　㋐ 随時閉鎖することができ、かつ、煙感知器の作動と連動して閉鎖すること。 　㋑ 居室から地上に通ずる主たる廊下、階段その他の通路に設けるものにあっては、直接手で開くことができ、かつ、自動的に閉鎖する部分を有し、その部分の幅、高さ及び下端の床面からの高さが、それぞれ、75cm以上、1.8m以上及び15cm以下であること。 ② 防火戸（防火シャッター以外のものであって、2以上の異なった経路により避難することができる部分の出入口以外の開口部で、直接外気に開放されている廊下、階段その他の通路に面し、かつ、その面積の合計が4㎡以内のものに設けるものに限る。）
	区画の面積	区画された部分すべての床の面積が200㎡以下であること。

(2)　令別表第1(6)項イ(1)及び(2)、ロで、延べ面積が100㎡未満の小規模な施設

　(1)にかかわらず、令別表第1(6)項イ(1)及び(2)並びにロに掲げる防火対象物のうち、入居者等の利用に供する居室が避難階のみに存するもので、延べ面積が100㎡未満のもの（規12条の2第1項1号に定めるところにより設置される区画を有するものを除く。）においては、令12条1項1号の総務省令で定める構造は、次の各項目のいずれかに掲げるところによるものとする（規12の2②）。

項　目	内　容
壁及び天井（天井のない場合にあっては、屋根）の室内に面する部分（回り縁、窓台その他これらに	① 地上に通ずる主たる廊下その他の通路にあっては、準不燃材料でしたものであること。 ② その他の部分にあっては、難燃材料でしたものであること。

類する部分を除く。）の仕上げ	
居室を壁、柱、床及び天井（天井のない場合にあっては、屋根）で区画し、出入口に戸（随時開くことができる自動閉鎖装置付きのものに限る。）を設けたもので、右欄に適合するもののうち、入居者、入所者又は宿泊者（入居者等）の避難に要する時間として消防庁長官が定める方法(注1)により算定した時間が、火災発生時に確保すべき避難時間として消防庁長官が定める時間(注2)を超えないもの。	① じんあい、微粉又は水蒸気が多量に滞留する場所等、規23条4項1号ニに掲げる場所を除き、自動火災報知設備の感知器は、煙感知器であること。 ② 入居者等の利用に供する居室に、火災発生時に当該施設の関係者が屋内及び屋外から容易に開放することができる開口部を設けたものであること。 ③ 開口部は、道又は道に通ずる幅員1m以上の通路その他の空地に面したものであること。 ④ 開口部は、その幅、高さ及び下端の床面からの高さその他の形状が、入居者等が内部から容易に避難することを妨げるものでないものであること。 ⑤ 入居者等の利用に供する居室から2以上の異なった避難経路を確保していること。

(注1) 入居者等の避難に要する時間の算定方法

　　入居者等の避難に要する時間は、左欄に掲げる区分に応じ、右欄に掲げる時間を合算した時間となる（平26・3・28消告4）。

区　分	計算方法
入居者等が避難を開始するまでに要する時間	施設の延べ面積（単位　㎡）の平方根を30で除して得た値（単位　分）
入居者等が屋外までの避難を終了するまでに要する時間	次の①から③までに掲げる区分に応じ、当該区分に掲げる時間を合算した時間 ① 入居者等の存する各居室に介助者が至るのに要する時間 　　各居室からの避難経路上の移動距離を次の㋐から㋒までに掲げる介助者の移動速度で除して得た時間を合算した時間 　㋐　介助者の移動速度（階段上り）　54m/min 　㋑　介助者の移動速度（階段下り）　72m/min 　㋒　介助者の移動速度（階段以外における移動）　120m/min ② 介助用具が必要な入居者等がそれぞれ乗り換え等の準備に要する時間 　　介助用具等が必要な入居者等の数（2に満たない場合は2とする。）に0.5（単位　分）を乗じて得た時間を合算した時間 ③ 入居者等を屋外まで介助して避難させるのに要する時間 　　各居室からの避難経路上の移動距離を介助された入居者等の移動速度（30m/min）で除して得た時間を合算した時間

(注2) 火災発生時に確保すべき避難時間の基準

　　火災発生時に確保すべき避難時間は、左欄に掲げる条件に応じ、右欄に掲げる時間となる（平26・3・28消告4）。

項　目	避難時間
① 壁及び天井（天井のない場合にあっては、屋根）の室内に面する部分（回り縁、窓台その他これらに類する部分を除く。）の仕上げを難燃材料でしたもの（③に掲げるものを除く。）	4分

第2章　防火対象物のとらえ方

②　次の式に当てはまるもの（③に掲げるものを除く。） 　　居室の床面積×（床面から天井までの高さ－1.8m）≧200㎡	4分
③　①及び②のいずれにも該当するもの	5分
④　①又は②のいずれにも該当しないもの	3分

(3)　共同住宅の住戸を令別表第1(6)項ロの用途に供する場合

　令別表第1(16)項イに掲げる防火対象物（同表(5)項ロ及び(6)項ロに掲げる防火対象物の用途以外の用途に供される部分が存しないものに限る。）の部分で同表(6)項ロに掲げる防火対象物の用途に供される部分のうち、延べ面積が275㎡未満のもの（規12条の2第1項1号に定めるところにより設置される区画を有するものを除く。以下「特定住戸部分」という。）においては、令12条1項1号の総務省令で定める構造は、次に掲げる区画を有するものとする（規12の2③）。

項　目	内　容
特定住戸部分の各住戸の区画	準耐火構造の壁及び床で区画したものであること。
特定住戸部分の各住戸の主たる出入口	①　直接外気に開放されていること。 かつ、 ②　当該部分における火災時に生ずる煙を有効に排出することができる廊下に面していること。
出入口の構造	開口部には、防火戸（廊下と階段とを区画する部分以外の開口部にあっては、防火シャッターを除く。）で、随時開くことができる自動閉鎖装置付きのもの又は次に掲げる構造のものを設けたものであること。 ①　随時閉鎖することができ、かつ、煙感知器（イオン化式スポット型感知器、光電式感知器及び煙複合式スポット型感知器をいう。）の作動と連動して閉鎖すること。 ②　居室から地上に通ずる主たる廊下、階段その他の通路に設けるものにあっては、直接手で開くことができ、かつ、自動的に閉鎖する部分を有し、その部分の幅、高さ及び下端の床面からの高さが、それぞれ、75㎝以上、1.8m以上及び15㎝以下であること。
壁及び天井（天井のない場合にあっては、屋根）の室内に面する部分（回り縁、窓台その他これらに類する部分を除く。）の仕上げ	①　直接外気に開放され、かつ、当該部分における火災時に生ずる煙を有効に排出することができる廊下に通ずる通路にあっては、準不燃材料でしたものであること。 ②　その他の部分にあっては難燃材料でしたものであること。
直接外気に開放され、かつ、当該部分における火災時に生ずる煙を有効に排出することができる廊下に通ずる通路	消防庁長官が定める（注）ところにより設けたものであること。 （注）　消防庁長官が定める廊下に通ずる通路の基準 　　廊下（直接外気に開放され、かつ、当該部分における火災時に生ずる煙を有効に排出することができる規12条の2第3項2号の廊下をいう。）に通ずる通路は、次に掲げるところによるものとする（平26・3・28消告4）。 　①　居室から廊下に通ずる通路が、当該居室以外の居室を通過しないものであること。

	② 居室の開口部のうち廊下に通ずる通路に面するものは、随時開くことができる自動閉鎖装置付きの戸（不燃材料で造られたものに限る。）を設けたものであること。
居室及び通路	煙感知器を設けたものであること。
特定住戸部分の各住戸の床の面積	100㎡以下であること。

2－9　規則13条区画

　消防用設備等のうちスプリンクラー設備の設置について、一定の要件を満たす階の部分（規13条1項）については、スプリンクラー設備の設置をしないことができる。この場合において、一定の要件を満たす階の部分に設ける区画を「規則13条区画」という。
(1)　スプリンクラー設備を設置することを要しない階の部分等
　特定用途防火対象物のうち、地階を除く階数が11以上のものには、原則として全部の階にスプリンクラー設備の設置が必要となる（令12①三）。この場合において、規13条1項に規定する次の要件を満たす階の部分については、スプリンクラー設備を設置することを要しないとされている。

区　分	内　容	
令別表第1(16)項イに掲げる防火対象物のうち、同表(5)項ロ並びに(6)項ロ及びハに掲げる防火対象物（同表(6)項ロ及びハに掲げる防火対象物にあっては、有料老人ホーム、福祉ホーム、老人福祉法5条の2第6項に規定する認知症対応型老人共同生活援助事業を行う施設又は障害者の日常生活及び社会生活を総合的に支援するための法律5条17項に規定する共同生活援助を行う施設に限る。）の用途以外の用途に供される部分が存せず、かつ、右欄に掲げるところにより、10階以下の階に存する同表(6)項ロ及びハに掲げる防火対象物の用途に供される部分に設置される区画を有するものの10階以下の階（同表(6)項ロ及びハに掲げる防火対象物の用途に供される部分の床面積の合計が3,000㎡以上の防火対象物にあっては、当該部分が存する階並びに同表(6)項ロ及びハに掲げる防火対象物の用途に供される部分が存する階で、当該部分の床面積が、地階又は無窓階	居室の区画	①　2階以下の階は、準耐火構造の壁及び床 ②　3階以上の階は、耐火構造の壁及び床
^^	壁及び天井（天井のない場合にあっては、屋根）の室内に面する部分（回り縁、窓台その他これらに類する部分を除く。）の仕上げ	①　地上に通ずる主たる廊下その他の通路にあっては、準不燃材料でしたものであること。 ②　その他の部分にあっては、難燃材料でしたものであること。
^^	区画する壁及び床の開口部の面積	①　面積の合計が8㎡以下であること。 かつ、 ②　一の開口部の面積が4㎡以下であること。
^^	開口部の防火措置	開口部には、防火戸（3階以上の階に存する開口部にあっては特定防火設備である防火戸に限り、廊下と階段とを区画する部分以外の部分の開口部にあっては防火シャッターを除く。）で、自動閉鎖装置付きのもの若しくは①に掲げる構造のもの又は②を設けたものであること。 ①　次に掲げる構造のもの 　㋐　随時閉鎖することができ、かつ、煙感知器の作動と連動して閉鎖すること。 　㋑　居室から地上に通ずる主たる廊下、階段その他の通路に設けるものにあっては、直接手で開くことができ、かつ、自動的に閉鎖する部分を有し、その部分の

にあっては1,000㎡以上、4階以上の階にあっては1,500㎡以上のものを除く。)		幅、高さ及び下端の床面からの高さが、それぞれ、75cm以上、1.8m以上及び15cm以下であること。 ② 防火戸（防火シャッター以外のものであって、2以上の異なった経路により避難することができる部分の出入口以外の開口部で、直接外気に開放されている廊下、階段その他の通路に面し、かつ、その面積の合計が4㎡以内のものに設けるものに限る。)
	区画された部分すべての床の面積	100㎡以下であること。
令別表第1(16)項イに掲げる防火対象物のうち、同表(5)項イ及びロ並びに(6)項ロ及びハに掲げる防火対象物の用途以外の用途に供される部分が存せず、かつ、右欄に掲げるところにより、10階以下の階に設置される区画を有するものの10階以下の階（同表(5)項イ並びに(6)項ロ及びハに掲げる防火対象物の用途に供される部分の床面積の合計が3,000㎡以上の防火対象物にあっては、当該部分が存する階並びに同表(5)項イ並びに(6)項ロ及びハに掲げる防火対象物の用途に供される部分が存する階で、当該部分の床面積が、地階又は無窓階にあっては1,000㎡以上、4階以上の階にあっては1,500㎡以上のものを除く。)	居室の区画	耐火構造の壁及び床
	壁及び天井（天井のない場合にあっては、屋根）の室内に面する部分（回り縁、窓台その他これらに類する部分を除く。)の仕上げ	① 地上に通ずる主たる廊下その他の通路にあっては、準不燃材料でしたものであること。 ② その他の部分にあっては、難燃材料でしたものであること。
	区画する壁及び床の開口部の面積	① 面積の合計が8㎡以下であること。 かつ、 ② 一の開口部の面積が4㎡以下であること。
	開口部の防火措置	特定防火設備である防火戸（廊下と階段とを区画する部分以外の部分の開口部にあっては、防火シャッターを除く。)で、随時開くことができる自動閉鎖装置付きのもの若しくは①に掲げる構造のもの又は②を設けたものであること。 ① 次に掲げる構造のもの 　㋐ 随時閉鎖することができ、かつ、煙感知器の作動と連動して閉鎖すること。 　㋑ 居室から地上に通ずる主たる廊下、階段その他の通路に設けるものにあっては、直接手で開くことができ、かつ、自動的に閉鎖する部分を有し、その部分の幅、高さ及び下端の床面からの高さが、それぞれ、75cm以上、1.8m以上及び15cm以下であること。 ② 防火戸（防火シャッター以外のものであって、2以上の異なった経路により避難することができる部分の出入口以外の開口部で、直接外気に開放されている廊下、階段その他の通路に面し、かつ、その面積の合計が4㎡以内のものに設けるものに限る。)

第2章　防火対象物のとらえ方

	令別表第1(5)項イ並びに(6)項ロ及びハに掲げる用途に供する各独立部分（構造上区分された数個の部分の各部分で独立して当該用途に供されることができるものをいう。）の床面積	いずれも100㎡以下であること。
小規模特定用途複合防火対象物（令別表第1(16)項イに掲げる防火対象物のうち、(1)項から(4)項まで、(5)項イ、(6)項又は(9)項イに掲げる防火対象物の用途に供される部分の床面積の合計が当該部分が存する防火対象物の延べ面積の10分の1以下であり、かつ、300㎡未満であるものをいう。）の右欄に掲げる部分以外の部分で10階以下の階に存するもの	① 令別表第1(6)項イ(1)及び(2)に掲げる防火対象物の用途に供される部分 ② 令別表第1(6)項ロ(1)及び(3)に掲げる防火対象物の用途に供される部分 ③ 令別表第1(6)項ロ(2)、(4)及び(5)に掲げる防火対象物の用途に供される部分（規12条の3に規定する者を主として入所させるもの以外のものにあっては、床面積が275㎡以上のものに限る。）	

(2)　スプリンクラー設備の設置が必要な床面積の合計から除くことができる部分等
　一定の要件を満たす部分については、スプリンクラー設備の設置に係る床面積の合計から除くことができる（令12条1項3号、4号及び10号から12号までの規定に基づく規13条2項で定める部分）。
　この要件としては、主要構造部を耐火構造とした防火対象物（令別表第1(2)項、(4)項及び(5)項ロに掲げる防火対象物並びに同表(16)項に掲げる防火対象物で同表(2)項、(4)項又は(5)項ロに掲げる防火対象物の用途に供される部分が存するものを除く。）の階（地階及び無窓階を除く。）の部分で、次に掲げるものとする。

区分		内　容
耐火構造の壁及び床で区画された部分	壁及び天井（天井のない場合にあっては、屋根）の室内に面する部分（回り縁、窓台その他これらに類する部分を除く。）の仕上げ	① 地上に通ずる主たる廊下その他の通路にあっては、準不燃材料でしたものであること。 ② その他の部分にあっては、難燃材料でしたものであること。
	区画する壁及び床の開口部の面積	① 面積の合計が8㎡以下であること。 かつ、 ② 一の開口部の面積が4㎡以下であること。
	開口部の防火措置	開口部は、特定防火設備である防火戸（廊下と階段とを区画する部分以外の部分の開口部にあっては、防火シャッターを除く。）で、随時開くことができる自動閉鎖装置付のもの若しくは①に掲げる構造のもの又は②を設けたものであること。

		① 次に掲げる構造のもの 　⑦ 随時閉鎖することができ、かつ、煙感知器の作動と連動して閉鎖すること。 　④ 居室から地上に通ずる主たる廊下、階段その他の通路に設けるものにあっては、直接手で開くことができ、かつ、自動的に閉鎖する部分を有し、その部分の幅、高さ及び下端の床面からの高さが、それぞれ、75cm以上、1.8m以上及び15cm以下であること。 ② 防火戸（防火シャッター以外のものであって、2以上の異なった経路により避難することができる部分の出入口以外の開口部で、直接外気に開放されている廊下、階段その他の通路に面し、かつ、その面積の合計が4㎡以内のものに設けるものに限る。）
	床面積	① 10階以下の階にあっては、200㎡以下であること。 ② 11階以上の階にあっては、100㎡以下であること。
耐火構造の壁及び床で区画された廊下	壁及び天井（天井のない場合にあっては、屋根）の室内に面する部分（回り縁、窓台その他これらに類する部分を除く。）の仕上げ	① 地上に通ずる主たる廊下その他の通路にあっては、準不燃材料でしたものであること。 ② その他の部分にあっては、難燃材料でしたものであること。
	開口部の防火措置	開口部は、特定防火設備である防火戸（廊下と階段とを区画する部分以外の部分の開口部にあっては、防火シャッターを除く。）で、随時開くことができる自動閉鎖装置付のもの若しくは①に掲げる構造のもの又は②を設けたものであること。 ① 次に掲げる構造のもの 　⑦ 随時閉鎖することができ、かつ、煙感知器の作動と連動して閉鎖すること。 　④ 居室から地上に通ずる主たる廊下、階段その他の通路に設けるものにあっては、直接手で開くことができ、かつ、自動的に閉鎖する部分を有し、その部分の幅、高さ及び下端の床面からの高さが、それぞれ、75cm以上、1.8m以上及び15cm以下であること。 ② 防火戸（防火シャッター以外のものであって、2以上の異なった経路により避難することができる部分の出入口以外の開口部で、直接外気に開放されている廊下、階段その他の通路に面し、かつ、その面積の合計が4㎡以内のものに設けるものに限る。）

2－10 特定共同住宅等の区画

「特定共同住宅等における必要とされる防火安全性能を有する消防の用に供する設備等に関する省令」（平17・3・25総務令40）の適用を受ける場合の特定共同住宅等の住戸等の間の区画については、次のように規定されている。

第2章　防火対象物のとらえ方

(1)　特定共同住宅等の定義
　令別表第1(5)項ロに掲げる防火対象物及び同表(16)項イに掲げる防火対象物（同表(5)項イ及びロ並びに(6)項ロ及びハに掲げる防火対象物（同表(6)項ロ及びハに掲げる防火対象物にあっては、有料老人ホーム、福祉ホーム、老人福祉法5条の2第6項に規定する認知症対応型老人共同生活援助事業を行う施設又は障害者の日常生活及び社会生活を総合的に支援するための法律5条17項に規定する共同生活援助を行う施設に限る。）の用途以外の用途に供される部分が存せず、かつ、同表(5)項イ並びに(6)項ロ及びハに掲げる防火対象物の用途に供する各独立部分（構造上区分された数個の部分の各部分で独立して当該用途に供されることができるものをいう。）の床面積がいずれも100㎡以下であって、同表(5)項ロに掲げる防火対象物の用途に供される部分の床面積の合計が、当該防火対象物の延べ面積の2分の1以上のものに限る。）であって、火災の発生又は延焼のおそれが少ないものとして、その位置、構造及び設備について消防庁長官が定める基準（平17・3・25消告2）に適合するものをいう。

(2)　特定共同住宅等の構造・区画

項目	内　容
構造	主要構造部は、耐火構造であること。
	共用部分の壁及び天井（天井のない場合にあっては、屋根）の室内に面する部分（回り縁、窓台その他これらに類する部分を除く。）の仕上げは準不燃材料でしたものであること。
特定共同住宅等の住戸等の区画等	開口部のない耐火構造の床又は壁で区画すること。 ただし、特定共同住宅等の住戸等の床又は壁（以下単に「床又は壁」という。）並びに当該床又は壁を貫通する配管又は電気配線その他これらに類するもの（配管等）及びそれらの貫通部が次に掲げる基準に適合する場合は、この限りでない。
床又は壁	耐火構造であること。
住戸等の外壁に面する開口部	当該住戸等に接する他の住戸等の開口部との間に設けられる外壁面から0.5m以上突出した耐火構造のひさし、床、そで壁その他これらに類するもので防火上有効に遮られていること。 ただし、当該住戸等に接する他の住戸等の外壁に面する開口部（直径が0.15m以下の換気口等（防火設備が設けられたものに限る。）及び面積が0.01㎡以下の換気口等を除く。）相互間の距離が、0.9m以上であり、かつ、次に掲げる基準のいずれかに適合する場合は、この限りでない。 ①　上下に設けられた開口部（直径0.15m以下の換気口等及び相互間の距離が3.6m以上である開口部を除く。）に防火設備である防火戸が設けられていること。 ②　住戸等で発生した火災により、当該住戸等から当該住戸等及びそれに接する他の住戸等の外壁に面する開口部を介して他の住戸等へ延焼しないよう措置されたものであること。
住戸等と共用部分を区画する壁	次に掲げるところによること。 ①　開口部（㋐から㋒までに掲げる換気口等を除く。）には、防火設備（主たる出入口に設けられるものにあっては、随時開くことができる自動閉鎖装置付のものに限る。）である防火戸が設けられていること。 　㋐　直径0.15m未満の換気口等（開放性のある共用部分に面するものに限る。） 　㋑　直径0.15m以上の換気口等であって、かつ、防火設備が設けられているもの

	⑦ ⑦及び④に掲げるもののほか、開放性のある共用部分以外の共用部分に面し、かつ、防火設備が設けられている換気口等 ② 開放型特定共同住宅等及び二方向避難・開放型特定共同住宅等以外の特定共同住宅等の住戸等（共同住宅用スプリンクラー設備が設置されているものを除く。）にあっては、開口部の面積の合計が一の住戸等につき4㎡（共用室にあっては、8㎡）以下であること。 ③ ②の規定による一の開口部の面積は、2㎡以下であること。
床又は壁を貫通する配管等及びそれらの貫通部	次に掲げるところによること。 ① 配管の用途は、給排水管、空調用冷温水管、ガス管、冷媒管、配電管その他これらに類するものであること。 ② 配管等の呼び径は、200㎜以下であること。 ③ 配管等を貫通させるために設ける開口部は、内部の断面積が直径300㎜の円の面積以下であること。 ④ 配管等を貫通させるために設ける開口部を床又は壁（住戸等と共用部分を区画する床又は壁を除く。）に2以上設ける場合にあっては、配管等を貫通させるために設ける開口部相互間の距離は、当該開口部の最大直径（当該直径が200㎜以下の場合にあっては、200㎜）以上であること。 ⑤ 床又は壁を貫通する配管等及びそれらの貫通部は、次の⑦又は④に掲げるところによるものであること。 　⑦ 配管は、建築基準法施行令129条の2の5第1項7号イ又はロに適合するものとし、かつ、当該配管と当該配管を貫通させるために設ける開口部とのすき間を不燃材料で埋めること。 　④ 別に告示で定めるところ（平17・3・25消告4）により、床又は壁を貫通する配管等及びそれらの貫通部が一体として耐火性能を有しているものとして認められたものであること。 ⑥ 配管等には、その表面に可燃物が接触しないような措置を講じること。ただし、当該配管等に可燃物が接触しても発火するおそれがないと認められる場合は、この限りでない。

3 防火対象物の用途

　防火対象物の用途は、当該防火対象物の利用形態、管理形態等に応じて、類似の形態、火災危険性等が考慮され、それに応じた防火管理規制（法8条から8条の2の5まで関係）、防炎規制（法8条の3関係）、消防用設備等の設置規制（法第4章関係）を受け、現状に応じた必要最小限の防火安全性が確保されている。

3－1　防火対象物の用途区分（令別表第1）

項番号		用途区分
(1)	イ	劇場、映画館、演芸場又は観覧場
	ロ	公会堂又は集会場
(2)	イ	キャバレー、カフェー、ナイトクラブその他これらに類するもの
	ロ	遊技場又はダンスホール
	ハ	風俗営業等の規制及び業務の適正化等に関する法律2条5項に規定する性風俗関連特殊営業を営む店舗（ニ並びに(1)項イ、(4)項、(5)項イ及び(9)項イに掲げる防火対象物の用途に供されているものを除く。）その他これに類するものとして総務省令で定めるもの
	ニ	カラオケボックスその他遊興のための設備又は物品を個室（これに類する施設を含む。）において客に利用させる役務を提供する業務を営む店舗で総務省令で定めるもの
(3)	イ	待合、料理店その他これらに類するもの
	ロ	飲食店
(4)		百貨店、マーケットその他の物品販売業を営む店舗又は展示場
(5)	イ	旅館、ホテル、宿泊所その他これらに類するもの
	ロ	寄宿舎、下宿又は共同住宅
(6)	イ	次に掲げる防火対象物 (1)　特定病院 　　次のいずれにも該当する病院（火災発生時の延焼を抑制するための消火活動を適切に実施することができる体制を有するものとして総務省令で定めるものを除く。） （ⅰ）診療科名中に特定診療科名（内科、整形外科、リハビリテーション科その他の総務省令で定める診療科名をいう。(2)（ⅰ）において同じ。）を有すること。 （ⅱ）医療法7条2項4号に規定する療養病床又は同項5号に規定する一般病床を有すること。 (2)　特定診療所 　　次のいずれにも該当する診療所 （ⅰ）診療科名中に特定診療科名を有すること。 （ⅱ）4人以上の患者を入院させるための施設を有すること。 (3)　非特定医療機関（有床系） 　　病院（(1)に掲げるものを除く。）、患者を入院させるための施設を有する診療所（(2)に掲げるものを除く。）又は入所施設を有する助産所 (4)　非特定医療機関（無床系） 　　患者を入院させるための施設を有しない診療所又は入所施設を有しない助産所

	ロ	特定社会福祉施設等 　次に掲げる防火対象物 (1)　老人短期入所施設、養護老人ホーム、特別養護老人ホーム、軽費老人ホーム（介護保険法7条1項に規定する要介護状態区分が避難が困難な状態を示すものとして総務省令で定める区分に該当する者（以下「避難が困難な要介護者」という。）を主として入居させるものに限る。）、有料老人ホーム（避難が困難な要介護者を主として入居させるものに限る。）、介護老人保健施設、老人福祉法5条の2第4項に規定する老人短期入所事業を行う施設、同条5項に規定する小規模多機能型居宅介護事業を行う施設（避難が困難な要介護者を主として宿泊させるものに限る。）、同条6項に規定する認知症対応型老人共同生活援助事業を行う施設その他これらに類するものとして総務省令で定めるもの (2)　救護施設 (3)　乳児院 (4)　障害児入所施設 (5)　障害者支援施設（障害者の日常生活及び社会生活を総合的に支援するための法律4条1項に規定する障害者又は同条2項に規定する障害児であって、同条4項に規定する障害支援区分が避難が困難な状態を示すものとして総務省令で定める区分に該当する者（以下「避難が困難な障害者等」という。）を主として入所させるものに限る。）又は同法5条8項に規定する短期入所若しくは同条17項に規定する共同生活援助を行う施設（避難が困難な障害者等を主として入所させるものに限る。ハ(5)において「短期入所等施設」という。）
	ハ	社会福祉施設等 　次に掲げる防火対象物 (1)　老人デイサービスセンター、軽費老人ホーム（ロ(1)に掲げるものを除く。）、老人福祉センター、老人介護支援センター、有料老人ホーム（ロ(1)に掲げるものを除く。）、老人福祉法5条の2第3項に規定する老人デイサービス事業を行う施設、同条5項に規定する小規模多機能型居宅介護事業を行う施設（ロ(1)に掲げるものを除く。）その他これらに類するものとして総務省令で定めるもの (2)　更生施設 (3)　助産施設、保育所、幼保連携型認定こども園、児童養護施設、児童自立支援施設、児童家庭支援センター、児童福祉法6条の3第7項に規定する一時預かり事業又は同条9項に規定する家庭的保育事業を行う施設その他これらに類するものとして総務省令で定めるもの (4)　児童発達支援センター、児童心理治療施設又は児童福祉法6条の2の2第2項に規定する児童発達支援若しくは同条4項に規定する放課後等デイサービスを行う施設（児童発達支援センターを除く。） (5)　身体障害者福祉センター、障害者支援施設（ロ(5)に掲げるものを除く。）、地域活動支援センター、福祉ホーム又は障害者の日常生活及び社会生活を総合的に支援するための法律5条7項に規定する生活介護、同条8項に規定する短期入所、同条12項に規定する自立訓練、同条13項に規定する就労移行支援、同条14項に規定する就労継続支援若しくは同条15項に規定する共同生活援助を行う施設（短期入所等施設を除く。）
	ニ	幼稚園又は特別支援学校
(7)		小学校、中学校、義務教育学校、高等学校、中等教育学校、高等専門学校、大学、専修学校、各種学校その他これらに類するもの
(8)		図書館、博物館、美術館その他これらに類するもの

(9)	イ	公衆浴場のうち、蒸気浴場、熱気浴場その他これらに類するもの
	ロ	イに掲げる公衆浴場以外の公衆浴場
(10)		車両の停車場又は船舶若しくは航空機の発着場（旅客の乗降又は待合いの用に供する建築物に限る。）
(11)		神社、寺院、教会その他これらに類するもの
(12)	イ	工場又は作業場
	ロ	映画スタジオ又はテレビスタジオ
(13)	イ	自動車車庫又は駐車場
	ロ	飛行機又は回転翼航空機の格納庫
(14)		倉庫
(15)		前各項に該当しない事業場
(16)	イ	複合用途防火対象物のうち、その一部が(1)項から(4)項まで、(5)項イ、(6)項又は(9)項イに掲げる防火対象物の用途に供されているもの
	ロ	イに掲げる複合用途防火対象物以外の複合用途防火対象物
(16の2)		地下街
(16の3)		建築物の地階（(16の2)項に掲げるものの各階を除く。）で連続して地下道に面して設けられたものと当該地下道とを合わせたもの（(1)項から(4)項まで、(5)項イ、(6)項又は(9)項イに掲げる防火対象物の用途に供される部分が存するものに限る。）
(17)		文化財保護法の規定によって重要文化財、重要有形民俗文化財、史跡若しくは重要な文化財として指定され、又は旧重要美術品等の保存に関する法律の規定によって重要美術品として認定された建造物
(18)		延長50m以上のアーケード
(19)		市町村長の指定する山林
(20)		総務省令で定める舟車

3-2　令別表第1の備考

備考	項目	内容	関連事項
1	主用途と従属用途	2以上の用途に供される防火対象物で令1条の2第2項後段の規定の適用により複合用途防火対象物以外の防火対象物となるものの主たる用途が令別表第1(1)項から(15)項までの各項に掲げる防火対象物の用途であるときは、当該防火対象物は、当該各項に掲げる防火対象物とする。	主たる用途に従属するとみなされる部分の取扱いであり、運用通知として、「令別表第1に掲げる防火対象物の取り扱いについて」（昭50・4・15消予41・消防安41）が示されている。
2	地下街の用途	令別表第1(1)項から(16)項までに掲げる用途に供される建築物が(16の2)項に掲げる防火対象物内に存するときは、これらの建築物は、同項に掲げる防火対象物の部分とみなす。	地下街に存する令別表第1(1)項から(16)項までに掲げる用途に供される部分は、個々の用途又は複合用途としてでなく、地下街としての規制を受ける。

3	準地下街に接続する地階等	令別表第1(1)項から(16)項までに掲げる用途に供される建築物又はその部分が(16の3)項に掲げる防火対象物の部分に該当するものであるときは、これらの建築物又はその部分は、同項に掲げる防火対象物の部分であるほか、令別表第1(1)項から(16)項に掲げる防火対象物又はその部分でもあるものとみなす。	準地下街の部分とされる準地下街の地下道に面する建築物の地階の部分は、準地下街の部分としての規制を受けるとともに、当該建築物の用途に供される部分としての規制も受ける。
4	重要文化財等	令別表第1(1)項から(16)項までに掲げる用途に供される建築物その他の工作物又はその部分が(17)項に掲げる防火対象物に該当するものであるときは、これらの建築物その他の工作物又はその部分は、同項に掲げる防火対象物であるほか、令別表第1(1)項から(16)項までに掲げる防火対象物又はその部分でもあるものとみなす。	重要文化財等に該当する建築物その他の工作物又はその部分については、令別表第1(1)項から(16)項までに掲げる用途に供される防火対象物又はその部分としての規制を受ける。

3－3　主用途と従属用途

　令1条の2第2項後段の規定の解釈及び運用に関し、令別表第1(1)項から(15)項まで及び(16)項に掲げる防火対象物の範囲の取扱いが、「令別表第1に掲げる防火対象物の取り扱いについて」(昭50・4・15消防予41・消防安41) において示されている。
(1)　令別表第1に掲げる防火対象物
　令1条の2第2項後段に規定する「管理についての権原、利用形態その他の状況により他の用途に供される防火対象物の部分の従属的な部分を構成すると認められる」部分とは、次の(ア)又は(イ)に該当するものとする。
(ア)　主用途と従属用途の内容
　令別表第1(1)項から(15)項までに掲げる防火対象物の区分に応じ、後掲別表(イ)欄に掲げる当該防火対象物の主たる用途に供される部分(これらに類するものを含む。)に機能的従属していると認められる同表(ロ)欄に掲げる用途に供される部分(これらに類するものを含む。)で、次の①から③までに該当するもの

番号	項目	判断基準
①	管理権原を有する者	当該従属的な部分についての管理権原を有する者が主たる用途に供される部分の管理権原を有する者と同一であること。
②	利用者	当該従属的な部分の利用者が主たる用途に供される部分の利用者と同一であるか又は密接な関係を有すること。
③	利用時間	当該従属的な部分の利用時間が主たる用途に供される部分の利用時間とほぼ同一であること。

別表

令別表第1の区分		(イ)	(ロ)
(1)	イ	舞台部、客席、映写室、ロビー、切符売場、出演者控室、大・小道具室、衣裳部屋、練習室	専用駐車場、売店、食堂、喫茶室

第2章　防火対象物のとらえ方

	ロ	集会室、会議室、ホール、宴会場	食堂、喫茶室、専用駐車場、図書室、展示室
(2)	イ	客席、ダンスフロア、舞台部、調理室、更衣室	託児室、専用駐車場
	ロ	遊技室、遊技機械室、作業室、更衣室、待合室、景品場、ゲームコーナー、ダンスフロア、舞台部、客席	売店、食堂、喫茶室、専用駐車場
	ハ	客室、通信機械室、リネン室、物品庫、更衣室、待合室、舞台部、休憩室、事務室	託児室、専用駐車場、売店
	ニ	カラオケ室、インターネット利用室、ビデオ利用室、事務室、ゲームコーナー、倉庫	厨房、シャワー室、専用駐車場
(3)	イ、ロ	客席、客室、厨房	結婚式場、専用駐車場
(4)		売場、荷さばき室、商品倉庫、食堂、事務室	催物場、写真室、遊技場、結婚式場、専用駐車場、美・理容室、診療室、集会室
(5)	イ	宿泊室、フロント、ロビー、厨房、食堂、浴室、談話室、洗濯室、配膳室、リネン室	娯楽室、宴会場、結婚式場、バー、会議室、ビヤガーデン、両替所、旅行代理店、専用駐車場、美・理容室、売店
	ロ	居室、寝室、厨房、食堂、教養室、休憩室、浴室、共同炊事場、洗濯室、リネン室	売店、専用駐車場
(6)	イ	診療室、病室、産室、手術室、検査室、薬局、事務室、機能訓練室、面会室、談話室、研究室、厨房、付添人控室、洗濯室、リネン室、医師等当直室	食堂、売店、専用駐車場
	ロ、ハ	居室、集会室、機能訓練室、面会室、食堂、厨房	売店
	ニ	教室、職員室、遊技室、休養室、講堂、厨房、体育館	食堂
(7)		教室、職員室、体育館、講堂、図書室、会議室、厨房、研究室、クラブ室、保健室	食堂、売店
(8)		閲覧室、展示室、書庫、ロッカー室、ロビー、工作室、保管格納庫、資料室、研究室、会議室、休憩室	食堂、売店
(9)	イ	脱衣場、浴室、休憩室、体育室、待合室、マッサージ室、ロッカー室、クリーニング室	食堂、売店、専用駐車場
	ロ	脱衣場、浴室、休憩室、クリーニング室	専用駐車場
(10)		乗降場、待合室、運転指令所、電力指令所、手荷物取扱所、一時預り所、ロッカー室、仮眠室	売店、食堂、旅行案内所
(11)		本堂、拝殿、客殿、礼拝堂、社務所、集会室	宴会場、厨房、結婚式場、専用駐車場
(12)	イ	作業所、設計室、研究室、事務室、更衣室、物品庫	売店、食堂、専用駐車場、託児室
	ロ	撮影室、舞台部、録音室、道具室、衣装室、休憩室	売店、食堂、専用駐車場
(13)	イ	車庫、車路、修理場、洗車場、運転手控室	売店、食堂
	ロ	格納庫、修理場、休憩室、更衣室	専用駐車場

(14)	物品庫、荷さばき室、事務室、休憩室	売店、食堂、専用駐車場
(15)	事務室、休憩室、会議室	売店、食堂、専用駐車場、診療室

(イ) 主用途に含むことのできる部分

　同一建物に令別表第1に掲げる用途が複数ある場合には、原則として複合用途防火対象物に該当するが、どちらか一方の用途に供される部分の面積が小さい場合には、当該部分は主たる用途の部分とみなされる。

　この場合の判断基準は、次の表の左欄かつ右欄に該当することである。

主たる用途に供される部分	主たる用途以外の独立した用途に供される部分
床面積の合計が当該防火対象物の延べ面積の90％以上	床面積の合計が300㎡未満

<参考1>　主たる用途に供される部分の床面積の合計

　　他の用途と共用される廊下、階段、通路、便所、管理室、倉庫、機械室等の部分の床面積は、主たる用途に供される部分及び他の独立した用途に供される部分のそれぞれの床面積に応じ按分したもの

<参考2>　この取扱いの対象とならない用途

　　令別表第1(2)項ニ、(5)項イ若しくは(6)項イ(1)から(3)まで若しくはロに掲げる防火対象物又は同表(6)項ハに掲げる防火対象物（利用者を入居させ、又は宿泊させるものに限る。）の用途に供される部分（平27・2・27消防予81）

(2) 一般住宅の取扱い

　令別表第1に掲げる用途を有する防火対象物に一般住宅（個人の住居の用に供されるもので寄宿舎、下宿及び共同住宅以外のものをいう。）の用途に供される部分が存する場合には、前記(1)によるほか、次により取り扱われる。

床面積の合計の比率	判　定
一般住宅の部分＞令別表第1に掲げる用途の部分 かつ 令別表第1に掲げる用途の部分≦50㎡	一般住宅
一般住宅の部分＜令別表第1に掲げる用途の部分	令別表第1(1)項から(15)項までに掲げる防火対象物
一般住宅の部分＞令別表第1に掲げる用途の部分 かつ 令別表第1に掲げる用途の部分＞50㎡	令別表第1(16)項に掲げる防火対象物
一般住宅の部分≒令別表第1に掲げる用途の部分	令別表第1(16)項に掲げる防火対象物

第2章　防火対象物のとらえ方

4　その他

4−1　建築物に係る面積、高さ等の算定方法

　防火対象物の代表的な建築物に係る面積、高さ等の算定方法については、原則として建築基準法令に用いられているものを使用している。
　ただし、特殊な部分等については、消防法令又は行政実例等において、その取扱いを定めているものがある。

用語	内容・行政実例等
延べ面積	建築物の各階の床面積の合計による（建令2①四）。 （図：延べ面積＝各階の床面積の合計／敷地／前面道路） ただし、建築基準法52条1項に規定する延べ面積（建築物の容積率の最低限度に関する規制に係る当該容積率の算定の基礎となる延べ面積を除く。）には、次に掲げる建築物の部分の床面積を算入しない（注）。 {部分の名称／内　　容} ・自動車車庫等部分／自動車車庫その他の専ら自動車又は自転車の停留又は駐車のための施設（誘導車路、操車場所及び乗降場を含む。）の用途に供する部分 ・備蓄倉庫部分／専ら防災のために設ける備蓄倉庫の用途に供する部分 ・蓄電池設置部分／蓄電池（床に据え付けるものに限る。）を設ける部分 ・自家発電設備設置部分／自家発電設備を設ける部分 ・貯水槽設置部分／貯水槽を設ける部分 ・宅配ボックス設置部分／宅配ボックス（配達された物品（荷受人が不在その他の事由により受け取ることができないものに限る。）の一時保管のための荷受箱をいう。）を設ける部分 （注）　上記ただし書の規定は、次に掲げる建築物の部分の区分に応じ、当該敷地内の建築物の各階の床面積の合計（同一敷地内に2以上の建築物がある場合においては、それらの建築物の各階の床面積の合計の和）にそれぞれに掲げる割合を乗じて得た面積を限度として適用するものとされている（建令2③）。 ①　自動車車庫等部分　5分の1 ②　備蓄倉庫部分　50分の1 ③　蓄電池設置部分　50分の1 ④　自家発電設備設置部分　100分の1 ⑤　貯水槽設置部分　100分の1 ⑥　宅配ボックス設置部分　100分の1

第2章　防火対象物のとらえ方

	<参考>　ラック式倉庫の延べ面積の算定 　　ラック式倉庫の延べ面積等の算定については、次によること（平10・7・24消防予119）。 　（1）　ラック式倉庫の延べ面積は、原則として各階の床面積の合計により算定すること。この場合において、ラック等を設けた部分（ラック等の間の搬送通路の部分を含む。以下同じ。）については、当該部分の水平投影面積により算定すること。 　（2）　ラック式倉庫のうち、①ラック等を設けた部分とその他の部分が耐火構造又は準耐火構造の床又は壁で区画されており、当該区画の開口部には甲種又は乙種防火戸（随時開くことができる自動閉鎖装置付きのもの又は火災の発生と連動して自動的に閉鎖するものに限る。）が設けられているもの又は②ラック等を設けた部分の周囲に幅5mの空地が保有されているものにあっては、次により算定することができること。 　（ア）　ラック等を設けた部分の面積により算定すること。 　（イ）　当該算定方法により令12条1項4号に掲げる規模に達するラック式倉庫にあっては、ラック等を設けた部分に対してスプリンクラー設備を設置すれば足りること。この場合において令12条4項の適用については、当該倉庫の構造によることとしてよいこと。 　（3）　ラック等を設けた部分の面積が、延べ面積の10％未満であり、かつ、300㎡未満である倉庫にあっては、当該倉庫全体の規模の如何によらず、令12条1項4号に掲げるラック式倉庫に該当しないこと。
床面積	建築物の各階又はその一部で壁その他の区画の中心線で囲まれた部分の水平投影面積による（建令2①三）。 <参考1>　床面積の算定 　　床面積の算定は、建築物の各階又はその一部で壁、扉、シャッター、手すり、柱等の区画の中心線で囲まれた部分の水平投影面積によるが、「屋外部分とみなされる部分」は、屋外観覧席を除き床面積に算入しない（昭39・2・24住指発26）。 　　「屋外部分とみなされる部分」とは、その周囲の相当部分が壁のような風雨を防ぎ得る構造の区画を欠き、かつ、居住、執務、作業、集会、娯楽、物品の陳列、保管又は格納その他の屋内的用途を目的としない部分をいい、おおむね次に掲げるものをいう。 　①　ポーチ、公共用歩廊、ピロティ等で、その部分の接する道路又は空地と一体の空間を形成し、かつ、常人又は車の通行が可能なもの 　②　通常の形式のバルコニー及びこれに形態の類似する吹きさらしの片廊下等 **各型式別床面積算定基準**

No.	型	立　面	平　面	床面積に算入しない	床面積に算入する	備　考
1	ピロティ			○意匠のみの目的で設けられた場合 ○通行専用の目的で設けられた場合	○駐車場に使用されることが明瞭である場合 ○その部分が木造で、かつ高さが1.5mを超える場合	○その部分が木造で、かつ、高さが1.5m以下のものはピロティとはみない。 ○ピロティ内部にある開放的構造の階段は、算入しない。

第2章　防火対象物のとらえ方

	2	アーケード			○通行専用の場合		
	3	貫通通路	シャッターの有無	シャッター（有無）通路	○トンネル状の場合（通り抜け）	○マーケットの中通路型の場合 ○両端にシャッター等の区画がある場合	
	4	開放式片廊下	廊下／廊下	廊下 2階／1階	※廊下状部の吹きさらしの場合（図における1．2階共）	○左記以外の場合	※吹きさらしとは、50cm以上の空地に面する場合とする。
	5	突出踊場	踊場			○屋内階段の一部である踊場の場合	○その部分が、手摺等のみの区画で開放的である場合を含む。
	6	バルコニー	A バルコニー B バルコニー 壁面線内の場合	テスリ・カベ・バルコニー／テスリ・バルカベ バルコニー d ℓ	○通常形式のバルコニー型の場合 No.4と同様（必ずしも側壁の有無にかかわらず）	※ ○相当の部分が壁等で囲まれている場合	※相当の部分とは、判断によるが、概ね奥行が間口の1／2以上の場合とする。 ($d \geq \frac{1}{2}\ell$)
	7	ポーチ	A		○A型の場合		○支柱の形状、本数にかかわらない。
			B 壁付 ポーチ	カベ	○通常のポーチに側壁がある場合	○大規模で、かつ、カーポートに使用されることが明瞭である場合	
			C シャッターの有無	ℓ d シャッターの有無	○ポーチ状の空間で、かつ出入のための通行専用と認められる場合	○建物の外周部にシャッター等の閉鎖的設備がある場合	○シャッター等がなく、かつ、間口が狭い場合は判断によるが概

第2章　防火対象物のとらえ方

8	傘型	(例)自転車置場 1m 1m	例給油所／例自動車置場	○渡廊下形式で通行専用の場合	○左記以外の場合（例 給油場、自転車置場等）	○床面積の算定方法は建築面積の算定方法と同様とする。（先端から1m後退した線で測る。）ねNo.6の例に従う。
9	片持屋根型	1m		○No.8と同様	○No.8と同様（例 駐車場、自転車置場等）	○No.8と同様
10	がけ上高床型	A 入口／道路	道路	○開放的な空間で、屋内的な使用が考えられない場合	○左記以外の場合	
		B 道路	道路	○開放的階段のある場合	○閉鎖的な階段室等がある場合（階段室等の部分のみ）	
		C 屋内階段／道路	道路	○基礎を兼ねた側壁に囲まれた部分について、その部分の高さが1.5m以下で、かつ、車庫等に使用できない場合	○左記以外の場合	

<参考2>　床面積の算定方法について

　　床面積の算定方法については、建築基準法施行令2条1項3号に規定されており、また、昭32・11・12住指発1132、昭39・2・24住指発26が示され、従来、これらに基づいて取り扱われている。ピロティ、吹きさらしの廊下、屋外階段等の床面積の算定及び壁その他の区画の中心線の設定については、次のとおりとされている（昭61・4・30住指発115）。

(1)　建築物の床面積の算定

　　建築物の床面積は、建築物の各階又はその一部で、壁、扉、シャッター、手摺、柱等の区画の中心線で囲まれた部分の水平投影面積によるものであるが、ピロティ、ポーチ等で壁、扉、柱等を有しない場合には、床面積に算入するかどうか

は、当該部分が居住、執務、作業、集会、娯楽、物品の保管又は格納その他の屋内的用途に供する部分であるかどうかにより判断する。

例えば、次の表の左欄に掲げる建築物の部分の床面積の算定は、それぞれ右欄に掲げるところによる。

項　目	算定方法など
ピロティ 公共用歩廊、傘型又は壁を有しない門型の建築物	十分に外気に開放され、かつ、屋内的用途に供しない部分は、床面積に算入しない。
ポーチ	原則として床面積に算入しない。ただし、屋内的用途に供する部分は、床面積に算入する。
吹きさらしの廊下 バルコニー・ベランダ	外気に有効に開放されている部分の高さが1.1m以上で、かつ、天井の高さの2分の1以上である廊下については、幅2mまでの部分を床面積に算入しない。
屋外階段	次に該当する外気に有効に開放されている部分を有する階段については、床面積に算入しない。 ① 長さが、当該階段の周長の2分の1以上であること。 ② 高さが、1.1m以上、かつ、当該階段の天井の高さの2分の1以上であること。
エレベーターシャフト	原則として、各階において床面積に算入する。ただし、着床できない階であることが明らかである階については、床面積に算入しない。
パイプシャフト等	各階において床面積に算入する。
給水タンク又は貯水タンクを設置する地下ピット	タンクの周囲に保守点検用の専用の空間のみを有するものについては、床面積に算入しない。
出窓	次に掲げる構造の出窓については、床面積に算入しない。 ① 下端の床面からの高さが、30cm以上であること。 ② 周囲の外壁面から水平距離50cm以上突き出ていないこと。 ③ 見付面積の2分の1以上が窓であること。
機械式駐車場	吊上式自動車車庫、機械式立体自動車車庫等で、床として認識することが困難な形状の部分については、1台につき15㎡を床面積として算入する。なお、床としての認識が可能な形状の部分については、通常の算定方法による。
機械式駐輪場	床として認識することが困難な形状の部分については、1台につき1.2㎡を床面積として算入する。なお、床としての認識が可能な形状の部分については、通常の算定方法による。
体育館等のギャラリー等	原則として、床面積に算入する。ただし、保守点検等一時的な使用を目的としている場合には、床面積に算入しない。

(2) 区画の中心線の設定方法

次の表の左欄に掲げる建築物の壁その他の区画の中心線は、それぞれ右欄に掲げるところによる。

項　目	建築物の壁その他の区画の中心線
木造の建築物	①　軸組工法の場合　　　柱の中心線 ②　枠組壁工法の場合　　壁を構成する枠組材の中心線 ③　丸太組構法の場合　　丸太材等の中心線
鉄筋コンクリート造、鉄骨鉄筋コンクリート造等の建築物	鉄筋コンクリートの躯体、PC板（プレキャストコンクリート板）等の中心線
鉄骨造の建築物	①　金属板、石綿スレート、石膏ボード等の薄い材料を張った壁の場合 　　　胴縁等の中心線 ②　①以外の場合 　　　PC板、ALC板（高温高圧蒸気養生された軽量気泡コンクリート板）等の中心線
組積造又は補強コンクリートブロック造の建築物	コンクリートブロック、石、レンガ等の主要な構造部材の中心線

<参考3>　棚を設けた場合の床面積の算定
　　　棚又は床の区別については、一般的に、当該部分に積荷を行う場合に、積荷を行う者が当該部分の外部にいてその作業を行うことができる構造のものを「棚」とし、当該部分を歩行し、又はその上にいて作業を行うものを「床」とすることが適当であるが、具体的には、その形状、機能等を勘案の上、社会通念に従って判断することが必要である。
　　　したがって、倉庫内に設けられた積荷用の作業床は、棚とみなされる構造を除き、床面積に算入するものであること（昭40・6・15自消丙予106）。

<参考4>　トラックターミナルの床面積の算出方法
　　　トラックターミナルの事務室以外の部分の床面積は、建築面積を床面積とみなす（昭40・6・26自消丙予112）。

建築面積	建築物（地階で地盤面上1m以下にある部分を除く。）の外壁又はこれに代わる柱の中心線（軒、ひさし、はね出し縁その他これらに類するもので当該中心線から水平距離1m以上突き出たものがある場合においては、その端から水平距離1m後退した線）で囲まれた部分の水平投影面積による（建令2①二）。ただし、国土交通大臣が高い開放性を有すると認めて指定する構造の建築物又はその部分については、その端から水平距離1m以内の部分の水平投影面積は、当該建築物の建築面積に算入しない。
築造面積	工作物の水平投影面積による（建令2①五）。 ただし、国土交通大臣が別に算定方法を定めた工作物については、その算定方法による。
建築物の高さ	地盤面からの高さによる（建令2①六）。 ただし、次の①、②又は③のいずれかに該当する場合においては、それぞれ①、②又は③に掲げるところによる。 ①　建築基準法56条1項1号の規定並びに建築基準法施行令130条の12及び135条の19の規定による高さの算定については、前面道路の路面の中心からの高さによる。 ②　建築基準法33条及び56条1項3号に規定する高さ並びに同法57条の4第1項、58条及び60条の3第2項に規定する高さ（北側の前面道路又は隣地との関係についての建築物の各部分の高さの最高限度が定められている場合におけるその高さに限る。）を算定する場合を除き、階段室、昇降機塔、装飾塔、物見塔、屋窓その他これらに類する建築物の屋上部分の水平投影面積の合計が当該建築物の建築面積の8分の1以内の場合にお

	いては、その部分の高さは、12m（建築基準法55条1項及び2項、56条の2第4項、59条の2第1項（55条1項に係る部分に限る。）並びに同法別表第4(ろ)欄二の項、三の項及び四の項ロの場合には、5m）までは、当該建築物の高さに算入しない。 ③　棟飾、防火壁の屋上突出部その他これらに類する屋上突出物は、当該建築物の高さに算入しない。
軒の高さ	地盤面（建築基準法施行令130条の12第1号イの場合には、前面道路の路面の中心）から建築物の小屋組又はこれに代わる横架材を支持する壁、敷桁又は柱の上端までの高さによる（建令2①七）。
天井の高さ	居室の天井の高さは、2.1m以上とすること（建令21①）。 天井の高さは、室の床面から測り、1室で天井の高さの異なる部分がある場合においては、その平均の高さによるものとする（建令21②）。 ＜参考＞　ラック式倉庫の天井の高さの算定 　　　ラック式倉庫の天井の高さの算定については、次による（平10・7・24消防予119）。 　　①　ラック式倉庫の天井（天井のない場合にあっては、屋根の下面。以下同じ。）の高さは、原則として当該天井の平均の高さ（軒の高さと当該天井の最も高い部分の高さの平均）により算定する。 　　②　ユニット式ラック等を用いたラック式倉庫のうち、屋根及び天井が不燃材料で造られ、かつ、ラック等と天井の間に可燃物が存しないものであって、ラック等の設置状況等から勘案して、初期消火、本格消火等に支障がないと認められるものにあっては、ラック等の高さにより算定することができる。
階　数	昇降機塔、装飾塔、物見塔その他これらに類する建築物の屋上部分又は地階の倉庫、機械室その他これらに類する建築物の部分で、水平投影面積の合計がそれぞれ当該建築物の建築面積の8分の1以下のものは、当該建築物の階数に算入しない（建令2①八）。 また、建築物の一部が吹抜きとなっている場合、建築物の敷地が斜面又は段地である場合その他建築物の部分によって階数を異にする場合においては、これらの階数のうち最大なものによる。 ＜参考＞　展望タワーの階数について 　　　階の算定は、踊り場ごとに1階層とみなす（昭53・7・14消防予130）。
高層建築物	高さ31mを超える建築物（法8の2①）。
超高層建築物	建築基準法20条1項1号において、高さが60mを超える建築物に対してそれ以下のものと異なる構造の基準を設定していることから、高さ60m以上の建築物を超高層建築物ということが多い。
地　階	床が地盤面下にある階で、床面から地盤面までの高さがその階の天井の高さの3分の1以上のものをいう（建令1二）。
地盤面	建築物が周囲の地面と接する位置の平均の高さにおける水平面をいい、その接する位置の高低差が3mを超える場合においては、その高低差3m以内ごとの平均の高さにおける水平面をいう（建令2②）。
敷　地	一の建築物又は用途上不可分の関係にある2以上の建築物のある一団の土地をいう（建令1一）。
敷地面積	敷地の水平投影面積による（建令2①一）。
避難階	直接地上へ通ずる出入口のある階をいう（建令13一）。
無窓階	建築物の地上階のうち、総務省令（規5の3）で定める避難上又は消火活動上有効な開口部を有しない階をいう（令10①五）。

<参考1> 避難上又は消火活動上有効な開口部を有しない階
(1) 無窓階の要件（規5の3①）

階 数	無窓階の要件
11階以上の階	直径50cm以上の円が内接することができる開口部の面積の合計が当該階の床面積の30分の1を超える階（以下「普通階」という。）以外の階
10階以下の階	直径1m以上の円が内接することができる開口部又はその幅及び高さがそれぞれ75cm以上及び1.2m以上の開口部を2以上有する普通階以外の階

注　無窓階に該当しない場合の要件

階 数	無窓階に該当しない場合の要件
11階以上の階	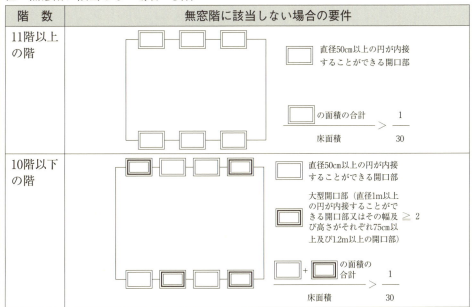
10階以下の階	

(2) 開口部の要件（規5の3②）

項 目	要 件
床面から開口部の下端までの高さ	1.2m以内
開口部の配置（11階以上の階の開口部を除く。）	道又は道に通ずる幅員1m以上の通路その他の空地に面したもの
開口部の構造	格子その他の内部から容易に避難することを妨げる構造を有しないものであり、かつ、外部から開放し、又は容易に破壊することにより進入できるもの
開口部の維持管理	開口のため常時良好な状態に維持されているもの

<参考2>　関係通知等内容表

昭45・11・18消防予225	・スキップフロアの場合の無窓階の判定について
昭48・10・23消防予140・消防安42	・開口部の状態（面積、強度、格子、シャッター等）について ・有効な開口部が30分の1以上ある地階について
昭50・6・11消防安62	・区画されたフロアの取扱いについて ・開口部の前面の間仕切り等について

昭50・6・16消防安65	・踏み台を設置した場合の取扱いについて ・通路その他空地について ・開口部の取扱いについて ・バルコニーがある場合の開口部の取扱いについて ・突出し窓・回転窓の有効寸法について ・シャッター付開口部の取扱いについて ・営業時間以外無窓階となる場合の取扱いについて ・吹抜け部分の開口部の取扱いについて	
昭51・2・10消防安21	・前面通路の取扱いについて ・中庭の取扱いについて	
昭52・3・31消防予59	・シャッター付開口部の取扱いについて ・営業時間以外無窓階となる場合の取扱いについて	
昭53・5・23消防予95	・鉄格子が取り付けられているバルコニーの取扱いについて	
昭53・9・9消防予179	・作業時間以外無窓階となる倉庫の取扱いについて	
昭57・5・8消防予102	・有効開口部と認められる窓の条件について ・シャッター付開口部の取扱いについて ・バルコニーがある場合の開口部の取扱いについて ・区画されたフロアの取扱いについて	
昭57・5・8消防予103	・内接50cmの算定方法について	
昭58・9・19消防予186	・網入り板ガラスの取扱いについて	
平9・2・26消防予36	・複層ガラスを用いた開口部の取扱いについて	
平14・9・30消防予281	・合わせガラスの取扱いについて（平19・3・27消防予111にて廃止） ・ガラス小窓付き鉄扉の取扱いについて	
平19・3・27消防予111	・合わせガラスに係る破壊試験ガイドラインの策定及び無窓階の判定等運用上の留意事項について（通知）	
平23・12・28事務連絡	・消防用設備等に係る執務資料の送付について	

4-2　消防法において引用される建築基準法令の用語

　消防法令においては、消防用設備等の設置を義務付ける場合に、防火対象物の構造等に着目して、基準となる面積や要件を定めており、建築基準法令と密接な連携を有している。ここでは主として消防法令において引用されている建築基準法令の用語を掲げている。

用　語	定　義	関係条文
建築物	土地に定着する工作物のうち、屋根及び柱若しくは壁を有するもの（これに類する構造のものを含む。）、これに附属する門若しくは塀、観覧のための工作物又は地下若しくは高架の工作物内に設ける事務所、店舗、興行場、倉庫その他これらに類する施設（鉄道及び軌道の線路敷地内の運転保安に関する施設並びに跨線橋、プラットホームの上家、貯蔵槽その他これらに類する施設を除く。）をいい、建築設備を含むものとする。	建法2一

第2章　防火対象物のとらえ方

建築設備	建築物に設ける電気、ガス、給水、排水、換気、暖房、冷房、消火、排煙若しくは汚物処理の設備又は煙突、昇降機若しくは避雷針をいう。	建法2三
居室	居住、執務、作業、集会、娯楽その他これらに類する目的のために継続的に使用する室をいう。	建法2四
主要構造部	壁、柱、床、はり、屋根又は階段をいい、建築物の構造上重要でない間仕切壁、間柱、付け柱、揚げ床、最下階の床、回り舞台の床、小ばり、ひさし、局部的な小階段、屋外階段その他これらに類する建築物の部分を除くものとする。	建法2五
延焼のおそれのある部分	隣地境界線、道路中心線又は同一敷地内の2以上の建築物（延べ面積の合計が500㎡以内の建築物は、一の建築物とみなす。）相互の外壁間の中心線（②において「隣地境界線等」という。）から、1階にあっては3m以下、2階以上にあっては5m以下の距離にある建築物の部分をいう。ただし、次の①又は②のいずれかに該当する部分を除く。 ①　防火上有効な公園、広場、川その他の空地又は水面、耐火構造の壁その他これらに類するものに面する部分 ②　建築物の外壁面と隣地境界線等との角度に応じて、当該建築物の周囲において発生する通常の火災時における火熱により燃焼するおそれのないものとして国土交通大臣が定める部分	建法2六
耐火構造	壁、柱、床その他の建築物の部分の構造のうち、耐火性能（通常の火災が終了するまでの間当該火災による建築物の倒壊及び延焼を防止するために当該建築物の部分に必要とされる性能をいう。）に関して政令で定める技術的基準に適合する鉄筋コンクリート造、れんが造その他の構造で、国土交通大臣が定めた構造方法を用いるもの又は国土交通大臣の認定を受けたものをいう。 <参考>　建築物の壁、柱、床、梁その他の部分の構造に通常の火災による火熱が所定の時間加えられた場合やその後でも、非損傷性、遮熱性、遮炎性など所定の性能を有する構造 ①　非損傷性　構造耐力上支障のある変形、溶融、破壊、その他の損傷を生じないこと ②　遮熱性　壁及び床にあっては、加熱面（火災側）以外の面（屋内に面するものに限る。）の温度が可燃物燃焼温度以上に上昇しないこと ③　遮炎性　外壁及び屋根にあっては、加熱面（火災側）の反対側の面（屋外となる側）に火炎を出す原因となるき裂その他の損傷を生じないこと	建法2七 建令107
準耐火構造	壁、柱、床その他の建築物の部分の構造のうち、準耐火性能（通常の火災による延焼を抑制するために当該建築物の部分に必要とされる性能をいう。）に関して政令で定める技術的基準に適合するもので、国土交通大臣が定めた構造方法を用いるもの又は国土交通大臣の認定を受けたものをいう。 <参考>　建築物の壁、柱、床、梁その他の部分の構造に通常の火災による火熱が所定の時間加えられている間に、非損傷性、遮熱性、遮炎性などの所定の性能を有する構造	建法2七の二 建令107の2
防火構造	建築物の外壁又は軒裏の構造のうち、防火性能（建築物の周囲において発生する通常の火災による延焼を抑制するために当該外壁又は軒裏に必要と	建法2八 建令108

	される性能をいう。）に関して政令で定める技術的基準に適合する鉄網モルタル塗、しっくい塗その他の構造で、国土交通大臣が定めた構造方法を用いるもの又は国土交通大臣の認定を受けたものをいう。 ＜参考＞　建築物の周囲で発生する通常の火災による延焼を抑制する性能を有する外壁又は軒裏構造	
準防火構造	建築基準法22条1項の市街地の区域内(屋根不燃構造地区)にある建築物(その主要構造部の建築基準法21条1項の政令で定める部分が木材、プラスチックその他の可燃材料で造られたものに限る。)は、その外壁で延焼のおそれのある部分の構造を、準防火性能（建築物の周囲において発生する通常の火災による延焼の抑制に一定の効果を発揮するために外壁に必要とされる性能をいう。）に関して政令で定める技術的基準に適合する土塗壁その他の構造で、国土交通大臣が定めた構造方法を用いるもの又は国土交通大臣の認定を受けたもの。 ＜参考＞　外壁で延焼のおそれのある部分が土塗壁、又はこれと同等以上の防火性能を有する外壁構造	建法23 建令109の7
不燃材料	建築材料のうち、不燃性能（通常の火災時における火熱により燃焼しないことその他の政令で定める性能をいう。）に関して政令で定める技術的基準に適合するもので、国土交通大臣が定めたもの又は国土交通大臣の認定を受けたものをいう。	建法2九
耐火建築物	次に掲げる基準に適合する建築物をいう。 (1)　その主要構造部が①又は②のいずれかに該当すること。 　①　耐火構造であること。 　②　次に掲げる性能(外壁以外の主要構造部にあっては、㋐に掲げる性能に限る。)に関して政令で定める技術的基準に適合するものであること。 　　㋐　当該建築物の構造、建築設備及び用途に応じて屋内において発生が予測される火災による火熱に当該火災が終了するまで耐えること。 　　㋑　当該建築物の周囲において発生する通常の火災による火熱に当該火災が終了するまで耐えること。 (2)　その外壁の開口部で延焼のおそれのある部分に、防火戸その他の政令で定める防火設備（その構造が遮炎性能（通常の火災時における火炎を有効に遮るために防火設備に必要とされる性能をいう。）に関して政令で定める技術的基準に適合するもので、国土交通大臣が定めた構造方法を用いるもの又は国土交通大臣の認定を受けたものに限る。）を有すること。 ＜参考＞　耐火建築物は、一般に次のようにいわれる。 　①　すべての主要構造部分が耐火構造で、外壁の開口部で延焼のおそれのある部分に防火戸等を設置したもの。 　②　外壁からの延焼のおそれがなく、通常の火災で構造が倒壊することのない建築物	建法2九の二 建令108の3〜109の2
準耐火建築物	耐火建築物以外の建築物で、①又は②のいずれかに該当し、外壁の開口部で延焼のおそれのある部分に上欄「耐火建築物」の(2)の防火設備を有するものをいう。 ①　主要構造部を準耐火構造としたもの ②　①に掲げる建築物以外の建築物であって、①に掲げるものと同等の準	建法2九の三 建令109の2の2・109の3

	耐火性能を有するものとして主要構造部の防火の措置その他の事項について政令で定める技術的基準に適合するもの ＜参考＞ 外部からの延焼が少なく、内部からの火災でも容易に倒壊することがない建築物	
敷　地	一の建築物又は用途上不可分の関係にある2以上の建築物のある一団の土地をいう。	建令1一
地　階	床が地盤面下にある階で、床面から地盤面までの高さがその階の天井の高さの3分の1以上のものをいう。	建令1二
構造耐力上主要な部分	基礎、基礎ぐい、壁、柱、小屋組、土台、斜材（筋かい、方づえ、火打材その他これらに類するものをいう。）、床版、屋根版又は横架材（はり、けたその他これらに類するものをいう。)で、建築物の自重若しくは積載荷重、積雪荷重、風圧、土圧若しくは水圧又は地震その他の震動若しくは衝撃を支えるものをいう。	建令1三
耐水材料	れんが、石、人造石、コンクリート、アスファルト、陶磁器、ガラスその他これらに類する耐水性の建築材料をいう。	建令1四
準不燃材料	建築材料のうち、通常の火災による火熱が加えられた場合に、加熱開始後10分間建築基準法施行令108条の2各号（建築物の外部の仕上げに用いるものにあっては、同条1号及び2号）に掲げる要件を満たしているものとして、国土交通大臣が定めたもの又は国土交通大臣の認定を受けたものをいう。 ＜参考＞ 準不燃材料には、不燃材料が含まれる。	建令1五
難燃材料	建築材料のうち、通常の火災による火熱が加えられた場合に、加熱開始後5分間建築基準法施行令108条の2各号（建築物の外部の仕上げに用いるものにあっては、同条1号及び2号）に掲げる要件を満たしているものとして、国土交通大臣が定めたもの又は国土交通大臣の認定を受けたものをいう。 ＜参考＞ 難燃材料には、不燃材料及び準不燃材料が含まれる。	建令1六

4－3 消防用設備等の設置緩和

　防火対象物の用途にかかわらず、当該防火対象物に設置が必要とされる消防用設備等の種別に応じて、当該消防用設備等の設置の免除又は設置の緩和が認められている。

項目	内容	関係条文
消火器具	防火対象物又はその部分に屋内消火栓設備、スプリンクラー設備、水噴霧消火設備、泡消火設備、不活性ガス消火設備、ハロゲン化物消火設備又は粉末消火設備を技術上の基準に従い、又は当該技術上の基準の例により設置したときは、消火器具の設置個数をこれらの設備の有効範囲の部分で必要とされる能力単位数の3分の1まで減少できる（ただし、10階以下の部分に限る。）。	令10③ 規8①②④
	上欄の場合において、当該消火設備の対象物に対する適応性が規7条1項の規定により設置すべき大型消火器の適応性と同一であるときは、当該消火設備の有効範囲内の部分について当該大型消火器を設置しないことができる。	規8③
	大型消火器を設置した場合、その消火適応性が設置すべき消火器具の適応性と同一であるときは、必要とされる消火器具の能力単位の2分の1まで減少できる。	規7②

第2章　防火対象物のとらえ方

屋内消火栓設備	防火対象物又はその部分にスプリンクラー設備、特殊消火設備、屋外消火栓設備、動力消防ポンプ設備を技術上の基準に従い、又は当該技術上の基準の例により設置したときは、当該設備の有効範囲は設置が免除される（屋外消火栓設備及び動力消防ポンプ設備にあっては、1階及び2階の部分に限る。）。	令11④
	代替としてパッケージ型消火設備を設置した場合は、設置が免除される。	平16総務令92
スプリンクラー設備	防火対象物又はその部分に水噴霧消火設備、泡消火設備、不活性ガス消火設備、ハロゲン化物消火設備又は粉末消火設備を技術上の基準に従い、又は当該技術上の基準の例により設置したときは、当該設備の有効範囲内の部分についてスプリンクラー設備を設置しないことができる。	令12③
	代替としてパッケージ型自動消火設備を設置した場合は、設置が免除される。	平16総務令92
屋外消火栓設備	スプリンクラー設備、水噴霧消火設備、泡消火設備、不活性ガス消火設備、ハロゲン化物消火設備、粉末消火設備又は動力消防ポンプ設備を技術上の基準に従い、又は当該技術上の基準の例により設置したときは、当該設備の有効範囲内の部分について屋外消火栓設備を設置しないことができる。	令19④
動力消防ポンプ設備	防火対象物又はその部分に次に掲げる消火設備をそれぞれに掲げるところにより設置したときは、同項の規定にかかわらず、当該設備の有効範囲内の部分について動力消防ポンプ設備を設置しないことができる。 ①　令20条1項各号に掲げる防火対象物又はその部分に屋外消火栓設備を技術上の基準に従い、又は当該技術上の基準の例により設置したとき。 ②　令20条1項1号に掲げる防火対象物の1階又は2階に屋内消火栓設備、スプリンクラー設備、水噴霧消火設備、泡消火設備、不活性ガス消火設備、ハロゲン化物消火設備又は粉末消火設備を技術上の基準に従い、又は当該技術上の基準の例により設置したとき。 ③　令20条1項2号に掲げる建築物の1階又は2階にスプリンクラー設備、水噴霧消火設備、泡消火設備、不活性ガス消火設備、ハロゲン化物消火設備又は粉末消火設備を技術上の基準に従い、又は当該技術上の基準の例により設置したとき。	令20⑤
自動火災報知設備	防火対象物又はその部分（総務省令で定めるもの（注1）を除く。）にスプリンクラー設備、水噴霧消火設備又は泡消火設備（いずれも標示温度が75℃以下で種別が一種の閉鎖型スプリンクラーヘッドを備えているものに限る。）を技術上の基準に従い、又は当該技術上の基準の例により設置したときは、当該設備の有効範囲内の部分について自動火災報知設備を設置しないことができる。 (注1)　令別表第1(1)項から(4)項まで、(5)項イ、(6)項、(9)項イ、(16)項イ、(16の2)項及び(16の3)項に掲げる防火対象物又はその部分並びに規23条5項各号（注2）及び6項2号（注3）に掲げる場所とする。 (注2)　規23条5項各号に掲げる場所 | 防火対象物又は部分 | |---| | 階段及び傾斜路 | | 廊下及び通路（令別表第1(1)項から(6)項まで、(9)項、(12)項、(15)項、(16)項イ、(16の2)項及び(16の3)項に掲げる防火対象物の部分に限る。） | | エレベーターの昇降路、リネンシュート、パイプダクトその他これらに類するもの |	令21③ 規23②③

— 64 —

第2章　防火対象物のとらえ方

	遊興のための設備又は物品を客に利用させる役務の用に供する個室（これに類する施設を含む。）（令別表第1(2)項ニ、(16)項イ、(16の2)項及び(16の3)項に掲げる防火対象物（同表(16)項イ、(16の2)項及び(16の3)項に掲げる防火対象物にあっては、同表(2)項ニに掲げる防火対象物の用途に供される部分に限る。）の部分に限る。）	
	感知器を設置する区域の天井等の高さが15m以上20m未満の場所	
	感知器を設置する区域の天井等の高さが20m以上の場所	
	上欄に掲げる場所以外の地階、無窓階及び11階以上の部分（令別表第1(1)項から(4)項まで、(5)項イ、(6)項、(9)項イ、(15)項、(16)項イ、(16の2)項及び(16の3)項に掲げる防火対象物又はその部分に限る。）	
	（注3）　規23条6項2号に掲げる場所	

防火対象物又は部分	設置すべき感知器
規23条5項各号に掲げる場所以外の地階、無窓階又は11階以上の階	差動式若しくは補償式の感知器のうち1種若しくは2種、定温式感知器のうち特種若しくは1種（公称作動温度75℃以下のものに限る。）、イオン化式若しくは光電式の感知器のうち1種、2種若しくは3種若しくはこれらの種別を有する感知器又は炎感知器

ガス漏れ火災警報設備	防火対象物又はその部分のうち次のもの以外のものは、設置の対象から除外されている。 ①　燃料用ガス（液化石油ガスの保安の確保及び取引の適正化に関する法律2条3項に規定する液化石油ガス販売事業によりその販売がされる液化石油ガスを除く。）が使用されるもの ②　その内部に、規24条の2の2第3項に掲げる温泉の採取のための設備（温泉法14条の5第1項の確認を受けた者が当該確認に係る温泉の採取の場所において温泉を採取するためのものを除く。）が設置されているもの ③　可燃性ガスが自然発生するおそれがあるとして消防長又は消防署長が指定するもの	令21の2①かっこ書 規24の2の2①
消防機関へ通報する火災報知設備	消防機関から著しく離れた場所その他次に掲げる防火対象物の区分に応じ、それぞれに掲げる場所にあっては、設置しないことができる。 ①　令別表第1(6)項イ(1)及び(2)、(16)項イ、(16の2)項並びに(16の3)項に掲げる防火対象物（同表(16)項イ、(16の2)項及び(16の3)項に掲げる防火対象物にあっては、同表(6)項イ(1)又は(2)に掲げる防火対象物の用途に供される部分が存するものに限る。）　→　消防機関が存する建築物内 ②　①に掲げる防火対象物以外の防火対象物　→　消防機関からの歩行距離が500m以下である場所	令23①ただし書 規25①
	消防機関へ常時通報することができる電話を設置したときは、令23条1項の規定にかかわらず、同項の火災報知設備を設置しないことができる。 ただし、次のものを除く。 ①　令別表第1(6)項イ(1)から(3)まで及びロに掲げるもの ②　令別表第1(5)項イ並びに(6)項イ(4)及びハに掲げるもので、延べ面積が500㎡以上のもの	令23③
非常警報器具又は	①　非常警報器具 　　自動火災報知設備又は非常警報設備が技術上の基準に従い、又は当該技術上の基準の例により設置されているときは、当該設備の有効範囲内の部分については、設置しないことができる。	令24①ただし書

非常警報設備	② 非常ベル、自動式サイレン又は放送設備 　自動火災報知設備が技術上の基準に従い、又は当該技術上の基準の例により設置されているときは、当該設備の有効範囲内の部分については、設置しないことができる。	令24②ただし書
	③ 非常ベル及び放送設備又は自動式サイレン及び放送設備 　自動火災報知設備又は総務省令で定める放送設備が技術上の基準に従い、又は当該技術上の基準の例により設置されているものについては、当該設備の有効範囲内の部分について非常ベル又は自動式サイレンを設置しないことができる。	令24⑤
避難器具	防火対象物の避難階及び11階以上の階には、設置しないことができる。	令25①かっこ書
	令別表第1(1)項から(4)項まで及び(7)項から(11)項までに掲げる防火対象物で収容人員が50人以上のもののうち、主要構造部を耐火構造とした建築物の2階には、設置しないことができる。	令25①三
	防火対象物の位置、構造又は設備の状況により避難上支障がないと認められるときは、総務省令（規26）で定めるところにより、その設置個数を減少し、又は避難器具を設置しないことができる。 (1) 避難器具の設置個数の減免は、次のとおりである。	令25②一ただし書
	① 防火対象物の階が次に該当するときは、当該階に設置する避難器具の個数は、令25条2項1号本文中「100人」を「200人」に、「200人」を「400人」、「300人」を「600人」に読み替えて算出して得た数以上とする。 　㋐ 主要構造部を耐火構造としたものであること。 　㋑ 避難階又は地上に通ずる直通階段（傾斜路を含む。以下「直通階段」という。）で、避難階段又は特別避難階段が2以上設けられていること。	規26①
	② 防火対象物の階に建築基準法施行令120条、121条及び122条の規定により必要とされる直通階段で、建築基準法施行令123条及び124条に規定する避難階段（屋外に設けるもの及び屋内に設けるもので消防庁長官が定める部分を有するものに限る。）又は特別避難階段としたものが設けられている場合は、当該階に設置する避難器具の個数は、令25条2項1号本文又は規26条1項の規定により算出して得た数から当該避難階段又は特別避難階段の数を引いた数以上とすることができる。この場合において、当該引いた数が1に満たないときは、当該階に避難器具を設置しないことができる。	規26②
	③ 防火対象物で主要構造部を耐火構造としたものに次に該当する渡り廊下が設けられている場合は、当該渡り廊下が設けられている階に設置する避難器具の個数は、令25条2項1号本文又は規26条1項及び2項の規定により算出して得た数から当該渡り廊下の数に2を乗じた数を引いた数以上とすることができる。この場合において、当該引いた数が1に満たないときは、当該階に避難器具を設置しないことができる。 　㋐ 耐火構造又は鉄骨造であること。 　㋑ 渡り廊下の両端の出入口に自動閉鎖装置付きの特定防火設備である防火戸（防火シャッターを除く。）が設けられていること。 　㋒ 避難、通行及び運搬以外の用途に供しないこと。	規26③
	④ 防火対象物で主要構造部を耐火構造としたものに避難橋を次に該当する屋上広場に設けた場合において、当該直下階から当該屋上広場に通じる避難階段又は特別避難階段が2以上設けられているときは、当該直下階に設置する	規26④

避難器具の個数は、令25条2項1号本文又は規26条1項から3項までの規定により算出して得た数から当該避難橋の数に2を乗じた数を引いた数以上とすることができる。この場合において、当該引いた数が1に満たないときは、当該階に避難器具を設置しないことができる。
㋐　避難橋が設置されている屋上広場の有効面積は、100㎡以上であること。
㋑　屋上広場に面する窓及び出入口に防火戸が設けられているもので、かつ、当該出入口から避難橋に至る経路は、避難上支障がないものであること。
㋒　避難橋に至る経路に設けられている扉等は、避難のとき容易に開閉できるものであること。

(2)　防火対象物の階が次のいずれかに該当するときには、当該階に避難器具を設置しないことができる。　　　　　　　　　　　　　　　　　　　　　規26⑤

①　令別表第1(1)項から(8)項までに掲げる防火対象物にあっては次の㋐から㋕までに、同表(9)項から(11)項までに掲げる防火対象物にあっては次の㋐、㋓、㋔及び㋕に、同表(12)項及び(15)項に掲げる防火対象物にあっては次の㋐、㋔及び㋕に該当すること。　　　　　　　　　　　　　　　　　　規26⑤一
㋐　主要構造部を耐火構造としたものであること。
㋑　開口部に防火戸を設ける耐火構造の壁又は床で区画されていること。
㋒　㋑の区画された部分の収容人員が、令25条1項各号の区分に応じ、それぞれ当該各号の収容人員の数値未満であること。
㋓　壁及び天井（天井のない場合にあっては、屋根）の室内に面する部分（回り縁、窓台その他これらに類するものを除く。）の仕上げを準不燃材料でし、又はスプリンクラー設備が、当該階の主たる用途に供するすべての部分に、令12条に定める技術上の基準に従い、若しくは当該技術上の基準の例により設けられていること。
㋔　直通階段を避難階段又は特別避難階段としたものであること。
㋕　バルコニーその他これに準ずるもの（以下「バルコニー等」という。）が避難上有効に設けられているか、又は2以上の直通階段が相互に隔った位置に設けられ、かつ、当該階のあらゆる部分から2以上の異なった経路によりこれらの直通階段のうちの2以上のものに到達しうるよう設けられていること。
②　次の㋐及び㋑に該当すること。　　　　　　　　　　　　　　　　　　規26⑤二
㋐　主要構造部を耐火構造としたものであること。
㋑　居室の外気に面する部分にバルコニー等（令別表第1(5)項及び(6)項に掲げる防火対象物にあっては、バルコニーに限る。）が避難上有効に設けられており、かつ、当該バルコニー等から地上に通ずる階段その他の避難のための設備（令別表第1(5)項及び(6)項に掲げる防火対象物にあっては階段に限る。）若しくは器具が設けられ、又は他の建築物に通ずる設備若しくは器具が設けられていること。
③　次の㋐から㋓までに該当すること。　　　　　　　　　　　　　　　　規26⑤三
㋐　主要構造部を耐火構造としたものであること。
㋑　居室又は住戸から直通階段に直接通じており、当該居室又は住戸の当該直通階段に面する開口部には特定防火設備である防火戸（防火シャッターを除く。）で、随時開くことができる自動閉鎖装置付のもの又は次の ⓐ 及び ⓑ に定める構造のものを設けたものであること。
　　ⓐ　随時閉鎖することができ、かつ、煙感知器の作動と連動して閉鎖すること。

	ⓑ 直接手で開くことができ、かつ、自動的に閉鎖する部分を有し、その部分の幅、高さ及び下端の床面からの高さが、それぞれ、75cm以上、1.8m以上及び15cm以下であること。 ㋒ 直通階段が建築基準法施行令123条(1項6号、2項2号及び3項10号を除く。)に定める構造のもの(同条1項に定める構造のものにあっては、消防庁長官が定める部分を有するものに限る。)であること。 ㋓ 収容人員は、30人未満であること。	
	(3) 小規模特定用途複合防火対象物に存する令25条1項1号及び2号に掲げる防火対象物の階については、次に掲げる場合、当該階に避難器具を設置しないことができる。	規26⑥
	小規模特定用途複合防火対象物に存する令25条1項1号及び2号に掲げる防火対象物の階が次の①から③まで(当該階が2階であり、かつ、2階に令別表第1(2)項及び(3)項に掲げる防火対象物の用途に供される部分が存しない場合にあっては、①及び③)に該当するときには、当該階に避難器具を設置しないことができる。 ① 下階に令別表第1(1)項から(2)項ハまで、(3)項、(4)項、(9)項、(12)項イ、(13)項イ、(14)項及び(15)項に掲げる防火対象物の用途に供される部分が存しないこと。 ② 当該階(当該階に規4条の2の2第1項の避難上有効な開口部を有しない壁で区画されている部分が存する場合にあっては、その区画された部分)から避難階又は地上に直通する階段が2以上設けられていること。 ③ 収容人員は、令25条1項1号に掲げる防火対象物の階にあっては20人未満、同項2号に掲げる防火対象物の階にあっては30人未満であること。	
	(4) 主要構造部を耐火構造とした建築物の屋上広場の直下階については、当該階には避難器具を設置しないことができる。	規26⑦
	令25条1項3号及び4号に掲げる防火対象物の階(令別表第1(1)項及び(4)項に掲げる防火対象物の階を除く。)が、主要構造部を耐火構造とした建築物の次に該当する屋上広場の直下階であり、かつ、当該階から当該屋上広場に通ずる避難階段又は特別避難階段が2以上設けられている場合には、当該階には避難器具を設置しないことができる。 ① 屋上広場の面積が1,500㎡以上であること。 ② 屋上広場に面する窓及び出入口に、防火戸が設けられていること。 ③ 屋上広場から避難階又は地上に通ずる直通階段で建築基準法施行令123条に規定する避難階段(屋外に設けるもの及び屋内に設けるもので消防庁長官が定める部分を有するものに限る。)又は特別避難階段としたものその他避難のための設備又は器具が設けられていること。	
誘導灯・誘導標識	誘導灯及び誘導標識を設置することを要しない防火対象物又はその部分は、次のとおりとされている。 (1) 避難口誘導灯	令26①ただし書 規28の2①

緩和対象となる防火対象物の部分	緩和の条件
令別表第1(1)項から(16)項までに掲げる防火対象物の階のうち、居室の各部分から主要な避難口(避	避難口に至る歩行距離が避難階にあっては20m以下、避難階以外の階にあっては10m以下であるもの

第2章　防火対象物のとらえ方

難階（無窓階を除く。）にあっては規28条の3第3項1号イに掲げる避難口、避難階以外の階（地階及び無窓階を除く。）にあっては同号ロに掲げる避難口をいう。）を容易に見とおし、かつ、識別することができる階	
令別表第1(1)項に掲げる防火対象物の避難階（床面積が500㎡以下で、かつ、客席の床面積が150㎡以下のものに限る。）	次の①から③までに該当するもの ① 客席避難口（客席に直接面する避難口をいう。）を2以上有すること。 ② 客席の各部分から客席避難口を容易に見とおし、かつ、識別することができ、客席の各部分から当該客席避難口に至る歩行距離が20m以下であること。 ③ すべての客席避難口に、火災時に当該客席避難口を識別することができるように照明装置（自動火災報知設備の感知器の作動と連動して点灯し、かつ、手動により点灯することができるもので、非常電源が附置されているものに限る。）が設けられていること。
令別表第1(1)項から(16)項までに掲げる防火対象物の避難階にある居室	次の①から③までに該当するもの ① 規28条の3第3項1号イに掲げる避難口（主として当該居室に存する者が利用するものに限る。）を有すること。 ② 室内の各部分から、規28条の3第3項1号イに掲げる避難口を容易に見とおし、かつ、識別することができ、室内の各部分から当該避難口に至る歩行距離が30m以下であること。 ③ 燐光等により光を発する誘導標識（蓄光式誘導標識）が消防庁長官の定めるところにより設けられていること。
令別表第1(16)項イに掲げる防火対象物のうち、同表(5)項ロ並びに(6)項ロ及びハに掲げる防火対象物の用途以外の用途に供される部分が存せず、かつ、右欄の①から⑤までに掲げるところにより、10階以下の階に存する同表(6)項ロ及びハに掲げる防火対象物の用途に供される部分に設置される区画を有するものの同表(6)項ロ及びハに掲げる防火対象物の用途に供される部分が存する階以外の階（地階、無窓階及び11階以上の階	① 居室を、準耐火構造の壁及び床（3階以上の階に存する場合にあっては、耐火構造の壁及び床）で区画したものであること。 ② 壁及び天井（天井のない場合にあっては、屋根）の室内に面する部分（回り縁、窓台その他これらに類する部分を除く。）の仕上げを地上に通ずる主たる廊下その他の通路にあっては準不燃材料で、その他の部分にあっては難燃材料でしたものであること。 ③ 区画する壁及び床の開口部の面積の合計が8㎡以下であり、かつ、一の開口部

を除く。)	面積が4㎡以下であること。 ④　③の開口部には、防火戸（3階以上の階に存する場合にあっては、特定防火設備である防火戸）（廊下と階段とを区画する部分以外の部分の開口部にあっては、防火シャッターを除く。）で、随時開くことができる自動閉鎖装置付きのもの若しくは次に掲げる構造のもの又は防火戸（防火シャッター以外のものであって、2以上の異なった経路により避難することができる部分の出入口以外の開口部で、直接外気に開放されている廊下、階段その他の通路に面し、かつ、その面積の合計が4㎡以内のものに設けるものに限る。）を設けたものであること。 　㋐　随時閉鎖することができ、かつ、煙感知器の作動と連動して閉鎖すること。 　㋑　居室から地上に通ずる主たる廊下、階段その他の通路に設けるものにあっては、直接手で開くことができ、かつ、自動的に閉鎖する部分を有し、その部分の幅、高さ及び下端の床面からの高さが、それぞれ、75cm以上、1.8m以上及び15cm以下であること。 ⑤　令別表第1(6)項ロ及びハに掲げる防火対象物の用途に供される部分の主たる出入口が、直接外気に開放され、かつ、当該部分における火災時に生ずる煙を有効に排出することができる廊下、階段その他の通路に面していること。
令別表第1(16)項イに掲げる防火対象物のうち、同表(5)項イ及びロ並びに(6)項ロ及びハに掲げる防火対象物の用途以外の用途に供される部分が存せず、かつ、右欄に掲げるところにより、10階以下の階に設置される区画を有するものの同表(5)項イ並びに(6)項ロ及びハに掲げる防火対象物の用途に供される部分が存する階以外の階（地階、無窓階及び11階以上の階を除く。）	①　居室を耐火構造の壁及び床で区画したものであること。 ②　壁及び天井（天井のない場合にあっては、屋根）の室内に面する部分（回り縁、窓台その他これらに類する部分を除く。）の仕上げを地上に通ずる主たる廊下その他の通路にあっては準不燃材料で、その他の部分にあっては難燃材料でしたものであること。 ③　区画する壁及び床の開口部の面積の合計が8㎡以下であり、かつ、一の開口部の面積が4㎡以下であること。 ④　③の開口部には、特定防火設備である防火戸（廊下と階段とを区画する部分以外の部分の開口部にあっては、防火シャッターを除く。）で、随時開くことがで

第2章　防火対象物のとらえ方

	る自動閉鎖装置付きのもの若しくは次に定める構造のもの又は防火戸（防火シャッター以外のものであって、2以上の異なった経路により避難することができる部分の出入口以外の開口部で、直接外気に開放されている廊下、階段その他の通路に面し、かつ、その面積の合計が4㎡以内のものに設けるものに限る。）を設けたものであること。 ㋐　随時閉鎖することができ、かつ、煙感知器の作動と連動して閉鎖すること。 ㋑　居室から地上に通ずる主たる廊下、階段その他の通路に設けるものにあっては、直接手で開くことができ、かつ、自動的に閉鎖する部分を有し、その部分の幅、高さ及び下端の床面からの高さが、それぞれ、75cm以上、1.8m以上及び15cm以下であること。 ⑤　令別表第1(5)項イ並びに(6)項ロ及びハに掲げる防火対象物の用途に供される部分の主たる出入口が、直接外気に開放され、かつ、当該部分における火災時に生ずる煙を有効に排出することができる廊下、階段その他の通路に面していること。	
小規模特定用途複合防火対象物（令別表第1(1)項から(4)項まで、(5)項イ、(6)項又は(9)項に掲げる防火対象物の用途以外の用途に供される部分が存しないものを除く。）の地階、無窓階及び11階以上の部分以外の部分		

(2)　通路誘導灯

規28の2②

緩和対象となる防火対象物の部分	緩和の条件
令別表第1(1)項から(16)項までに掲げる防火対象物の階のうち、居室の各部分から主要な避難口又はこれに設ける避難口誘導灯を容易に見とおし、かつ、識別することができる階	避難口に至る歩行距離が避難階にあっては40m以下、避難階以外の階にあっては30m以下であるもの
令別表第1(1)項から(16)項までに掲げる防火対象物の避難階にある居室	次の①及び②に該当するもの ①　規28条の3第3項1号イに掲げる避難口を有すること。 ②　室内の各部分から規28条の3第3項1号イに掲げる避難口又はこれに設ける避難口誘導灯若しくは蓄光式誘導標識を容易に見とおし、かつ、識別することができ、室内の各部分から当該避難口に至る歩行距離が30m以下であること。

— 71 —

令別表第1(16)項イに掲げる防火対象物のうち、同表(5)項ロ並びに(6)項ロ及びハに掲げる防火対象物の用途以外の用途に供される部分が存せず、かつ、右欄の①から⑤までに掲げるところにより、10階以下の階に存する同表(6)項ロ及びハに掲げる防火対象物の用途に供される部分に設置される区画を有するものの同表(6)項ロ及びハに掲げる防火対象物の用途に供される部分が存する階以外の階（地階、無窓階及び11階以上の階の部分を除く。）	① 居室を、準耐火構造の壁及び床（3階以上の階に存する場合にあっては、耐火構造の壁及び床）で区画したものであること。 ② 壁及び天井（天井のない場合にあっては、屋根）の室内に面する部分（回り縁、窓台その他これらに類する部分を除く。）の仕上げを地上に通ずる主たる廊下その他の通路にあっては準不燃材料で、その他の部分にあっては難燃材料でしたものであること。 ③ 区画する壁及び床の開口部の面積の合計が8㎡以下であり、かつ、一の開口部の面積が4㎡以下であること。 ④ ③の開口部には、防火戸（3階以上の階に存する場合にあっては、特定防火設備である防火戸）（廊下と階段とを区画する部分以外の部分の開口部にあっては、防火シャッターを除く。）で、随時開くことができる自動閉鎖装置付きのもの若しくは次に掲げる構造のもの又は防火戸（防火シャッター以外のものであって、2以上の異なった経路により避難することができる部分の出入口以外の開口部で、直接外気に開放されている廊下、階段その他の通路に面し、かつ、その面積の合計が4㎡以内のものに設けるものに限る。）を設けたものであること。 　㋐ 随時閉鎖することができ、かつ、煙感知器の作動と連動して閉鎖すること。 　㋑ 居室から地上に通ずる主たる廊下、階段その他の通路に設けるものにあっては、直接手で開くことができ、かつ、自動的に閉鎖する部分を有し、その部分の幅、高さ及び下端の床面からの高さが、それぞれ、75cm以上、1.8m以上及び15cm以下であること。 ⑤ 令別表第1(6)項ロ及びハに掲げる防火対象物の用途に供される部分の主たる出入口が、直接外気に開放され、かつ、当該部分における火災時に生ずる煙を有効に排出することができる廊下、階段その他の通路に面していること。
令別表第1(16)項イに掲げる防火対象物のうち、同表(5)項イ及びロ並びに(6)項ロ及びハに掲げる	① 居室を耐火構造の壁及び床で区画したものであること。 ② 壁及び天井（天井のない場合にあって

第2章 防火対象物のとらえ方

防火対象物の用途以外の用途に供される部分が存せず、かつ、右欄に掲げるところにより、10階以下の階に設置される区画を有するものの同表(5)項イ並びに(6)項ロ及びハに掲げる防火対象物の用途に供される部分が存する階以外の階（地階、無窓階及び11階以上の階を除く。）	は、屋根）の室内に面する部分（回り縁、窓台その他これらに類する部分を除く。）の仕上げを地上に通ずる主たる廊下その他の通路にあっては準不燃材料で、その他の部分にあっては難燃材料でしたものであること。 ③　区画する壁及び床の開口部の面積の合計が8㎡以下であり、かつ、一の開口部の面積が4㎡以下であること。 ④　③の開口部には、特定防火設備である防火戸（廊下と階段とを区画する部分以外の部分の開口部にあっては、防火シャッターを除く。）で、随時開くことができる自動閉鎖装置付きのもの若しくは次に定める構造のもの又は防火戸（防火シャッター以外のものであって、2以上の異なった経路により避難することができる部分の出入口以外の開口部で、直接外気に開放されている廊下、階段その他の通路に面し、かつ、その面積の合計が4㎡以内のものに設けるものに限る。）を設けたものであること。 　㋐　随時閉鎖することができ、かつ、煙感知器の作動と連動して閉鎖すること。 　㋑　居室から地上に通ずる主たる廊下、階段その他の通路に設けるものにあっては、直接手で開くことができ、かつ、自動的に閉鎖する部分を有し、その部分の幅、高さ及び下端の床面からの高さが、それぞれ、75cm以上、1.8m以上及び15cm以下であること。 ⑤　令別表第1(5)項イ並びに(6)項ロ及びハに掲げる防火対象物の用途に供される部分の主たる出入口が、直接外気に開放され、かつ、当該部分における火災時に生ずる煙を有効に排出することができる廊下、階段その他の通路に面していること。
小規模特定用途複合防火対象物（令別表第1(1)項から(4)項まで、(5)項イ、(6)項又は(9)項に掲げる防火対象物の用途以外の用途に供される部分が存しないものを除く。）の地階、無窓階及び11階以上の部分以外の部分	
令別表第1(1)項から(16の3)項までに掲げる防火対象物の階段又は傾斜路のうち、建築基準法施行令126条の4に規定する非常用の照明装置（消防庁長官が定める要件に該当する防火対象物の乗降場（地階にあるものに限る。）に通ずる階段及び傾斜路並びに直通階段に設けるもの（消防庁長官が定めるところにより蓄光式誘導標識が設けられている防火対象物又はその部分に設けられているも	

		のを除く。)にあっては、60分間作動できる容量以上のものに限る。)が設けられているもの	
		(3)　誘導標識	規28の2③
			緩和対象となる防火対象物の部分	緩和の条件	
			---	---	
			令別表第1(1)項から(16)項までに掲げる防火対象物の階のうち、居室の各部分から主要な避難口を容易に見とおし、かつ、識別することができる階	避難口に至る歩行距離が30m以下であるもの	
			令別表第1(1)項に掲げる防火対象物の避難階	次の①から③までに該当するもの ①　客席避難口を2以上有すること。 ②　客席の各部分から客席避難口を容易に見とおし、かつ、識別することができ、客席の各部分から当該客席避難口に至る歩行距離が30m以下であること。 ③　すべての客席避難口に、火災時に当該客席避難口を識別することができるように照明装置が設けられていること。	
			令別表第1(1)項から(16)項までに掲げる防火対象物の避難階にある居室	次の①及び②に該当するもの ①　規28条の3第3項1号イに掲げる避難口を有すること。 ②　室内の各部分から規28条の3第3項1号イに掲げる避難口又はこれに設ける避難口誘導灯若しくは蓄光式誘導標識を容易に見とおし、かつ、識別することができ、室内の各部分から当該避難口に至る歩行距離が30m以下であること。	
		防火対象物又はその部分に避難口誘導灯又は通路誘導灯を技術上の基準に従い、又は当該技術上の基準の例により設置したときは、これらの誘導灯の有効範囲内の部分について誘導標識を設置しないことができる。	令26③
排煙設備		排煙上有効な窓等の開口部が設けられている部分その他の消火活動上支障がないものとして総務省令で定める部分（注）には、排煙設備を設置しないことができる。	令28③
		（注）　排煙設備の設置を要しない防火対象物の部分は、次に掲げる部分とされている。 ①　次の㋐及び㋑に掲げるところにより直接外気に開放されている部分 　㋐　規30条1号イからハまでの規定の例により直接外気に接する開口部（常時開放されているものに限る。）が設けられていること。 　㋑　直接外気に接する開口部（常時開放されているものに限る。）の面積の合計は、規30条6号ロの規定の例によるものであること。 ②　防火対象物又はその部分（主として当該防火対象物の関係者及び関係者に雇用されている者の使用に供する部分等に限る。）のうち、令13条1項の表の上欄に掲げる部分、室等の用途に応じ、当該下欄に掲げる消火設備（移動式のものを除く。）が設置されている部分 ③　①及び②に掲げるもののほか、防火対象物又はその部分の位置、構造及	規29

	び設備の状況並びに使用状況から判断して、煙の熱及び成分により消防隊の消火活動上支障を生ずるおそれがないものとして消防庁長官が定める部分	
連結散水設備	防火対象物に送水口を附置したスプリンクラー設備、水噴霧消火設備、泡消火設備、不活性ガス消火設備、ハロゲン化物消火設備又は粉末消火設備を技術上の基準に従い、又は当該技術上の基準の例により設置したときは、当該設備の有効範囲内の部分について連結散水設備を設置しないことができる。	令28の2③
	防火対象物に連結送水管を技術上の基準に従い、又は当該技術上の基準の例により設置したときは、消火活動上支障がないものとして総務省令で定める防火対象物の部分（注）には、連結散水設備を設置しないことができる。 （注） 連結散水設備の設置を要しない防火対象物の部分は、次の部分とされている。 　① 排煙設備を技術上の基準に従い、又は当該技術上の基準の例により設置した部分 　② 規29条の規定に適合する部分（排煙設備の設置を要しない防火対象物の部分）	令28の2④ 規30の2の2

第3章　主たる用途別の消防設備設置基準

「消防設備設置基準一覧表」の見方・扱い方

備考（※）の内容について

　各用途の「消防設備設置基準一覧表」に付された備考（※）は、内容が共通しているため、以下に一括して掲載した。各用途の一覧表を利用する際には、以下の備考を参照すること。
　また、各用途の消防用設備等の設置の免除又は設置の緩和については、「第2章　4-3」を参照すること。

〇消防法令に係る備考
※1　主要構造部（★1）が耐火構造で、かつ、内装制限（★2）した場合に限る（令11②）。
※2　主要構造部が耐火構造である※1以外のもの又は準耐火建築物（★3）で、かつ、内装制限（★2）した場合に限る（令11②）。

★1　建築基準法2条5号に規定する主要構造部をいう。
　　壁、柱、床、はり、屋根又は階段をいい、建築物の構造上重要でない間仕切壁、間柱、付け柱、揚げ床、最下階の床、回り舞台の床、小ばり、ひさし、局部的な小階段、屋外階段その他これらに類する建築物の部分を除くものとする。
★2　壁及び天井（天井のない場合にあっては、屋根）の室内に面する部分（回り縁、窓台その他これらに類する部分を除く。）の仕上げを難燃材料（建築基準法施行令1条6号に規定する難燃材料をいう。）であること。
★3　建築基準法2条9号の3イ又はロのいずれかに該当するもの。
　　耐火建築物以外の建築物で、イ又はロのいずれかに該当し、外壁の開口部で延焼のおそれのある部分に建築基準法2条9号の2ロに規定する防火設備を有するものをいう。
　イ　主要構造部を準耐火構造としたもの
　ロ　イに掲げる建築物以外の建築物であって、イに掲げるものと同等の準耐火性能を有するものとして主要構造部の防火の措置その他の事項について政令で定める技術的基準に適合するもの

※3　床面積とは、地階を除く階数が1であるものにあっては1階の床面積を、地階を除く階数が2以上であるものにあっては1階及び2階の部分の床面積の合計をいう（令19①）。
※4　同一敷地内にある2以上の建築物（耐火建築物及び準耐火建築物を除く。）の場合、次のものは、一の建築物とみなして床面積を合計する（令19②）。
　　建築物相互の1階の外壁間の中心線からの水平距離が次となる部分を有するもの。
　①　1階にあっては3m以下
　②　2階にあっては5m以下
※5　特定1階段等防火対象物
　　令別表第1(1)項から(4)項まで、(5)項イ、(6)項又は(9)項イに掲げる防火対象物の用途に供される部分が避難階以外の階に存する防火対象物で、当該避難階以外の階から避難階又は地上に直通する階段が2（当該階段が屋外に設けられ、又は総務省令で定める避難上有効な構造を有する場合にあっては、1）以上設けられていないもの（令21①七）。なお、「総務省令で定める避難上有効な構造を有する場合」とは、「規4条の2の3に規定する避難上有効な構造を有する場合」とされ、次のとおりである（規4の2の3）。
　　「建築基準法施行令123条及び124条に規定する避難階段（屋内に設けるもので消防庁長官が定める部分を有するものに限る。）又は特別避難階段である場合とする。」

●建築基準法施行令
（避難階段及び特別避難階段の構造）
第123条　屋内に設ける避難階段は、次に定める構造としなければならない。

一　階段室は、第4号の開口部、第5号の窓又は第6号の出入口の部分を除き、耐火構造の壁で囲むこと。
　　二　階段室の天井（天井のない場合にあつては、屋根。第3項第4号において同じ。）及び壁の室内に面する部分は、仕上げを不燃材料でし、かつ、その下地を不燃材料で造ること。
　　三　階段室には、窓その他の採光上有効な開口部又は予備電源を有する照明設備を設けること。
　　四　階段室の屋外に面する壁に設ける開口部（開口面積が各々1㎡以内で、法第2条第9号の2ロに規定する防火設備ではめごろし戸であるものが設けられたものを除く。）は、階段室以外の当該建築物の部分に設けた開口部並びに階段室以外の当該建築物の壁及び屋根（耐火構造の壁及び屋根を除く。）から90cm以上の距離に設けること。ただし、第112条第10項ただし書に規定する場合は、この限りでない。
　　五　階段室の屋内に面する壁に窓を設ける場合においては、その面積は、各々1㎡以内とし、かつ、法第2条第9号の2ロに規定する防火設備ではめごろし戸であるものを設けること。
　　六　階段に通ずる出入口には、法第2条第9号の2ロに規定する防火設備で第112条第13項第2号に規定する構造であるものを設けること。この場合において、直接手で開くことができ、かつ、自動的に閉鎖する戸又は戸の部分は、避難の方向に開くことができるものとすること。
　　七　階段は、耐火構造とし、避難階まで直通すること。
　2　屋外に設ける避難階段は、次に定める構造としなければならない。
　　一　階段は、その階段に通ずる出入口以外の開口部（開口面積が各々1㎡以内で、法第2条第9号の2ロに規定する防火設備ではめごろし戸であるものが設けられたものを除く。）から2m以上の距離に設けること。
　　二　屋内から階段に通ずる出入口には、前項第6号の防火設備を設けること。
　　三　階段は、耐火構造とし、地上まで直通すること。
　3　特別避難階段は、次に定める構造としなければならない。
　　一　屋内と階段室とは、バルコニー又は付室を通じて連絡すること。
　　二　屋内と階段室とが付室を通じて連絡する場合においては、階段室又は付室の構造が、通常の火災時に生ずる煙が付室を通じて階段室に流入することを有効に防止できるものとして、国土交通大臣が定めた構造方法を用いるもの又は国土交通大臣の認定を受けたものであること。
　　三　階段室、バルコニー及び付室は、第6号の開口部、第8号の窓又は第10号の出入口の部分（第129条の13の3第3項に規定する非常用エレベーターの乗降ロビーの用に供するバルコニー又は付室にあつては、当該エレベーターの昇降路の出入口の部分を含む。）を除き、耐火構造の壁で囲むこと。
　　四　階段室及び付室の天井及び壁の室内に面する部分は、仕上げを不燃材料でし、かつ、その下地を不燃材料で造ること。
　　五　階段室には、付室に面する窓その他の採光上有効な開口部又は予備電源を有する照明設備を設けること。
　　六　階段室、バルコニー又は付室の屋外に面する壁に設ける開口部（開口面積が各々1㎡以内で、法第2条第9号の2ロに規定する防火設備ではめごろし戸であるものが設けられたものを除く。）は、階段室、バルコニー又は付室以外の当該建築物の部分に設けた開口部並びに階段室、バルコニー又は付室以外の当該建築物の部分の壁及び屋根（耐火構造の壁及び屋根を除く。）から90cm以上の距離にある部分で、延焼のおそれのある部分以外の部分に設けること。ただし、第112条第10項ただし書に規定する場合は、この限りでない。
　　七　階段室には、バルコニー及び付室に面する部分以外に屋内に面して開口部を設けないこと。
　　八　階段室のバルコニー又は付室に面する部分に窓を設ける場合においては、はめごろし戸を設けること。
　　九　バルコニー及び付室には、階段室以外の屋内に面する壁に出入口以外の開口部を設けないこと。
　　十　屋内からバルコニー又は付室に通ずる出入口には第1項第6号の特定防火設備を、バルコニー

第3章　主たる用途別の消防設備設置基準

　　　又は付室から階段室に通ずる出入口には同号の防火設備を設けること。
十一　階段は、耐火構造とし、避難階まで直通すること。
十二　建築物の15階以上の階又は地下3階以下の階に通ずる特別避難階段の15階以上の各階又は地下3階以下の各階における階段室及びこれと屋内とを連絡するバルコニー又は付室の床面積（バルコニーで床面積がないものにあつては、床部分の面積）の合計は、当該階に設ける各居室の床面積に、法別表第1(い)欄(1)項又は(4)項に掲げる用途に供する居室にあつては100分の8、その他の居室にあつては100分の3を乗じたものの合計以上とすること。

（物品販売業を営む店舗における避難階段等の幅）
第124条　物品販売業を営む店舗の用途に供する建築物における避難階段、特別避難階段及びこれらに通ずる出入口の幅は、次の各号に定めるところによらなければならない。
一　各階における避難階段及び特別避難階段の幅の合計は、その直上階以上の階（地階にあつては、当該階以下の階）のうち床面積が最大の階における床面積100㎡につき60cmの割合で計算した数値以上とすること。
二　各階における避難階段及び特別避難階段に通ずる出入口の幅の合計は、各階ごとにその階の床面積100㎡につき、地上階にあつては27cm、地階にあつては36cmの割合で計算した数値以上とすること。
2　前項に規定する所要幅の計算に関しては、もつぱら1若しくは2の地上階から避難階若しくは地上に通ずる避難階段及び特別避難階段又はこれらに通ずる出入口については、その幅が1.5倍あるものとみなすことができる。
3　前二項の規定の適用に関しては、屋上広場は、階とみなす。

●消防法施行規則第4条の2の3並びに第26条第2項、第5項第3号ハ及び第7項第3号の規定に基づき、屋内避難階段等の部分を定める件（平14・11・28消告7）
　消防法施行規則第4条の2の3並びに第26条第2項、第5項第3号ハ及び第7項第3号の屋内避難階段等の部分は、階段の各階又は各階の中間の部分ごとに設ける直接外気に開放された排煙上有効な開口部で、次の一及び二に該当するものとする。
一　開口部の開口面積は、2㎡以上であること。
二　開口部の上端は、当該階段の部分の天井の高さの位置にあること。ただし、階段の部分の最上部における当該階段の天井の高さの位置に500cm²以上の外気に開放された排煙上有効な換気口がある場合は、この限りでない。

※6　温泉採取設備が設けられているもの
　　　建築物その他の工作物（収容人員が1人に満たないものを除く（規24の2の2②）。）で、その内部に、温泉の採取のための設備で総務省令（規24の2の2③）で定めるもの（温泉法14条の5第1項の確認を受けた者が当該確認に係る温泉の採取の場所において温泉を採取するための設備を除く。）が設置されているもの（令21の2①三）。
　　　温泉の採取のための設備とは、温泉法施行規則6条の3第3項5号イに規定する温泉井戸、ガス分離設備及びガス排出口並びにこれらの間の配管（可燃性天然ガスが滞留するおそれのない場所に設けられるものを除く。）とする（規24の2の2③）。
※7　間柱若しくは下地を準不燃材料（建築基準法施行令1条5号に規定する準不燃材料をいう。）以外の材料で造った鉄網入りの壁、根太若しくは下地を準不燃材料以外の材料で造った鉄網入りの床又は天井野縁若しくは下地を準不燃材料以外の材料で造った鉄網入りの天井を有するものに設置（令22①）。
※8　高さ31mを超え、かつ、延べ面積（地階に係るものを除く。）が25,000㎡以上のものを除く（令27①二）。
※9　同一敷地内に2以上の建築物（高さ31mを超え、かつ、延べ面積（地階に係るものを除く。）25,000㎡以上のものを除く。）がある場合であって、次の場合には、一の建築物とみなされる（令27②）。

第3章 主たる用途別の消防設備設置基準

建築物相互の1階の外壁間の中心線からの水平距離が、1階にあっては3m以下、2階にあっては5m以下である部分を有するものであり、かつ、これらの建築物の床面積を、耐火建築物にあっては15,000㎡、準耐火建築物にあっては10,000㎡、その他の建築物にあっては5,000㎡でそれぞれ除した商の和が1以上となる場合。

※10 火災発生時の延焼を抑制する機能を備える構造として、規12条の2で定める構造を有するものを除く（令12①一・九）。詳細は、「第2章 2-8」参照。

※11 令別表第1(6)項ロ(2)、(4)、(5)については、介助がなければ避難できない者として総務省令（規12の3）で定める者を主として入所させるもの以外のものにあっては、延べ床面積が275㎡以上のものに限る（令12①一ハ）。

※12 スプリンクラー設備の設置が必要な床面積から除くことができる部分等（令12①三・四・十～十二、規13②）を除く。詳細は、「第2章 2-9 (2)」参照。

※13 令12条1項1号に掲げる防火対象物（令別表第1(6)項イ(1)及び(2)並びにロで規12条の2で規定する火災発生時の延焼を抑制する機能を備える構造（「第2章 2-8」参照）を有するもの以外のもの）については、当該数値（2,100㎡又は1,400㎡）又は1,000㎡に規13条の5の2に規定する「防火上有効な措置が講じられた構造を有する部分」（「第2章 2-8」参照）の床面積の合計を加えた数値のうち、いずれか小さい数値とする（令11②）。

※14 令別表第1(2)項及び(3)項に掲げる防火対象物並びに同表(16)項イに掲げる防火対象物で2階に同表(2)項又は(3)項に掲げる防火対象物の用途に供される部分が存するものにあっては、2階（令25①五）。

※15 当該階に総務省令（規4の2の2）で定める避難上有効な開口部を有しない壁で区画されている部分が存する場合にあっては、その区画された部分（令25①五）。

○東京都火災予防条例に係る備考

※21 消火器具を設けなければならない場所。ただし、令10条1項各号（第1号ロに掲げるもので、延べ面積が150㎡未満のものを除く。）に掲げる防火対象物又はその部分に存する場所については、この限りでない（条例36②）。
　① 火花を生ずる設備のある場所
　② 燃料電池発電設備、変電設備、内燃機関を原動力とする発電設備その他これらに類する電気設備のある場所
　③ 鍛冶場、ボイラー室、乾燥室、サウナ室その他多量の火気を使用する場所
　④ 核燃料物質又は放射性同位元素を貯蔵し、又は取り扱う場所
　⑤ 動植物油、鉱物油その他これらに類する危険物又は可燃性固体類等を煮沸する設備又は器具のある場所
　⑥ 紙類、穀物類又は布類（以下「紙類等」という。）を貯蔵し、又は取り扱う指定可燃物貯蔵取扱所

※22 次に掲げる場所には、令別表第2においてその消火に適応するものとされる大型消火器を、当該場所の各部分からの一の大型消火器に至る歩行距離が30m以下となるように設けなければならない（条例37①）。
　① 不燃液機器又は乾式機器を使用する特別高圧変電設備のある場所
　② 不燃液機器又は乾式機器を使用する全出力1,000kW以上の高圧変電設備のある場所
　③ 不燃液機器又は乾式機器を使用する全出力1,000kW以上の低圧変電設備のある場所
　④ 油入機器を使用する全出力500kW以上1,000kW未満の高圧又は低圧の変電設備のある場所
　⑤ 全出力500kW以上1,000kW未満の燃料電池発電設備又は内燃機関を原動力とする発電設備のある場所
　⑥ 条例別表第7に定める数量の500倍以上の紙類等を貯蔵し、又は取り扱う指定可燃物貯蔵取扱所

※23 主要構造部が耐火構造であるか、若しくは不燃材料で造られているもので、5階以上の階の床面積の合計が150㎡（主要構造部が耐火構造で、かつ、壁及び天井の室内に面する部分の仕上げを準

第3章　主たる用途別の消防設備設置基準

不燃材料でしたものにあっては、300㎡）以下のもの又は主要構造部が耐火構造で、5階以上の部分が床面積の合計150㎡(壁及び天井の室内に面する部分の仕上げを準不燃材料でしたものにあっては、300㎡）以内ごとに耐火構造の床若しくは壁若しくは防火戸で区画されているものを除く(条例38①二)。

※24　同一敷地内に耐火建築物・準耐火建築物以外の建築物が2以上ある場合の延べ面積の合計（屋内消火栓設備、スプリンクラー設備、水噴霧消火設備、泡消火設備、不活性ガス消火設備、ハロゲン化物消火設備、粉末消火設備、屋外消火栓設備が設置され、かつ、維持されている部分の床面積を除く。）をいう。この場合、同一敷地内であれば当該建築物間の距離は問わない（条例40の2①）。

※25　外壁に排煙上有効な開口部があり、かつ、当該開口部の面積の合計が、当該階の床面積に対し、1/200以上ある場合は除く（条例45の2①、条例規則11の2）。

第3章　主たる用途別の消防設備設置基準

1　劇場・映画館・演芸場又は観覧場

関係条文：令別表第1(1)項イ

用途の定義	
共通する内容	不特定多数の者を対象とする施設で、興行場法1条1項の興行場（映画、演劇、音楽、スポーツ、演芸又は観せ物を、公衆に見せ、又は聞かせる施設）に該当する。
劇　場	演劇・舞踊・音楽等を観賞する目的で不特定多数の者が使用又は利用する施設であって、これらの用に供するための客席を有するものをいう。 また、劇場、音楽堂等の活性化に関する法律2条1項では、「劇場、音楽堂等」として、「文化芸術に関する活動を行うための施設及びその施設の運営に係る人的体制により構成されるもののうち、その有する創意と知見をもって実演芸術の公演を企画し、又は行うこと等により、これを一般公衆に鑑賞させることを目的とするもの（他の施設と一体的に設置されている場合を含み、風俗営業等の規制及び業務の適正化等に関する法律2条1項に規定する風俗営業又は同条5項に規定する性風俗関連特殊営業を行うものを除く。）をいう。」と定義されている。
映画館	公開された映画を観賞する目的で不特定多数の者が使用又は利用する施設であって、これらの用に供する客席を有するものをいう。 映画館は、厚生労働省が所管しており、直接的には当該映画館の所在する都道府県（保健所設置市又は特別区を含む。）が設置している保健所の監督を受ける。 また、映画館の設置には、興行場法2条1項に基づく都道府県知事（保健所設置市又は特別区にあっては、市長又は区長）の許可が必要となるとともに、建築基準法による用途規制を受け、客席の面積が200㎡未満であれば準住居地域に、200㎡以上10,000㎡未満である場合には近隣商業地域、商業地域又は準工業地域にのみ設置できる（建法別表第2）。
演芸場	演芸を観賞する目的で不特定多数の者が使用又は利用する施設であって、これらの用に供する客席を有するものをいう。
観覧場	スポーツ、見せ物等を観覧する目的で不特定多数の者が使用又は利用する施設であって、これらの用に供する客席を有するものをいう。 具体的には、野球場・相撲場・各種競技場・体育館・拳闘場・競馬場・競輪場・競艇場・サーカス小屋等が該当する。

用途判定の行政実例等

●令別表第1の区分について（昭52・5・23消防予107）

問　このことについて佐野地区広域消防組合から下記のとおり照会がありましたのでご教示願います。

記

1　下記のような文化会館を建築する予定ですが、この防火対象物は消防法施行令別表の項区分をする場合次のいずれと解すべきか。
　　防火対象物の概要
　名　称　　佐野市文化会館
　建築物の概要
　用　途　　音楽堂、演劇場、展示場等の文化活動を行う機能と会議室を兼ね備えている。（別添

```
              資料参照）
    構　造　　地　階　機械室等　　　　　771.21㎡
              １　階　ホール、展示場
                    会議室等　　　　　3,912.69㎡
              ２　階　客席、映写室
                    会議室等　　　　　2,252.68㎡
              中３階　映写、投光室等　　 59.94㎡
              ３　階　客席、投光室等　　570.52㎡
                    合　　計　　　　　7,567.04㎡
```

（別添）　〔図省略〕
１　文化会館建設の目的
　　市民に対し、すぐれた音楽、演劇、美術等の鑑賞又は創作活動の機会を与えるため、音楽堂、劇場、展示場等の機能を合わせもつ文化活動のための施設を建設整備し、豊かな市民性を培養し、文化都市佐野市を建設する。
２　施設と機能
　(1)　大ホール
　　　多目的大規模の事業を行い、芸術文化の鑑賞を主とした施設で、主な事業は次のとおり。
　　　○　音楽、美術、文芸、舞踊、民謡、講演会、研究会等
　(2)　小ホール
　　　大ホールで行う事業の比較的小規模の事業を主として行う施設であり、又各種団体、サークル等の活動、発表会などに利用する施設
　(3)　文化活動奨励室
　　　各種芸術文化団体が日常文化活動を行うための会議室（一般会議室、特別会議室、応接室、サロン的会議室、視聴覚室研修室）及び和室、並びに自主企画展、誘致特別展、資料展、美術品等の常設展示室、生花展、書道展、絵画展等を行える一般展示室を設け、芸術、文化創作活動、自発的文化活動を助長してゆく施設
　　　和室にあっては茶華道、謡曲、歌（句）会、談話等の活動を行う施設
　(4)　管理室等
　　　施設の全般的な管理業務と自主事業の企画を行い、各種団体等の文化活動の育成、指導を行うための施設として、館長室、応接室、事務室等
　(5)　喫茶室
　　　施設を利用する者のサロン的性格を有する施設
　(6)　その他
　　　駐車場、周辺環境整備、屋外施設……等

1(1)　当該文化会館の小ホール、大ホールは音楽、美術、文芸、舞踊、講演、研究発表、映画、演芸等多目的な催しに、会議室は種々の会議に、展示場（300㎡以上）は自主企画展、誘致特別展、資料展、美術品等の常設の展示及び一般の展示に使用されることから、令別表第1に掲げる防火対象物の取扱いについて（昭和50年4月15日消防予第41号・消防安第41号）第1(1)イにより当該ホール及び会議室、ならびに展示場は利用者相互に密接な関係がなく、同通達第1(2)により展示場が300㎡以上であることから判断して、展示場等は当該文化会館の従属的な部分を構成すると認められないので、(1)イ、(4)項を有する(16)イの防火対象物である。
　(2)　(1)ロ、(4)項を有する(16)イの防火対象物である。
　(3)　(1)イ、(1)ロ、(4)項を有する(16)イの防火対象物である。
　(4)　この防火対象物は公的機関（市）が公衆の集会その他文化活動に使用するもので、各種催しについて種々の制限が行われるための施設で、公会堂、集会場の性格を有し全体が(1)項ロの防火対象物である。

第3章 主たる用途別の消防設備設置基準

2 1で複合用途防火対象物と解する場合、利用形態が類似する規模の小さい公民館、市民館等について、(1)項ロの公会堂と解すべき範囲についての定義をご教示願いたい。

答1 設問の場合1(4)によられたい。
2 1により承知されたい。

消防設備設置基準一覧表

消防用設備等の区分		消防法施行令による基準			東京都火災予防条例による付加基準
		設置すべき面積・収容人員等（原則となる規制基準）	関係条文	設置基準の緩和	
消火設備	消火器・簡易消火用具（消火器具）	全部	令10①一	令10③	部分の用途による（条例37①）（※22）
	屋内消火栓設備	延べ面積500㎡以上 基準面積の緩和 ① 耐火構造（※1） →延べ面積1,500㎡以上 ② 耐火構造・準耐火構造（※2） →延べ面積1,000㎡以上	令11①一 令11②	令11④	地階を除く階数5以上（条例38①二）（※23）
		地階・無窓階・4階以上の階 床面積100㎡以上 基準面積の緩和 ① 耐火構造（※1） →床面積300㎡以上 ② 耐火構造・準耐火構造（※2） →床面積200㎡以上	令11①六 令11②		
	スプリンクラー設備	舞台部 ① 地階・無窓階・4階以上の階 　床面積300㎡ ② その他の階 　床面積500㎡	令12①二	令12③	① 地下4階以下の階で、地下4階以下の階の床面積の合計1,000㎡以上（条例39①四の二） ② 地盤面からの高さが31mを超える階（条例39①五）
		地階を除く階数11以上（※12）	令12①三		
		床面積の合計（平屋建て以外）6,000㎡以上（※12）	令12①四		
		地階・無窓階 床面積1,000㎡以上	令12①十一		
		4階以上10階以下の階 床面積1,500㎡以上（※12）			
	特殊消火設備	第4章2～10参照	令13	－	部分の用途による（条例40①）
	屋外消火栓設備	床面積（※3） ① 耐火建築物　9,000㎡以上 ② 準耐火建築物　6,000㎡以上	令19①	令19④	－

		③　その他　3,000㎡以上			
		同一敷地内の2以上の建築物(一の建築物とみなされるもの(※4))の床面積(※3) 上記①～③	令19②		
	動力消防ポンプ設備	延べ面積500㎡以上 基準面積の緩和 ①　耐火構造(※1) 　→延べ面積1,500㎡以上 ②　耐火構造・準耐火構造(※2) 　→延べ面積1,000㎡以上	令20①一 令20②	令20⑤	建築物が同一敷地内に2以上ある場合(耐火建築物、準耐火建築物を除く。)で、延べ面積の合計3,000㎡以上　(条例40の2①)(※24)
		地階・無窓階・4階以上の階 床面積100㎡以上 基準面積の緩和 ①　耐火構造(※1) 　→床面積300㎡以上 ②　耐火構造・準耐火構造(※2) 　→床面積200㎡以上			
		床面積(※3) ①　耐火建築物　9,000㎡以上 ②　準耐火建築物　6,000㎡以上 ③　その他　3,000㎡以上	令20①二 令20②		
		同一敷地内の2以上の建築物(一の建築物とみなされるもの(※4))の床面積(※3) 上記①～③			
警報設備	自動火災報知設備	延べ面積300㎡以上	令21①三	－	－
		特定1階段等防火対象物(※5) 全部	令21①七		
		地階・無窓階・3階以上の階 床面積300㎡以上	令21①十一		
		11階以上の階	令21①十四		
	ガス漏れ火災警報設備	温泉採取設備が設けられているもの(※6)	令21の2①三	令21の2①かっこ書	－
		地階 床面積の合計1,000㎡以上	令21の2①四		
	漏電火災警報器	延べ面積300㎡以上(※7)	令22①三	－	－
		契約電流容量50Ａを超えるもの(※7)	令22①七		
	消防機関へ通報する火災報知設備	延べ面積500㎡以上	令23①二	令23①ただし書 令23③	－

第3章　主たる用途別の消防設備設置基準

	非常警報器具	—	—	—	—
非常警報設備	非常ベル、自動式サイレン又は放送設備	収容人員50人以上 地階・無窓階 収容人員20人以上	令24②二	令24②ただし書	—
	非常ベル及び放送設備又は自動式サイレン及び放送設備	地階を除く階数11以上 地階の階数3以上 収容人員300人以上	令24③二 令24③四	令24⑤	
避難設備	避難器具	2階以上の階（主要構造部を耐火構造とした建築物の2階を除く。）・地階 収容人員50人以上	令25①三	令25①かっこ書 令25②一ただし書	6階以上の階で、収容人員30人以上（条例44①）
		3階以上の階のうち、当該階（※15）から避難階又は地上に直通する階段が2以上設けられていない階 収容人員10人以上	令25①五		
	誘導灯・誘導標識	全部	令26①	令26①ただし書 令26③	—
消防用水		敷地面積20,000㎡以上 床面積（※3） ① 耐火建築物　15,000㎡以上 ② 準耐火建築物　10,000㎡以上 ③ その他　5,000㎡以上 （※8）	令27①一	—	—
		敷地面積20,000㎡以上 同一敷地内の2以上の建築物（一の建築物とみなされるもの（※9））の床面積（※3） 上記①～③	令27②		
		高さ31m超 延べ面積（地階に係るものを除く。）25,000㎡以上	令27①二		
消火活動上必要な施設	排煙設備	舞台部 床面積500㎡以上	令28①二	令28③	地下4階以下の階で、駐車場部分の床面積1,000㎡以上（条例45の2①）（※25）
	連結散水設備	地階の床面積の合計700㎡以上	令28の2①	令28の2③ 令28の2④	—

第3章　主たる用途別の消防設備設置基準

連結送水管	地階を除く階数7以上	令29①一	－	屋上を回転翼航空機の発着場、自動車駐車場の用途に供するもの（条例46①二）
	地階を除く階数5以上延べ面積6,000㎡以上	令29①二		
非常コンセント設備	地階を除く階数11以上	令29の2①一	－	地下4階以下の階で、地下4階以下の階の床面積の合計1,000㎡以上（条例46の2①）
無線通信補助設備	－	－	－	地階の階数4以上かつ地階の床面積の合計3,000㎡以上のものの地階（条例46の3①一）
総合操作盤	第4章11参照	－	－	－

注　表中の(※)については、「「消防設備設置基準一覧表」の見方・扱い方」(76頁)参照

2　公会堂・集会場

関係条文：令別表第1(1)項ロ

	用途の定義
共通する内容	①　不特定多数の人が多目的に集合する施設で、令別表第1(1)項イの劇場・映画館・演芸場・観覧場に類似している。 ②　興行的なものとは、映画、演劇、演芸、見せ物、舞踊等、娯楽的なものが反復継続（月5日以上行われるもの）されるものをいう。
公会堂	一般的には、舞台及び固定いすの客席を有し、主として映画、演劇等興行的なものを観賞し、これと併行してその他の集会、会議等、多目的に公衆の集合する施設であって、通常国又は地方公共団体が管理するものをいう。
集会場	一般的には、舞台及び固定いすの客席を有し、主として映画、演劇等興行的なものを観賞し、これと併行してその他の集会、会議等、多目的に公衆の集合する施設であって、通常国又は地方公共団体以外の者が管理するものをいう。

消防設備設置基準一覧表

消防用設備等の区分		消防法施行令による基準			東京都火災予防条例による付加基準
		設置すべき面積・収容人員等（原則となる規制基準）	関係条文	設置基準の緩和	
消火設備	消火器・簡易消火用具（消火器具）	延べ面積150㎡以上	令10①二	令10③	部分の用途による （条例36②・37①）（※21・※22）
		地階・無窓階・3階以上の階 床面積50㎡以上	令10①五		
	屋内消火栓設備	延べ面積500㎡以上 基準面積の緩和 ①　耐火構造（※1） 　→延べ面積1,500㎡以上 ②　耐火構造・準耐火構造（※2） 　→延べ面積1,000㎡以上	令11①一 令11②	令11④	地階を除く階数5以上（条例38①二）（※23）
		地階・無窓階・4階以上の階 床面積100㎡以上 基準面積の緩和 ①　耐火構造（※1） 　→床面積300㎡以上 ②　耐火構造・準耐火構造（※2） 　→床面積200㎡以上	令11①六 令11②		
	スプリンクラー設備	舞台部 ①　地階・無窓階・4階以上の階 　　床面積300㎡ ②　その他の階 　　床面積500㎡	令12①二	令12③	①　地下4階以下の階で、地下4階以下の階の床面積の合計1,000㎡以上 （条例39①四の二）

第3章　主たる用途別の消防設備設置基準

		地階を除く階数11以上（※12）	令12①三		②　地盤面からの高さが31mを超える階（条例39①五）
		床面積の合計（平屋建て以外）6,000㎡以上（※12）	令12①四		
		地階・無窓階 床面積1,000㎡以上	令12①十一		
		4階以上10階以下の階 床面積1,500㎡以上（※12）			
	特殊消火設備	第4章2～10参照	令13	－	部分の用途による（条例40①）
	屋外消火栓設備	床面積（※3） ①　耐火建築物　9,000㎡以上 ②　準耐火建築物　6,000㎡以上 ③　その他　3,000㎡以上	令19①	令19④	－
		同一敷地内の2以上の建築物（一の建築物とみなされるもの（※4））の床面積（※3） 上記①～③	令19②		
	動力消防ポンプ設備	延べ面積500㎡以上 基準面積の緩和 ①　耐火構造（※1） 　→延べ面積1,500㎡以上 ②　耐火構造・準耐火構造（※2） 　→延べ面積1,000㎡以上	令20①一 令20②	令20⑤	建築物が同一敷地内に2以上ある場合（耐火建築物、準耐火建築物を除く。）で、延べ面積の合計3,000㎡以上（条例40の2①）（※24）
		地階・無窓階・4階以上の階 床面積100㎡以上 基準面積の緩和 ①　耐火構造（※1） 　→床面積300㎡以上 ②　耐火構造・準耐火構造（※2） 　→床面積200㎡以上			
		床面積（※3） ①　耐火建築物　9,000㎡以上 ②　準耐火建築物　6,000㎡以上 ③　その他　3,000㎡以上	令20①二 令20②		
		同一敷地内の2以上の建築物（一の建築物とみなされるもの（※4））の床面積（※3） 上記①～③			
警報設備	自動火災報知設備	延べ面積300㎡以上	令21①三	－	－
		特定1階段等防火対象物（※5） 全部	令21①七		
		地階・無窓階・3階以上の階 床面積300㎡以上	令21①十一		

第3章　主たる用途別の消防設備設置基準

		11階以上の階	令21①十四	令21の2①かっこ書	
	ガス漏れ火災警報設備	温泉採取設備が設けられているもの(※6)	令21の2①三		－
		地階 床面積の合計1,000㎡以上	令21の2①四		
	漏電火災警報器	延べ面積300㎡以上(※7)	令22①三	－	－
		契約電流容量50Aを超えるもの(※7)	令22①七		
	消防機関へ通報する火災報知設備	延べ面積500㎡以上	令23①二	令23①ただし書 令23③	－
	非常警報器具	－	－	－	－
非常警報設備	非常ベル、自動式サイレン又は放送設備	収容人員50人以上	令24②二	令24②ただし書	－
		地階・無窓階 収容人員20人以上			
	非常ベル及び放送設備又は自動式サイレン及び放送設備	地階を除く階数11以上	令24③二	令24⑤	
		地階の階数3以上			
		収容人員300人以上	令24③四		
避難設備	避難器具	2階以上の階（主要構造物を耐火構造とした建築物の2階を除く。）・地階 収容人員50人以上	令25①三	令25①かっこ書 令25②一ただし書	6階以上の階で、収容人員30人以上（条例44①）
		3階以上の階のうち、当該階(※15)から避難階又は地上に直通する階段が2以上設けられていない階 収容人員10人以上	令25①五		
	誘導灯・誘導標識	全部	令26①	令26①ただし書 令26③	
消防用水		敷地面積20,000㎡以上 床面積(※3) ①　耐火建築物　15,000㎡以上 ②　準耐火建築物　10,000㎡以上 ③　その他　5,000㎡以上 (※8)	令27①一	－	－
		敷地面積20,000㎡以上 同一敷地内の2以上の建築物（一	令27②		

第3章　主たる用途別の消防設備設置基準

		の建築物とみなされるもの(※9))の床面積(※3) 上記①〜③			
		高さ31m超 延べ面積（地階に係るものを除く。）25,000㎡以上	令27①二		
消火活動上必要な施設	排煙設備	舞台部 床面積500㎡以上	令28①二	令28③	地下4階以下の階で、駐車場部分の床面積1,000㎡以上（条例45の2①）（※25）
	連結散水設備	地階の床面積の合計700㎡以上	令28の2①	令28の2③ 令28の2④	—
	連結送水管	地階を除く階数7以上	令29①一	—	屋上を回転翼航空機の発着場、自動車駐車場の用途に供するもの（条例46①二）
		地階を除く階数5以上 延べ面積6,000㎡以上	令29①二		
	非常コンセント設備	地階を除く階数11以上	令29の2①一	—	地下4階以下の階で、地下4階以下の階の床面積の合計1,000㎡以上（条例46の2①）
	無線通信補助設備	—	—	—	地階の階数4以上かつ地階の床面積の合計3,000㎡以上のものの地階（条例46の3①一）
総合操作盤		第4章11参照	—	—	—

注　表中の(※)については、「「消防設備設置基準一覧表」の見方・扱い方」（76頁）参照

3 キャバレー・カフェー・ナイトクラブ等

関係条文：令別表第1(2)項イ

用途の定義	
共通する内容	風俗営業等の規制及び業務の適正化等に関する法律2条1項1号、11項等の適用を受ける「風俗営業」に該当するもの又はこれと同様の形態を有するものをいう。いずれも、洋式の設備を設けて不特定の客に飲食をさせる施設である。
キャバレー・カフェー	① 主として洋式の設備を設けて客を接待して客に遊興又は飲食をさせる施設をいう（風営法2①一）。 ② キャバレー・カフェーの客席は16.5㎡以上であること（風営規7）。
ナイトクラブ	① 主として洋式の設備を設けて客に遊興をさせ、かつ、客に飲食をさせる施設をいう（風営法2⑪）。 ② 客に酒類を提供して営むものに限り、午前6時後翌日の午前0時前の時間においてのみ営むもの以外のもの（風俗営業に該当するものを除く。）であること（風営法2⑪）。 ③ 客席は33㎡以上であること（風営規75）。 ④ 風俗営業等の規制及び業務の適正化等に関する法律の平成27年法律45号の改正による改正前の同法2条1項3号の営業（ナイトクラブ営業）のうち、改正後の同法2条1項2号の営業（低照度飲食店営業）に該当しないものは、風俗営業から除外されているが、令別表第1の規定の適用は、従前どおり、当該防火対象物の実態に即して判断されたいとされている（平28・3・15消防予69）。
その他これらに類するもの	客に飲食させる施設のうち、客席における女性等の接待を伴い、又は客に遊興をさせる施設を有するもので、客席の構造が洋式のものをいう。 （例：クラブ・バー・ホストクラブ等）

消防設備設置基準一覧表					
消防用設備等の区分		消防法施行令による基準			東京都火災予防条例による付加基準
^^		設置すべき面積・収容人員等（原則となる規制基準）	関係条文	設置基準の緩和	^^
消火設備	消火器・簡易消火用具（消火器具）	全部	令10①一	令10③	部分の用途による（条例37①）（※22）
^^	屋内消火栓設備	延べ面積700㎡以上 基準面積の緩和 ① 耐火構造（※1） 　→延べ面積2,100㎡以上 ② 耐火構造・準耐火構造（※2） 　→延べ面積1,400㎡以上	令11①二 令11②	令11④	地階を除く階数5以上（条例38①二）（※23）
^^	^^	地階・無窓階・4階以上の階 床面積150㎡以上 基準面積の緩和 ① 耐火構造（※1） 　→床面積450㎡以上	令11①六 令11②	^^	^^

		② 耐火構造・準耐火構造(※2) →床面積300㎡以上		
スプリンクラー設備	地階を除く階数11以上		令12①三	令12③	① 2以上の階のうち、地階・無窓階・4階以上の階に達する吹抜け部分を共有するもので、その床面積の合計1,000㎡以上（条例39①二） ② 地下4階以下の階で、地下4階以下の階の床面積の合計1,000㎡以上（条例39①四の二） ③ 地盤面からの高さが31mを超える階（条例39①五）
	床面積の合計（平屋建て以外）6,000㎡以上	令12①四		
	地階・無窓階・4階以上10階以下の階 床面積1,000㎡以上	令12①十一		
特殊消火設備	第4章2〜10参照	令13	－	部分の用途による（条例40①）
屋外消火栓設備	床面積(※3) ① 耐火建築物 9,000㎡以上 ② 準耐火建築物 6,000㎡以上 ③ その他 3,000㎡以上	令19①	令19④	－
	同一敷地内の2以上の建築物（一の建築物とみなされるもの(※4)）の床面積(※3) 上記①〜③	令19②		
動力消防ポンプ設備	延べ面積700㎡以上 基準面積の緩和 ① 耐火構造(※1) →延べ面積2,100㎡以上 ② 耐火構造・準耐火構造(※2) →延べ面積1,400㎡以上	令20①一 令20②	令20⑤	建築物が同一敷地内に2以上ある場合（耐火建築物、準耐火建築物を除く。）で、延べ面積の合計3,000㎡以上（条例40の2①）(※24)
	地階・無窓階・4階以上の階 床面積150㎡以上 基準面積の緩和 ① 耐火構造(※1) →床面積450㎡以上 ② 耐火構造・準耐火構造(※2) →床面積300㎡以上			
	床面積(※3) ① 耐火建築物 9,000㎡以上 ② 準耐火建築物 6,000㎡以上 ③ その他 3,000㎡以上	令20①二 令20②		

第3章　主たる用途別の消防設備設置基準

警報設備		同一敷地内の2以上の建築物（一の建築物とみなされるもの（※4））の床面積（※3）上記①～③			
	自動火災報知設備	延べ面積300㎡以上	令21①三	−	−
		特定1階段等防火対象物（※5）全部	令21①七		
		地階・無窓階 床面積100㎡以上	令21①十		
		地階・無窓階・3階以上の階 床面積300㎡以上	令21①十一		
		11階以上の階	令21①十四		
	ガス漏れ火災警報設備	温泉採取設備が設けられているもの（※6）	令21の2①三	令21の2①かっこ書	−
		地階 床面積の合計1,000㎡以上	令21の2①四		
	漏電火災警報器	延べ面積300㎡以上（※7）	令22①三	−	−
		契約電流容量50Aを超えるもの（※7）	令22①七		
	消防機関へ通報する火災報知設備	延べ面積500㎡以上	令23二	令23①ただし書 令23③	
	非常警報器具	−	−	−	−
	非常警報設備	非常ベル、自動式サイレン又は放送設備	収容人員50人以上	令24②二	令24②ただし書	−
			地階・無窓階 収容人員20人以上			
		非常ベル及び放送設備又は自動式サイレン及び放送設備	地階を除く階数11以上	令24③二	令24⑤	
			地階の階数3以上			
			収容人員300人以上	令24③四		
避難設備	避難器具	2階以上の階（主要構造部を耐火構造とした建築物の2階を除く。）・地階 収容人員50人以上	令25①三	令25①かっこ書 令25②一ただし書	6階以上の階で、収容人員30人以上（条例44①）
		3階（※14）以上の階のうち、当該階（※15）から避難階又は地上に直通する階段が2以上設けられていない階 収容人員10人以上	令25①五		

— 93 —

	誘導灯・誘導標識	全部	令26①	令26①ただし書 令26③	－
消防用水		敷地面積20,000㎡以上 床面積(※3) ① 耐火建築物 15,000㎡以上 ② 準耐火建築物 10,000㎡以上 ③ その他 5,000㎡以上 (※8)	令27①一	－	－
		敷地面積20,000㎡以上 同一敷地内の2以上の建築物(一の建築物とみなされるもの(※9))の床面積(※3) 上記①〜③	令27②		
		高さ31m超 延べ面積(地階に係るものを除く。) 25,000㎡以上	令27①二		
消火活動上必要な施設	排煙設備	地階・無窓階 床面積1,000㎡以上	令28①三	令28③	－
	連結散水設備	地階の床面積の合計700㎡以上	令28の2①	令28の2③ 令28の2④	－
	連結送水管	地階を除く階数7以上	令29①一	－	① 地階・無窓階(1階及び2階を除く。)で床面積1,000㎡以上(条例46①一) ② 屋上を回転翼航空機の発着場、自動車駐車場の用途に供するもの(条例46①二)
		地階を除く階数5以上 延べ面積6,000㎡以上	令29①二		
	非常コンセント設備	地階を除く階数11以上	令29の2①一	－	地下4階以下の階で、地下4階以下の階の床面積の合計1,000㎡以上(条例46の2①)
	無線通信補助設備	－	－	－	地階の階数4以上かつ地階の床面積の合計3,000㎡以上のものの地階(条例46の3①一)
総合操作盤		第4章11参照	－	－	－

注　表中の(※)については、「「消防設備設置基準一覧表」の見方・扱い方」(76頁)参照

4　遊技場・ダンスホール

関係条文：令別表第1(2)項ロ

	用途の定義
共通する内容	① 遊技場で行う競技は、一般的に風俗営業等の規制及び業務の適正化等に関する法律2条1項4号及び5号の適用を受ける次の「風俗営業」に該当するもの若しくは娯楽性の強い競技に該当するものをいう。 　㋐ まあじやん屋、ぱちんこ屋その他設備を設けて客に射幸心をそそるおそれのある遊技をさせる営業（風営法2①四） 　㋑ スロットマシン、テレビゲーム機その他の遊技設備で本来の用途以外の用途として射幸心をそそるおそれのある遊技に用いることができるもの（国家公安委員会規則で定めるものに限る。）を備える店舗その他これに類する区画された施設（旅館業その他の営業の用に供し、又はこれに随伴する施設で政令で定めるものを除く。）において当該遊技設備により客に遊技をさせる営業（㋐に該当する営業を除く。）（風営法2①五） ② 飲食を主とするものは令別表第1(3)項ロとして扱う。 ③ 主としてスポーツ的要素の強いテニス・ラケットボール場、ジャズダンス・エアロビクス教習場等は、令別表第1(15)項として扱う。
遊技場	設備を設けて客に麻雀、パチンコ、ボーリング、囲碁、将棋、ビリヤード、スマートボールその他の遊技又は競技を行わせる施設をいう。 （例：ボーリング場・パチンコ店・スマートボール場・ビリヤード場・射的場等）
ダンスホール	① 設備を設けて客にダンスをさせる施設をいう。 　・ディスコとは、大音響装置を設けてストロボ照明等の中で客にダンスを行わせるディスコホールを有するものをいう。 ② 風俗営業等の規制及び業務の適正化等に関する法律の平成27法律45号の改正による改正前の同法2条1項4号の営業（ダンスホール等営業）は、風俗営業から除外されているが、令別表第1の規定の適用は、従前どおり、当該防火対象物の実態に即して判断されたいとされている（平28・3・15消防予69）。

用途判定の行政実例等

●遊技場の該当性について（平4・5・22消防予108）

[問]　屋内で、床に固定されたゴルフボールを打ち、テレビモニターを見ながらゴルフプレーをする施設（別添参照）は、消防法施行令別表第1(2)項ロに該当するとして取り扱ってよいか。

第3章　主たる用途別の消防設備設置基準

別　添

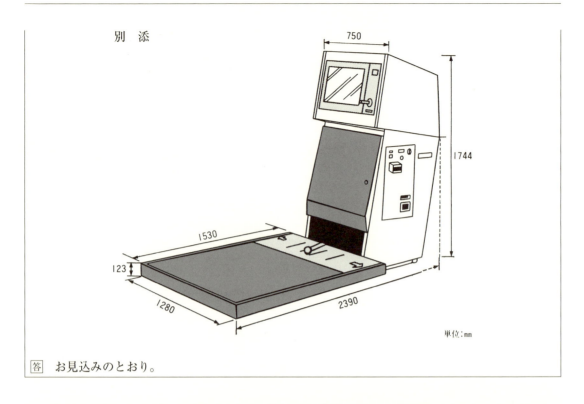

単位：mm

答　お見込みのとおり。

消防設備設置基準一覧表			
消防用設備等の区分		消防法施行令による基準			東京都火災予防条例による付加基準
^^ || 設置すべき面積・収容人員等（原則となる規制基準）	関係条文	設置基準の緩和	^^
消火設備	消火器・簡易消火用具（消火器具）	全部	令10①一	令10③	部分の用途による（条例37①）（※22）
^^	屋内消火栓設備	延べ面積700㎡以上 基準面積の緩和 ① 耐火構造（※1） 　→延べ面積2,100㎡以上 ② 耐火構造・準耐火構造（※2） 　→延べ面積1,400㎡以上	令11①二 令11②	令11④	地階を除く階数5以上（条例38①二）（※23）
^^	^^	地階・無窓階・4階以上の階 床面積150㎡以上 基準面積の緩和 ① 耐火構造（※1） 　→床面積450㎡以上 ② 耐火構造・準耐火構造（※2） 　→床面積300㎡以上	令11①六 令11②		
^^	スプリンクラー	地階を除く階数11以上	令12①三	令12③	① 2以上の階のう

— 96 —

第3章　主たる用途別の消防設備設置基準

設備	床面積の合計（平屋建て以外）6,000㎡以上	令12①四		ち、地階・無窓階・4階以上の階に達する吹抜け部分を共有するもので、その床面積の合計1,000㎡以上（条例39①二）
	地階・無窓階・4階以上10階以下の階 床面積1,000㎡以上	令12①十一		②　地下4階以下の階で、地下4階以下の階の床面積の合計1,000㎡以上（条例39①四の二） ③　地盤面からの高さが31mを超える階（条例39①五）
特殊消火設備	第4章2～10参照	令13	—	部分の用途による（条例40①）
屋外消火栓設備	床面積（※3） ①　耐火建築物　9,000㎡以上 ②　準耐火建築物　6,000㎡以上 ③　その他　3,000㎡以上	令19①	令19④	—
	同一敷地内の2以上の建築物（一の建築物とみなされるもの（※4））の床面積（※3） 上記①～③	令19②		
動力消防ポンプ設備	延べ面積700㎡以上 基準面積の緩和 ①　耐火構造（※1） 　→延べ面積2,100㎡以上 ②　耐火構造・準耐火構造（※2） 　→延べ面積1,400㎡以上	令20①一 令20②	令20⑤	建築物が同一敷地内に2以上ある場合（耐火建築物、準耐火建築物を除く。）で、延べ面積の合計3,000㎡以上（条例40の2①）（※24）
	地階・無窓階・4階以上の階 床面積150㎡以上 基準面積の緩和 ①　耐火構造（※1） 　→床面積450㎡以上 ②　耐火構造・準耐火構造（※2） 　→床面積300㎡以上			
	床面積（※3） ①　耐火建築物　9,000㎡以上 ②　準耐火建築物　6,000㎡以上 ③　その他　3,000㎡以上	令20①二 令20②		
	同一敷地内の2以上の建築物（一の建築物とみなされるもの（※4））の床面積（※3） 上記①～③			

第3章　主たる用途別の消防設備設置基準

警報設備	自動火災報知設備	延べ面積300㎡以上	令21①三	－	－
		特定1階段等防火対象物(※5)全部	令21①七		
		地階・無窓階 床面積100㎡以上	令21①十		
		地階・無窓階・3階以上の階 床面積300㎡以上	令21①十一		
		11階以上の階	令21①十四		
	ガス漏れ火災警報設備	温泉採取設備が設けられているもの(※6)	令21の2①三	令21の2①かっこ書	－
		地階 床面積の合計1,000㎡以上	令21の2①四		
	漏電火災警報器	延べ面積300㎡以上(※7)	令22①三	－	－
		契約電流容量50Aを超えるもの(※7)	令22①七		
	消防機関へ通報する火災報知設備	延べ面積500㎡以上	令23①二	令23①ただし書 令23③	－
	非常警報器具	－	－	－	－
	非常警報設備	非常ベル、自動式サイレン又は放送設備	収容人員50人以上	令24②二	令24②ただし書	－
			地階・無窓階 収容人員20人以上			
		非常ベル及び放送設備又は自動式サイレン及び放送設備	地階を除く階数11以上	令24③二	令24⑤	
			地階の階数3以上			
			収容人員300人以上	令24③四		
避難設備	避難器具	2階以上の階（主要構造部を耐火構造とした建築物の2階を除く。）・地階 収容人員50人以上	令25①三	令25①かっこ書 令25②一ただし書	6階以上の階で、収容人員30人以上（条例44①）
		3階(※14)以上の階のうち、当該階(※15)から避難階又は地上に直通する階段が2以上設けられていない階 収容人員10人以上	令25①五		
	誘導灯・誘導標識	全部	令26①	令26①ただし書 令26③	－

第3章 主たる用途別の消防設備設置基準

消防用水		敷地面積20,000㎡以上 床面積（※3） ① 耐火建築物 15,000㎡以上 ② 準耐火建築物 10,000㎡以上 ③ その他 5,000㎡以上 （※8）	令27①一	−	−
		敷地面積20,000㎡以上 同一敷地内の2以上の建築物（一の建築物とみなされるもの（※9））の床面積（※3） 上記①〜③	令27②		
		高さ31m超 延べ面積（地階に係るものを除く。）25,000㎡以上	令27①二		
消火活動上必要な施設	排煙設備	地階・無窓階 床面積1,000㎡以上	令28①三	令28③	−
	連結散水設備	地階の床面積の合計700㎡以上	令28の2①	令28の2③ 令28の2④	−
	連結送水管	地階を除く階数7以上	令29①一	−	① 地階・無窓階（1階及び2階を除く。）で床面積1,000㎡以上（条例46①一） ② 屋上を回転翼航空機の発着場、自動車駐車場の用途に供するもの（条例46①二）
		地階を除く階数5以上 延べ面積6,000㎡以上	令29①二		
	非常コンセント設備	地階を除く階数11以上	令29の2①一	−	地下4階以下の階で、地下4階以下の階の床面積の合計1,000㎡以上（条例46の2①）
	無線通信補助設備	−	−	−	地階の階数4以上かつ地階の床面積の合計3,000㎡以上のものの地階（条例46の3①一）
総合操作盤		第4章11参照	−	−	−

注　表中の（※）については、「「消防設備設置基準一覧表」の見方・扱い方」（76頁）参照

5　性風俗関連特殊営業を営む店舗等

関係条文：令別表第1(2)項ハ

	用途の定義
共通する内容	①　本項の防火対象物は、風俗営業等の規制及び業務の適正化等に関する法律2条5項に規定する性風俗関連特殊営業を営む店舗（令別表第1(2)項ニ並びに(1)項イ、(4)項、(5)項イ及び(9)項イに掲げる防火対象物の用途に供されているものを除く。）及びその他これに類するものとして総務省令で定めるものをいう。 ②　性風俗関連特殊営業を営む店舗とは、店舗形態を有する性風俗関連特殊営業のことをいい、店舗形態を有しない性風俗関連特殊営業は含まれないものであり、原則的に店舗型性風俗特殊営業がこれに該当するものであること（平15・2・21消防予55）。 ③　その他これに類するものとして総務省令で定めるものとは、電話以外の情報通信に関する機器（映像機器等）を用いて異性を紹介する営業を営む店舗及び異性以外の客に接触する役務を提供する営業を営む店舗をいう（平15・2・21消防予55）。 ④　性風俗関連特殊営業を営む場合は、営業所の所在地を管轄する公安委員会に届出をする必要があるが、当該防火対象物が令別表第1(2)項ハに該当するための要件は、あくまでも営業形態であり、必ずしも当該届出を要件とするものではないこと（平15・2・21消防予55）。
性風俗関連特殊営業を営む店舗等	①　店舗形態を有する性風俗関連特殊営業のうち、ストリップ劇場（令別表第1(1)項イ）、テレフォンクラブ及び個室ビデオ（令別表第1(2)項ニ）、アダルトショップ（令別表第1(4)項）、ラブホテル及びモーテル（令別表第1(5)項イ）、ソープランド（令別表第1(9)項イ）等、令別表第1に掲げる各用途のうち前掲かっこ書内に掲げるものに分類されているものについては、本項として取り扱わないこと（平15・2・21消防予55）。 ②　店舗型性風俗特殊営業とは、次のいずれかに該当するものをいう（風営法2⑥）。 　㋐　浴場業（公衆浴場法1条1項に規定する公衆浴場を業として経営することをいう。）の施設として個室を設け、当該個室において異性の客に接触する役務を提供する営業（風営法2⑥一） 　㋑　個室を設け、当該個室において異性の客の性的好奇心に応じてその客に接触する役務を提供する営業（㋐に該当する営業を除く。）（風営法2⑥二） 　　（例：ファッションヘルス、性感マッサージ、イメージクラブ、ＳＭクラブ） 　㋒　専ら、性的好奇心をそそるため衣服を脱いだ人の姿態を見せる興行その他の善良の風俗又は少年の健全な育成に与える影響が著しい興行の用に供する興行場（興行場法1条1項に規定するものをいう。）として政令で定めるものを経営する営業（風営法2⑥三） 　　興行場として政令で定めるものは、次の⒤から⒤に掲げる興行場で、専らこれらに規定する興行の用に供するものをいう（風営令2）。 　　⒤　ヌードスタジオその他個室を設け、当該個室において、当該個室に在室する客にその性的好奇心をそそるため衣服を脱いだ人の姿態又はその映像を見せる興行の用に供する興行場 　　　注　本項に該当するものは、「容姿を見せる」ものに限定され、「映像を見せる」興行の用に供する興行場は、令別表第1(2)項ニに該当する。 　　⒤　のぞき劇場その他個室を設け、当該個室の隣室又はこれに類する施設にお

第3章　主たる用途別の消防設備設置基準

　　　　いて、当該個室に在室する客に、その性的好奇心をそそるため衣服を脱いだ
　　　　人の姿態又はその映像を見せる興行の用に供する興行場
　　　ⅲ　ストリップ劇場その他客席及び舞台を設け、当該舞台において、客にその
　　　　性的好奇心をそそるため、衣服を脱いだ人の姿態又はその姿態及びその映像
　　　　を見せる興行の用に供する興行場
　　㊃　専ら異性を同伴する客の宿泊（休憩を含む。以下同じ。）の用に供する政令（風営令3）で定める施設（政令（風営令3）で定める構造又は設備を有する個室を設けるものに限る。）を設け、当該施設を当該宿泊に利用させる営業（風営法2⑥四）
　　　（例：レンタルルーム）
　　㊄　店舗を設けて、専ら、性的好奇心をそそる写真、ビデオテープその他の物品で政令（風営令4）で定めるものを販売し、又は貸し付ける営業（風営法2⑥五）
　　　（例：アダルトビデオレンタルショップ）
　　㊅　㊀～㊄に掲げるもののほか、店舗を設けて営む性風俗に関する営業で、善良の風俗、清浄な風俗環境又は少年の健全な育成に与える影響が著しい営業として政令（風営令5）で定める次のもの（風営法2⑥六）
　　　・店舗を設けて、専ら、面識のない異性との一時の性的好奇心を満たすための交際（会話を含む。）を希望する者に対し、当該店舗内においてその者が異性の姿態若しくはその画像を見てした面会の申込みを当該異性に取り次ぐこと又は当該店舗内に設けた個室若しくはこれに類する施設において異性と面会する機会を提供することにより異性を紹介する営業（当該異性が当該営業に従事する者である場合におけるものを含み、㊀、㊁に該当するものを除く。）
　　　　（風営令5）
　③　規5条1項1号に規定する店舗で電話以外の情報通信に関連する機器（映像機器等）を用いて異性を紹介する営業を営む店舗とは、いわゆるセリクラ（店舗形態を有するものに限る。）のことをいう（平15・2・21消防予55）。

消防設備設置基準一覧表

消防用設備等の区分		消防法施行令による基準			東京都火災予防条例による付加基準
^^		設置すべき面積・収容人員等（原則となる規制基準）	関係条文	設置基準の緩和	^^
消火設備	消火器・簡易消火用具（消火器具）	全部	令10①一	令10③	部分の用途による（条例37①）（※22）
^^	屋内消火栓設備	延べ面積700㎡以上 基準面積の緩和 ①　耐火構造（※1） 　→延べ面積2,100㎡以上 ②　耐火構造・準耐火構造（※2） 　→延べ面積1,400㎡以上	令11①二 令11②	令11④	地階を除く階数5以上（条例38①二）（※23）
^^	^^	地階・無窓階・4階以上の階 床面積150㎡以上 基準面積の緩和 ①　耐火構造（※1） 　→床面積450㎡以上	令11①六 令11②	^^	^^

	② 耐火構造・準耐火構造(※2) →床面積300㎡以上			
スプリンクラー設備	地階を除く階数11以上	令12①三	令12③	① 2以上の階のうち、地階・無窓階・4階以上の階に達する吹抜け部分を共有するもので、その床面積の合計1,000㎡以上（条例39①二） ② 地下4階以下の階で、地下4階以下の階の床面積の合計1,000㎡以上（条例39①四の二） ③ 地盤面からの高さが31mを超える階（条例39①五）
	床面積の合計（平屋建て以外）6,000㎡以上	令12①四		
	地階・無窓階・4階以上10階以下の階 床面積1,000㎡以上	令12①十一		
特殊消火設備	第4章2〜10参照	令13	−	部分の用途による（条例40①）
屋外消火栓設備	床面積(※3) ① 耐火建築物 9,000㎡以上 ② 準耐火建築物 6,000㎡以上 ③ その他 3,000㎡以上	令19①	令19④	−
	同一敷地内の2以上の建築物(一の建築物とみなされるもの(※4))の床面積(※3) 上記①〜③	令19②		
動力消防ポンプ設備	延べ面積700㎡以上 基準面積の緩和 ① 耐火構造(※1) 　→延べ面積2,100㎡以上 ② 耐火構造・準耐火構造(※2) 　→延べ面積1,400㎡以上	令20①一 令20②	令20⑤	建築物が同一敷地内に2以上ある場合（耐火建築物、準耐火建築物を除く。）で、延べ面積の合計3,000㎡以上（条例40の2①）（※24）
	地階・無窓階・4階以上の階 床面積150㎡以上 基準面積の緩和 ① 耐火構造(※1) 　→床面積450㎡以上 ② 耐火構造・準耐火構造(※2) 　→床面積300㎡以上			
	床面積(※3) ① 耐火建築物 9,000㎡以上 ② 準耐火建築物 6,000㎡以上 ③ その他 3,000㎡以上	令20①二 令20②		

第3章　主たる用途別の消防設備設置基準

警報設備	自動火災報知設備	同一敷地内の2以上の建築物(一の建築物とみなされるもの(※4))の床面積(※3) 上記①〜③			
		延べ面積300㎡以上	令21①三	−	−
		特定1階段等防火対象物(※5)全部	令21①七		
		地階・無窓階 床面積100㎡以上	令21①十		
		地階・無窓階・3階以上の階 床面積300㎡以上	令21①十一		
		11階以上の階	令21①十四		
	ガス漏れ火災警報設備	温泉採取設備が設けられているもの(※6)	令21の2①三	令21の2①かっこ書	−
		地階 床面積の合計1,000㎡以上	令21の2①四		
	漏電火災警報器	延べ面積300㎡以上(※7)	令22①三	−	−
		契約電流容量50Aを超えるもの(※7)	令22①七		
	消防機関へ通報する火災報知設備	延べ面積500㎡以上	令23①二	令23①ただし書 令23③	−
	非常警報器具	−	−	−	−
	非常警報設備	非常ベル、自動式サイレン又は放送設備	収容人員50人以上	令24②二	令24②ただし書	−
			地階・無窓階 収容人員20人以上			
		非常ベル及び放送設備又は自動式サイレン及び放送設備	地階を除く階数11以上	令24③二	令24⑤	
			地階の階数3以上			
			収容人員300人以上	令24③四		
避難設備	避難器具	2階以上の階(主要構造部を耐火構造とした建築物の2階を除く。)・地階 収容人員50人以上	令25①三	令25①かっこ書 令25②一ただし書	6階以上の階で、収容人員30人以上(条例44①)
		3階(※14)以上の階のうち、当該階(※15)から避難階又は地上に直通する階段が2以上設けられていない階 収容人員10人以上	令25①五		

— 103 —

第3章　主たる用途別の消防設備設置基準

	誘導灯・誘導標識	全部	令26①	令26①ただし書 令26③	－
消防用水		敷地面積20,000㎡以上 床面積(※3) ①　耐火建築物 15,000㎡以上 ②　準耐火建築物 10,000㎡以上 ③　その他 5,000㎡以上 (※8)	令27①一	－	－
		敷地面積20,000㎡以上 同一敷地内の2以上の建築物(一の建築物とみなされるもの(※9))の床面積(※3) 上記①～③	令27②		
		高さ31m超 延べ面積(地階に係るものを除く。) 25,000㎡以上	令27①二		
消火活動上必要な施設	排煙設備	地階・無窓階 床面積1,000㎡以上	令28①三	令28③	－
	連結散水設備	地階の床面積の合計700㎡以上	令28の2①	令28の2③ 令28の2④	－
	連結送水管	地階を除く階数7以上	令29①一	－	①　地階・無窓階(1階及び2階を除く。)で床面積1,000㎡以上（条例46①一） ②　屋上を回転翼航空機の発着場、自動車駐車場の用途に供するもの（条例46①二）
		地階を除く階数5以上 延べ面積6,000㎡以上	令29①二		
	非常コンセント設備	地階を除く階数11以上	令29の2①一	－	地下4階以下の階で、地下4階以下の階の床面積の合計1,000㎡以上（条例46の2①）
	無線通信補助設備	－	－	－	地階の階数4以上かつ地階の床面積の合計3,000㎡以上のものの地階（条例46の3①一）
	総合操作盤	第4章11参照	－	－	－

注　表中の(※)については、「「消防設備設置基準一覧表」の見方・扱い方」(76頁) 参照

第3章　主たる用途別の消防設備設置基準

6　カラオケボックス等

関係条文：令別表第1(2)項ニ

	用途の定義
共通する内容	①　一の防火対象物にカラオケ等を行うための複数の個室を有するものをいい、一の防火対象物に当該個室が一しかないものは含まれない（平20・8・28消防予200）。 ②　本項に規定する個室は、壁等により完全に区画された部分だけでなく、間仕切り等による個室に準じた閉鎖的スペース等を含むものであること（平20・8・28消防予200）。
カラオケボックス等	①　カラオケボックスとは、カラオケのための設備を客に利用させる役務を提供する業務を営む店舗をいう。 ②　その他遊興のための設備又は物品を個室（これに類する施設を含む。）において客に利用させる役務を提供する業務を営む店舗で総務省令で定めるものとは、次に掲げるものをいう。 　㋐　個室（これに類する施設を含む。）において、インターネットを利用させ、又は漫画を閲覧させる役務を提供する業務を営む店舗（規5②一） 　㋑　風俗営業等の規制及び業務の適正化等に関する法律2条9項に規定する店舗型電話異性紹介営業を営む店舗（規5②二） 　　店舗型電話異性紹介営業とは、店舗を設けて、専ら、面識のない異性との一時の性的好奇心を満たすための交際（会話を含む。）を希望するものに対し、会話（伝言のやり取りを含むものとし、音声によるものに限る。以下同じ。）の機会を提供することにより異性を紹介する営業で、その一方の者から電話による会話の申込みを電気通信設備を用いて当該店舗内に立ち入らせた他の一方の者に取り次ぐことによって営むもの（その一方の者が当該営業に従事する者である場合におけるものを含む。）をいう（風営法2⑨）。 　㋒　風俗営業等の規制及び業務の適正化等に関する法律施行令2条1号に規定する興行場（客の性的好奇心をそそるために衣服を脱いだ人の映像を見せる興行の用に供するものに限る。）（規5②三） （例：個室ビデオ・インターネットカフェ・漫画喫茶・テレフォンクラブ等）

消防設備設置基準一覧表

消防用設備等の区分		消防法施行令による基準			東京都火災予防条例による付加基準
		設置すべき面積・収容人員等（原則となる規制基準）	関係条文	設置基準の緩和	
消火設備	消火器・簡易消火用具（消火器具）	全部	令10①一	令10③	部分の用途による（条例37①）（※22）
	屋内消火栓設備	延べ面積700㎡以上 基準面積の緩和 ①　耐火構造（※1） 　→延べ面積2,100㎡以上 ②　耐火構造・準耐火構造（※2）	令11①二 令11②	令11④	地階を除く階数5以上（条例38①二）（※23）

	→延べ面積1,400㎡以上			
	地階・無窓階・4階以上の階 床面積150㎡以上 基準面積の緩和 ①　耐火構造(※1) 　→床面積450㎡以上 ②　耐火構造・準耐火構造(※2) 　→床面積300㎡以上	令11①六 令11②		
スプリンクラー設備	地階を除く階数11以上	令12①三	令12③	①　2以上の階のうち、地階・無窓階・4階以上の階に達する吹抜け部分を共有するもので、その床面積の合計1,000㎡以上（条例39①二） ②　地下4階以下の階で、地下4階以下の階の床面積の合計1,000㎡以上（条例39①四の二） ③　地盤面からの高さが31mを超える階（条例39①五）
	床面積の合計（平屋建て以外） 6,000㎡以上	令12①四		
	地階・無窓階・4階以上10階以下の階 床面積1,000㎡以上	令12①十一		
特殊消火設備	第4章2〜10参照	令13	－	部分の用途による（条例40①）
屋外消火栓設備	床面積(※3) ①　耐火建築物　9,000㎡以上 ②　準耐火建築物　6,000㎡以上 ③　その他　3,000㎡以上	令19①	令19④	－
	同一敷地内の2以上の建築物（一の建築物とみなされるもの(※4)）の床面積(※3) 上記①〜③	令19②		
動力消防ポンプ設備	延べ面積700㎡以上 基準面積の緩和 ①　耐火構造(※1) 　→延べ面積2,100㎡以上 ②　耐火構造・準耐火構造(※2) 　→延べ面積1,400㎡以上	令20①一 令20②	令20⑤	建築物が同一敷地内に2以上ある場合（耐火建築物、準耐火建築物を除く。）で、延べ面積の合計3,000㎡以上（条例40の2①）(※24)
	地階・無窓階・4階以上の階 床面積150㎡以上 基準面積の緩和 ①　耐火構造(※1) 　→床面積450㎡以上			

第3章　主たる用途別の消防設備設置基準

		②　耐火構造・準耐火構造(※2) 　→床面積300㎡以上			
		床面積(※3) ①　耐火建築物　9,000㎡以上 ②　準耐火建築物　6,000㎡以上 ③　その他　3,000㎡以上	令20①二 令20②		
		同一敷地内の2以上の建築物(一の建築物とみなされるもの(※4))の床面積(※3) 上記①～③			
警報設備	自動火災報知設備	全部	令21①一	－	－
	ガス漏れ火災警報設備	温泉採取設備が設けられているもの(※6)	令21の2①三	令21の2①かっこ書	－
		地階 床面積の合計1,000㎡以上	令21の2①四		
	漏電火災警報器	延べ面積300㎡以上(※7)	令22①三	－	－
		契約電流容量50Aを超えるもの(※7)	令22①七		
	消防機関へ通報する火災報知設備	延べ面積500㎡以上	令23①二	令23①ただし書 令23③	－
	非常警報器具	－	－	－	－
	非常警報設備	非常ベル、自動式サイレン又は放送設備	収容人員50人以上	令24②二	令24②ただし書	
			地階・無窓階 収容人員20人以上			
		非常ベル及び放送設備又は自動式サイレン及び放送設備	地階を除く階数11以上	令24③二	令24⑤	
			地階の階数3以上			
			収容人員300人以上	令24③四		
避難設備	避難器具	2階以上の階（主要構造部を耐火構造とした建築物の2階を除く。）・地階 収容人員50人以上	令25①三	令25①かっこ書 令25②一ただし書	6階以上の階で、収容人員30人以上（条例44①）
		3階(※14)以上の階のうち、当該階(※15)から避難階又は地上に直通する階段が2以上設けられていない階 収容人員10人以上	令25①五		
	誘導灯・誘導標識	全部	令26①	令26①ただし書 令26③	－

消防用水		敷地面積20,000㎡以上 床面積（※3） ①　耐火建築物　15,000㎡以上 ②　準耐火建築物　10,000㎡以上 ③　その他　5,000㎡以上 （※8）	令27①一	−	−
		敷地面積20,000㎡以上 同一敷地内の2以上の建築物（一の建築物とみなされるもの（※9））の床面積（※3） 上記①〜③	令27②		
		高さ31m超 延べ面積（地階に係るものを除く。）25,000㎡以上	令27①二		
消火活動上必要な施設	排煙設備	地階・無窓階 床面積1,000㎡以上	令28①三	令28③	−
	連結散水設備	地階の床面積の合計700㎡以上	令28の2①	令28の2③ 令28の2④	−
	連結送水管	地階を除く階数7以上	令29①一	−	①　地階・無窓階（1階及び2階を除く。）で床面積1,000㎡以上（条例46①一） ②　屋上を回転翼航空機の発着場、自動車駐車場の用途に供するもの（条例46①二）
		地階を除く階数5以上 延べ面積6,000㎡以上	令29①二		
	非常コンセント設備	地階を除く階数11以上	令29の2①一	−	地下4階以下の階で、地下4階以下の階の床面積の合計1,000㎡以上（条例46の2①）
	無線通信補助設備	−	−	−	地階の階数4以上かつ地階の床面積の合計3,000㎡以上のものの地階（条例46の3①一）
総合操作盤		第4章11参照	−	−	−

注　表中の（※）については、「「消防設備設置基準一覧表」の見方・扱い方」（76頁）参照

7　待合・料理店等

関係条文：令別表第1(3)項イ

用途の定義	
共通する内容	一般的に風俗営業等の規制及び業務の適正化等に関する法律2条1項の適用を受け「風俗営業」に該当するもの又はこれと同様の形態を有するものをいう。
待　　合	主として和式の客席を設けて、原則として飲食物を提供せず、芸妓、遊芸かせぎ人等を招致し、又はあっせんして客に遊興させる施設をいう。
料理店	主として和式の客席を設けて、客を接待して飲食物を提供する施設をいう。
その他これらに類するもの	実態において、待合や料理店と同様な営業形態を有するものをいう。

消防設備設置基準一覧表

消防用設備等の区分		消防法施行令による基準			東京都火災予防条例による付加基準
^		設置すべき面積・収容人員等（原則となる規制基準）	関係条文	設置基準の緩和	^
消火設備	消火器・簡易消火用具（消火器具）	全部（※火を使用する設備又は器具（防火上有効な措置を講じたものを除く。）を設けたもの）	令10①一	令10③	部分の用途による（条例36②・37①）（※21・※22）
^	^	延べ面積150㎡以上（上記※に該当するものを除く。）	令10①二	^	^
^	^	地階・無窓階・3階以上の階床面積50㎡以上	令10①五	^	^
^	屋内消火栓設備	延べ面積700㎡以上 基準面積の緩和 ①　耐火構造（※1） 　→延べ面積2,100㎡以上 ②　耐火構造・準耐火構造（※2） 　→延べ面積1,400㎡以上	令11①二 令11②	令11④	地階を除く階数5以上（条例38①二）（※23）
^	^	地階・無窓階・4階以上の階床面積150㎡以上 基準面積の緩和 ①　耐火構造（※1） 　→床面積450㎡以上 ②　耐火構造・準耐火構造（※2） 　→床面積300㎡以上	令11①六 令11②	^	^
^	スプリンクラー設備	地階を除く階数11以上（※12）	令12①三	令12③	①　地下4階以下の階で、地下4階以下の階の床面積の合計1,000㎡以上
^	^	床面積の合計（平屋建て以外）6,000㎡以上（※12）	令12①四	^	^
^	^	地階・無窓階	令12①十	^	^

第3章　主たる用途別の消防設備設置基準

		床面積1,000㎡以上	一		（条例39①四の二）
		4階以上10階以下の階 床面積1,500㎡以上（※12）			②　地盤面からの高さが31mを超える階（条例39①五）
	特殊消火設備	第4章2〜10参照	令13	−	部分の用途による （条例40①）
	屋外消火栓設備	床面積（※3） ①　耐火建築物　9,000㎡以上 ②　準耐火建築物　6,000㎡以上 ③　その他　3,000㎡以上	令19①	令19④	−
		同一敷地内の2以上の建築物（一の建築物とみなされるもの（※4））の床面積（※3） 上記①〜③	令19②		
	動力消防ポンプ設備	延べ面積700㎡以上 基準面積の緩和 ①　耐火構造（※1） 　→延べ面積2,100㎡以上 ②　耐火構造・準耐火構造（※2） 　→延べ面積1,400㎡以上	令20①一 令20②	令20⑤	建築物が同一敷地内に2以上ある場合（耐火建築物、準耐火建築物を除く。）で、延べ面積の合計3,000㎡以上（条例40の2①）（※24）
		地階・無窓階・4階以上の階 床面積150㎡以上 基準面積の緩和 ①　耐火構造（※1） 　→床面積450㎡以上 ②　耐火構造・準耐火構造（※2） 　→床面積300㎡以上			
		床面積（※3） ①　耐火建築物　9,000㎡以上 ②　準耐火建築物　6,000㎡以上 ③　その他　3,000㎡以上	令20①二 令20②		
		同一敷地内の2以上の建築物（一の建築物とみなされるもの（※4））の床面積（※3） 上記①〜③			
警報設備	自動火災報知設備	延べ面積300㎡以上	令21①三	−	−
		特定1階段等防火対象物（※5） 全部	令21①七		
		地階・無窓階 床面積100㎡以上	令21①十		
		地階・無窓階・3階以上の階 床面積300㎡以上	令21①十一		

第3章　主たる用途別の消防設備設置基準

		11階以上の階	令21①十四		
	ガス漏れ火災警報設備	温泉採取設備が設けられているもの(※6)	令21の2①三	令21の2①かっこ書	－
		地階 床面積の合計1,000㎡以上	令21の2①四		
	漏電火災警報器	延べ面積300㎡以上(※7)	令22①三	－	－
		契約電流容量50Aを超えるもの(※7)	令22①七		
	消防機関へ通報する火災報知設備	延べ面積1,000㎡以上	令23①三	令23①ただし書 令23③	－
	非常警報器具	－	－	－	－
	非常警報設備	非常ベル、自動式サイレン又は放送設備	収容人員50人以上	令24②二	令24②ただし書	－
			地階・無窓階 収容人員20人以上			
		非常ベル及び放送設備又は自動式サイレン及び放送設備	地階を除く階数11以上	令24③二	令24⑤	
			地階の階数3以上			
			収容人員300人以上	令24③四		
避難設備	避難器具	2階以上の階（主要構造部を耐火構造とした建築物の2階を除く。）・地階 収容人員50人以上	令25①三	令25①かっこ書 令25②一ただし書	6階以上の階で、収容人員30人以上（条例44①）
		3階(※14)以上の階のうち、当該階(※15)から避難階又は地上に直通する階段が2以上設けられていない階 収容人員10人以上	令25①五		
	誘導灯・誘導標識	全部	令26①	令26①ただし書 令26③	－
消防用水		敷地面積20,000㎡以上 床面積(※3) ①　耐火建築物　15,000㎡以上 ②　準耐火建築物　10,000㎡以上 ③　その他　5,000㎡以上 (※8)	令27①一	－	－

— 111 —

第3章　主たる用途別の消防設備設置基準

		敷地面積20,000㎡以上 同一敷地内の2以上の建築物（一の建築物とみなされるもの（※9））の床面積（※3） 上記①～③	令27②		
		高さ31m超 延べ面積（地階に係るものを除く。）25,000㎡以上	令27①二		
消火活動上必要な施設	排煙設備		－	－	－	地下4階以下の階で、駐車場部分の床面積1,000㎡以上（条例45の2①）（※25）
	連結散水設備	地階の床面積の合計700㎡以上	令28の2①	令28の2③ 令28の2④	
	連結送水管	地階を除く階数7以上	令29①一	－	屋上を回転翼航空機の発着場、自動車駐車場の用途に供するもの（条例46①二）
		地階を除く階数5以上 延べ面積6,000㎡以上	令29①二		
	非常コンセント設備	地階を除く階数11以上	令29の2①一	－	地下4階以下の階で、地下4階以下の階の床面積の合計1,000㎡以上（条例46の2①）
	無線通信補助設備	－	－	－	地階の階数4以上かつ地階の床面積の合計3,000㎡以上のものの地階（条例46の3①一）
総合操作盤		第4章11参照	－	－	－

注　表中の（※）については、「「消防設備設置基準一覧表」の見方・扱い方」（76頁）参照

8　飲食店

関係条文：令別表第1(3)項ロ

用途の定義	
飲食店	①　客席において客に専ら飲食物を提供する施設をいい、客の遊興又は接待を伴わないものをいう。 　　ただし、スタンドバー・酒場等について、その実態がキャバレー・カフェー・ナイトクラブその他これに類するものに該当するものであれば、令別表第1(2)項イとなる。 ②　飲食物を提供する方法には、セルフサービスを含むものであること。 ③　本項に該当するライブハウスとは、客席(すべての席を立見とした場合を含む。)を有し、多数の客に生演奏等を聞かせ、かつ、飲食の提供を伴うものをいう。 （例：食堂・そば屋・すし屋・喫茶店・レストラン・音楽喫茶・フルーツパーラー・ビヤホール・スタンドバー・酒場・ライブハウス等）

消防設備設置基準一覧表

消防用設備等の区分		消防法施行令による基準			東京都火災予防条例による付加基準
		設置すべき面積・収容人員等（原則となる規制基準）	関係条文	設置基準の緩和	
消火設備	消火器・簡易消火用具（消火器具）	全部　（※火を使用する設備又は器具（防火上有効な措置を講じたものを除く。）を設けたもの）	令10①一	令10③	部分の用途による（条例36②・37①）（※21・※22）
		延べ面積150㎡以上（上記※に該当するものを除く。）	令10①二		
		地階・無窓階・3階以上の階床面積50㎡以上	令10①五		
	屋内消火栓設備	延べ面積700㎡以上 基準面積の緩和 ①　耐火構造(※1) 　→延べ面積2,100㎡以上 ②　耐火構造・準耐火構造(※2) 　→延べ面積1,400㎡以上	令11①二 令11②	令11④	地階を除く階数5以上（条例38①二）（※23）
		地階・無窓階・4階以上の階床面積150㎡以上 基準面積の緩和 ①　耐火構造(※1) 　→床面積450㎡以上 ②　耐火構造・準耐火構造(※2) 　→床面積300㎡以上	令11①六 令11②		

スプリンクラー設備	地階を除く階数11以上（※12）	令12①三	令12③	① 2以上の階のうち、地階・無窓階・4階以上の階に達する吹抜け部分を共有するもので、その床面積の合計1,500㎡以上（条例39①二） ② 地下4階以下の階で、地下4階以下の階の床面積の合計1,000㎡以上（条例39①四の二） ③ 地盤面からの高さが31mを超える階（条例39①五）
	床面積の合計（平屋建て以外）6,000㎡以上（※12）	令12①四		
	地階・無窓階 床面積1,000㎡以上	令12①十一		
	4階以上10階以下の階 床面積1,500㎡以上（※12）			
特殊消火設備	第4章2～10参照	令13	－	部分の用途による（条例40①）
屋外消火栓設備	床面積（※3） ① 耐火建築物 9,000㎡以上 ② 準耐火建築物 6,000㎡以上 ③ その他 3,000㎡以上	令19①	令19④	－
	同一敷地内の2以上の建築物（一の建築物とみなされるもの（※4））の床面積（※3） 上記①～③	令19②		
動力消防ポンプ設備	延べ面積700㎡以上 基準面積の緩和 ① 耐火構造（※1） 　→延べ面積2,100㎡以上 ② 耐火構造・準耐火構造（※2） 　→延べ面積1,400㎡以上	令20①一 令20②	令20⑤	建築物が同一敷地内に2以上ある場合（耐火建築物、準耐火建築物を除く。）で、延べ面積の合計3,000㎡以上（条例40の2①）（※24）
	地階・無窓階・4階以上の階 床面積150㎡以上 基準面積の緩和 ① 耐火構造（※1） 　→床面積450㎡以上 ② 耐火構造・準耐火構造（※2） 　→床面積300㎡以上			
	床面積（※3） ① 耐火建築物 9,000㎡以上 ② 準耐火建築物 6,000㎡以上 ③ その他 3,000㎡以上	令20①二 令20②		
	同一敷地内の2以上の建築物（一の建築物とみなされるもの（※4））の床面積（※3） 上記①～③			

第3章　主たる用途別の消防設備設置基準

警報設備	自動火災報知設備	延べ面積300㎡以上	令21①三	−	−
		特定1階段等防火対象物（※5）全部	令21①七		
		地階・無窓階 床面積100㎡以上	令21①十		
		地階・無窓階・3階以上の階 床面積300㎡以上	令21①十一		
		11階以上の階	令21①十四		
	ガス漏れ火災警報設備	温泉採取設備が設けられているもの（※6）	令21の2①三	令21の2①かっこ書	−
		地階 床面積の合計1,000㎡以上	令21の2①四		
	漏電火災警報器	延べ面積300㎡以上（※7）	令22①三	−	−
		契約電流容量50Aを超えるもの（※7）	令22①七		
	消防機関へ通報する火災報知設備	延べ面積1,000㎡以上	令23①三	令23①ただし書 令23③	−
	非常警報器具	−	−	−	−
	非常警報設備	非常ベル、自動式サイレン又は放送設備	収容人員50人以上	令24②二	令24②ただし書	−
			地階・無窓階 収容人員20人以上			
		非常ベル及び放送設備又は自動式サイレン及び放送設備	地階を除く階数11以上	令24③二	令24⑤	
			地階の階数3以上			
			収容人員300人以上	令24③四		
避難設備	避難器具	2階以上の階（主要構造部を耐火構造とした建築物の2階を除く。）・地階 収容人員50人以上	令25①三	令25①かっこ書 令25②一ただし書	6階以上の階で、収容人員30人以上（条例44①）
		3階（※14）以上の階のうち、当該階（※15）から避難階又は地上に直通する階段が2以上設けられていない階 収容人員10人以上	令25①五		
	誘導灯・誘導標識	全部	令26①	令26①ただし書 令26③	−

第3章　主たる用途別の消防設備設置基準

消防用水		敷地面積20,000㎡以上 床面積（※3） ①　耐火建築物　15,000㎡以上 ②　準耐火建築物　10,000㎡以上 ③　その他　5,000㎡以上 （※8）	令27①一	－	－
		敷地面積20,000㎡以上 同一敷地内の2以上の建築物（一の建築物とみなされるもの（※9））の床面積（※3） 上記①～③	令27②		
		高さ31m超 延べ面積（地階に係るものを除く。）25,000㎡以上	令27①二		
消火活動上必要な施設	排煙設備		－	－	地下4階以下の階で、駐車場部分の床面積1,000㎡以上（条例45の2①）（※25）
	連結散水設備	地階の床面積の合計700㎡以上	令28の2①	令28の2③ 令28の2④	－
	連結送水管	地階を除く階数7以上	令29①一	－	屋上を回転翼航空機の発着場、自動車駐車場の用途に供するもの（条例46①二）
		地階を除く階数5以上 延べ面積6,000㎡以上	令29①二		
	非常コンセント設備	地階を除く階数11以上	令29の2①一	－	地下4階以下の階で、地下4階以下の階の床面積の合計1,000㎡以上（条例46の2①）
	無線通信補助設備	－	－	－	地階の階数4以上かつ地階の床面積の合計3,000㎡以上のものの地階（条例46の3①一）
総合操作盤		第4章11参照	－	－	－

注　表中の（※）については、「「消防設備設置基準一覧表」の見方・扱い方」（76頁）参照

9 百貨店・マーケット等

関係条文：令別表第1(4)項

用途の定義	
共通する内容	① 大衆を対象としたものであり、かつ、店構えが当該店舗内に大衆が自由に出入りできる形態を有するものであること。 ② 店頭で物品の受渡しを行わないものは、物品販売店舗には含まれないものであること。
百貨店	物品販売業を営む大規模な店舗をいう。 旧百貨店法で「物品販売業であって床面積の合計が1,500㎡（大都市区域にあっては3,000㎡）以上のもの」と定義されていた。昭和48年、「大規模小売店舗における小売業の事業活動の調整に関する法律」が公布され、旧百貨店法が廃止となったが、「百貨店」という名称が一般に定着しているため、そのまま現在まで残されたものである。 なお、現在は、「大規模小売店舗における小売業の事業活動の調整に関する法律」も廃止となり、平成10年に「大規模小売店舗立地法」が公布され、大規模小売店舗とは、1,000㎡以上と定義されている（大規模小売店舗立地法2・3、同法施行令2）。
マーケット	通常多数の種類の物品を販売する施設であって、経営主体を異にする複数の店舗が1つの建築物又は工作物の内部にあって集団的な店舗の態様をなし、かつ、通常共通の出入口及び通路を有するものをいう。 飲食店その他の物品販売業以外の業態が混在する場合であっても、全体としてマーケットとして把握できる場合を含む。 また、単に道路の側に店舗が並んでいるにすぎないものは、その各々が独立の建築物である場合はもちろん、たとえいわゆる長屋式に連結された構造のものであっても、その各々の独立性が強い場合は通常の商店街であって、仮に何々マーケットという呼び名であっても本項のマーケットに該当しない。
展示場	物品を陳列して不特定多数の者に見せ、物品の普及、販売促進等に供する施設をいう。 （例：展示を目的とする産業会館、博覧会場、見本市会場）
その他の物品販売業を営む店舗	店舗の大小を問わず、店舗において客に物品を販売する施設をいう。 （例：魚・肉・米・パン・乾物・衣料・洋服・家具・電気器具店等の小売店舗・店頭において販売行為を行う問屋・卸売専業店舗・営業用給油取扱所・スーパーマーケット等）

用途判定の行政実例等

●令別表第1(4)項の解釈について（昭50・2・12消防安14）

問 「消防法施行令別表第1(4)項の解釈について」
　昭和47年1月21日政令第5号により消防法施行令の一部が改正され、同別表第1(4)項に掲げる防火対象物の範囲が拡大されたが、別添資料のような高架下商店街は一街区を一の防火対象物とみなして(4)項として取扱ってよいかご教示ください。

第3章　主たる用途別の消防設備設置基準

別添資料
高架下商店街の特色
1　商店街の位置
　　国鉄の高架にともない、その下部（別添平面図断面図参照）をブロック積みして、外壁を造り縦通りを一街区としてその街区内を適当に区画して個人商店に賃貸している。（別添資料の外に三区程度ある）（別添断面図、資料略）
2　各店舗の構造
　　店舗毎の区画は、ブロックにて天井うらまで積み上げられているが、通路に面する部分の区画（天井うら）はできていない。
3　一街区の長さ
　　資料の一街区は約96mの長さであるが、他にも一街区40～70mのものが三区ある。（資料略）
4　巾員及び通路巾
　　最大巾員は約17m、最小巾員は約9mであり、その中央部に巾3.0～2.5mの通路がある。
5　営業時間
　（1）　午前10時頃から午後7時頃まで
　（2）　閉店後は居住者はいない。
　（3）　閉店後の商店街は、シャッターをおろし、無人となり、もっぱら一般の通行に供されており、貸主であるステーションセンターの警備員が巡回している。
6　その他
　（1）　前記のとおり無人となるため、この街区内に受信機を設置しても管理ができない。
　（2）　ステーションセンターの警備室まで約500m程度ある。

　　　　　別添

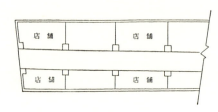

平　面　図

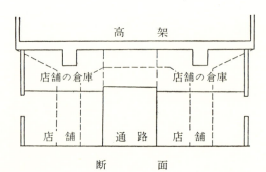

断　面

[答]　設問のように高架下に消防法施行令（以下「令」という。）別表第1(4)項に掲げる防火対象物の用途に供される部分が集団をなし一の街区を形成しているものは、一の街区全体が同表(4)項に掲げる防火対象物に該当する。

第3章　主たる用途別の消防設備設置基準

消防設備設置基準一覧表

消防用設備等の区分		消防法施行令による基準			東京都火災予防条例による付加基準
^^	^^	設置すべき面積・収容人員等（原則となる規制基準）	関係条文	設置基準の緩和	^^
消火設備	消火器・簡易消火用具（消火器具）	延べ面積150㎡以上	令10①二	令10③	部分の用途による（条例36②・37①）（※21・※22）
^^	^^	地階・無窓階・3階以上の階　床面積50㎡以上	令10①五	^^	^^
^^	屋内消火栓設備	延べ面積700㎡以上 基準面積の緩和 ① 耐火構造（※1） 　→延べ面積2,100㎡以上 ② 耐火構造・準耐火構造（※2） 　→延べ面積1,400㎡以上	令11①二 令11②	令11④	地階を除く階数5以上（条例38①二）（※23）
^^	^^	地階・無窓階・4階以上の階 床面積150㎡以上 基準面積の緩和 ① 耐火構造（※1） 　→床面積450㎡以上 ② 耐火構造・準耐火構造（※2） 　→床面積300㎡以上	令11①六 令11②	^^	^^
^^	スプリンクラー設備	地階を除く階数11以上	令12①三	令12③	① 地下4階以下の階で、地下4階以下の階の床面積の合計1,000㎡以上（条例39①四の二） ② 地盤面からの高さが31mを超える階（条例39①五）
^^	^^	床面積の合計（平屋建て以外）3,000㎡以上	令12①四	^^	^^
^^	^^	地階・無窓階・4階以上10階以下の階 床面積1,000㎡以上	令12①十一	^^	^^
^^	特殊消火設備	第4章2〜10参照	令13	－	部分の用途による（条例40①）
^^	屋外消火栓設備	床面積（※3） ① 耐火建築物　9,000㎡以上 ② 準耐火建築物　6,000㎡以上 ③ その他　3,000㎡以上	令19①	令19④	－
^^	^^	同一敷地内の2以上の建築物（一の建築物とみなされるもの（※4））の床面積（※3） 上記①〜③	令19②	^^	^^
^^	動力消防ポンプ設備	延べ面積700㎡以上 基準面積の緩和 ① 耐火構造（※1） 　→延べ面積2,100㎡以上	令20①一 令20②	令20⑤	建築物が同一敷地内に2以上ある場合（耐火建築物、準耐火建築物を除く。）で、延

— 119 —

第3章　主たる用途別の消防設備設置基準

		②　耐火構造・準耐火構造(※2) 　→延べ面積1,400㎡以上			べ面積の合計3,000㎡以上（条例40の2①）（※24）
		地階・無窓階・4階以上の階 床面積150㎡以上 基準面積の緩和 ①　耐火構造(※1) 　→床面積450㎡以上 ②　耐火構造・準耐火構造(※2) 　→床面積300㎡以上			
		床面積(※3) ①　耐火建築物　9,000㎡以上 ②　準耐火建築物　6,000㎡以上 ③　その他　3,000㎡以上	令20①二 令20②		
		同一敷地内の2以上の建築物（一の建築物とみなされるもの(※4)）の床面積(※3) 上記①～③			
警報設備	自動火災報知設備	延べ面積300㎡以上	令21①三	－	－
		特定1階段等防火対象物(※5) 全部	令21①七		
		地階・無窓階・3階以上の階 床面積　300㎡以上	令21①十一		
		11階以上の階	令21①十四		
	ガス漏れ火災警報設備	温泉採取設備が設けられているもの(※6)	令21の2①三	令21の2①かっこ書	－
		地階 床面積の合計1,000㎡以上	令21の2①四		
	漏電火災警報器	延べ面積300㎡以上(※7)	令22①三	－	－
		契約電流容量50Aを超えるもの(※7)	令22①七		
	消防機関へ通報する火災報知設備	延べ面積500㎡以上	令23①二	令23①ただし書 令23③	－
	非常警報器具	収容人員20人以上50人未満	令24①	令24①ただし書	－
	非常警報設備	非常ベル、自動式サイレン又は放送設備	収容人員50人以上	令24②二	令24②ただし書	－
			地階・無窓階 収容人員20人以上			
		非常ベル及び放送設備	地階を除く階数11以上	令24③二	令24⑤	
			地階の階数3以上			

第3章 主たる用途別の消防設備設置基準

	又は自動式サイレン及び放送設備	収容人員300人以上	令24③四		
避難設備	避難器具	2階以上の階（主要構造部を耐火構造とした建築物の2階を除く。）・地階 収容人員50人以上	令25①三	令25①かっこ書 令25②一ただし書	6階以上の階で、収容人員30人以上（条例44①）
		3階以上の階のうち、当該階（※15）から避難階又は地上に直通する階段が2以上設けられていない階 収容人員10人以上	令25①五		
	誘導灯・誘導標識	全部	令26①	令26①ただし書 令26③	ー
消防用水		敷地面積20,000㎡以上 床面積（※3） ① 耐火建築物 15,000㎡以上 ② 準耐火建築物 10,000㎡以上 ③ その他 5,000㎡以上 （※8）	令27①一	ー	ー
		敷地面積20,000㎡以上 同一敷地内の2以上の建築物（一の建築物とみなされるもの（※9））の床面積（※3） 上記①〜③	令27②		
		高さ31m超 延べ面積（地階に係るものを除く。）25,000㎡以上	令27①二		
消火活動上必要な施設	排煙設備	地階・無窓階 床面積1,000㎡以上	令28①三	令28③	ー
	連結散水設備	地階の床面積の合計700㎡以上	令28の2①	令28の2③ 令28の2④	ー
	連結送水管	地階を除く階数7以上	令29①一	ー	① 地階・無窓階（1階及び2階を除く。）で床面積1,000㎡以上（条例46①一） ② 屋上を回転翼航空機の発着場、自動車駐車場の用途に供するもの（条例46①二）
		地階を除く階数5以上 延べ面積6,000㎡以上	令29①二		

第3章　主たる用途別の消防設備設置基準

非常コンセント設備	地階を除く階数11以上	令29の2①一	−	地下4階以下の階で、地下4階以下の階の床面積の合計1,000㎡以上（条例46の2①）
無線通信補助設備	−	−	−	地階の階数4以上かつ地階の床面積の合計3,000㎡以上のものの地階（条例46の3①一）
総合操作盤	第4章11参照	−	−	−

注　表中の(※)については、「「消防設備設置基準一覧表」の見方・扱い方」（76頁）参照

10　旅館・ホテル・宿泊所等

関係条文：令別表第1(5)項イ

	用途の定義
共通する内容	宿泊料を受けて人を宿泊させる施設である。宿泊とは、寝具を使用して施設を利用することをいう。宿泊施設には、会員制の宿泊施設、事業所の福利厚生を目的とした宿泊施設、特定の人を宿泊させる施設であっても「旅館業法」の適用を受けるものが該当する。旅館業には、旅館・ホテル営業、簡易宿所営業及び下宿営業があり（旅館業法2①）、「人を宿泊させる」ことであり、生活の本拠を置くような場合、旅館業には含まれないとされている。 なお、「風俗営業等の規制及び業務の適正化等に関する法律」の適用を受ける施設であっても宿泊が可能な場合は該当する。
旅館・ホテル	「旅館・ホテル営業」とは、施設を設け、宿泊料を受けて、人を宿泊させる営業で、簡易宿所営業及び下宿営業以外のものをいうとされている（旅館業法2②）。 「旅館・ホテル営業」の施設とは、一客室の床面積が7㎡（寝台を置く客室は9㎡）以上である客室、宿泊しようとする者との面接に適する玄関帳場その他当該者の確認を適切に行うための設備を始め宿泊に必要な施設・設備とされている。さらに設備については、旅館業法施行令に定めるほか、都道府県等の条例により定めることとなっている（旅館業法施行令1①八）。 旅館には、駅前旅館、温泉旅館、観光旅館のほか割烹旅館が含まれる。
宿泊所	「簡易宿所営業」とは、宿泊する場所を多数人で共用する構造及び設備を主とする施設を設け、宿泊料を受けて、人を宿泊させる営業で、下宿営業以外のものをいうとされている（旅館業法2③）。 簡易宿所及び主として団体客を宿泊させるもの（規1の3の表「防火対象物の区分」「令別表第1(5)項のイ」欄の「算定方法」欄二ロかっこ書）が宿泊所に該当するとされている。なお、「簡易宿所営業」の施設の客室の延床面積は、33㎡以上（営業の許可の申請に当たって宿泊者の数を10人未満とする場合には、3.3㎡に当該宿泊者の数を乗じて得た面積）であること等とされている（旅館業法施行令1②）。ベッドハウス、山小屋、スキー小屋、ユースホステルのほか、カプセルホテルが該当する。 ただし、農林漁業者が経営する農家民宿に限ってはこれら基準が緩和されている。
その他これらに類するもの	主たる目的は宿泊以外のものであっても、副次的な目的として宿泊サービスを提供している施設をいう（平15・2・21消防予55）。 「その他これらに類するもの」に該当するか否かの判定については、実際に宿泊が可能であるかについて、次の①から④までに掲げる条件等を勘案する必要がある。 ①　不特定多数の者の宿泊が継続して行われていること。 ②　ベッド、長いす、リクライニングチェア、布団等の宿泊に用いることが可能な設備、器具等があること。 ③　深夜営業、24時間営業等により夜間も客が施設にいること。 ④　施設利用に対して料金を徴収していること。 寺院の宿坊等であって不特定多数の者が利用しており、かつ、当該用途部分の独立性が強く、専ら宿泊の用に供されている場合は、本項として取り扱うべき場合もある。

| | 風俗営業等の規制及び業務の適正化等に関する法律2条6項4号に該当する「レンタルルームその他個室を設け、当該個室を専ら異性を同伴する客の休憩の用に供する施設」であっても宿泊に利用させるもののみが該当する（ラブホテル、モーテル等）。|

用途判定の行政実例等

●病院等と宿舎が共存するものの取扱いについて（昭53・9・9消防予179）

問　病院、旅館、ホテル、飲食店等において従業員の宿舎が同一建築物内にある場合、当該宿舎は昭和54年4月15日付消防予41号消防安第41号「令別表第1に掲げる防火対象物の取扱いについて」の別表（イ）又は（ロ）のいずれに含まれるか、又含まれる場合は当該部分の面積及び延べ面積に対する比率等に関係するか否か。

答　前段　病院における医師等の当直室及び旅館又はホテルの従業員の利便を目的とした宿泊室は「令別表第1に掲げる防火対象物の取扱いについて」（昭和50年4月15日付消防予第41号・消防安第41号）（以下「令別表第1通達」という。）別表（6）項イ又は（5）項イに掲げる防火対象物の用途のそれぞれ（イ）に掲げる用途部分に該当する。

　なお、病院の医師等の当直室及び旅館又はホテルの従業員の宿泊施設で勤務に直接関係のない者が宿泊する用途に供される部分は令別表第1通達(6)項イ又は(5)項イに掲げる防火対象物の用途のそれぞれ（イ）欄及び（ロ）欄に掲げるいずれの用途部分にも該当しない。

　また、飲食店の宿舎の用途に供される部分は令別表第1通達(3)項ロに掲げる防火対象物の用途の（イ）欄及び（ロ）欄に掲げるいずれの用途部分にも該当しない。

　後段　前段により承知されたい。

消防設備設置基準一覧表

消防用設備等の区分		消防法施行令による基準			東京都火災予防条例による付加基準
		設置すべき面積・収容人員等（原則となる規制基準）	関係条文	設置基準の緩和	
消火設備	消火器・簡易消火用具（消火器具）	延べ面積150㎡以上	令10①一	令10③	部分の用途による（条例36②・37①）（※21・※22）
		地階・無窓階・3階以上の階 床面積50㎡以上	令10①五		
	屋内消火栓設備	延べ面積700㎡以上 基準面積の緩和 ①　耐火構造（※1） →延べ面積2,100㎡以上 ②　耐火構造・準耐火構造（※2） →延べ面積1,400㎡以上	令11①二 令11②	令11④	地階を除く階数5以上（条例38①二）（※23）
		地階・無窓階・4階以上の階 床面積150㎡以上 基準面積の緩和 ①　耐火構造（※1） →床面積450㎡以上 ②　耐火構造・準耐火構造（※2）	令11①六 令11②		

第3章　主たる用途別の消防設備設置基準

	スプリンクラー設備	→床面積300㎡以上			
		地階を除く階数11以上(※12)	令12①三	令12③	① 地下4階以下の階で、地下4階以下の階の床面積の合計1,000㎡以上 (条例39①四の二) ② 地盤面からの高さが31mを超える階 (条例39①五)
		床面積の合計（平屋建て以外）6,000㎡以上(※12)	令12①四		
		地階・無窓階 床面積1,000㎡以上	令12①十一		
		4階以上10階以下の階 床面積1,500㎡以上(※12)			
	特殊消火設備	第4章2～10参照	令13	−	部分の用途による (条例40①)
	屋外消火栓設備	床面積(※3) ① 耐火建築物　9,000㎡以上 ② 準耐火建築物　6,000㎡以上 ③ その他　3,000㎡以上	令19①	令19④	−
		同一敷地内の2以上の建築物（一の建築物とみなされるもの(※4)）の床面積(※3) 上記①～③	令19②		
	動力消防ポンプ設備	延べ面積700㎡以上 基準面積の緩和 ① 耐火構造(※1) →延べ面積2,100㎡以上 ② 耐火構造・準耐火構造(※2) →延べ面積1,400㎡以上	令20①一 令20②	令20⑤	建築物が同一敷地内に2以上ある場合（耐火建築物、準耐火建築物を除く。）で、延べ面積の合計3,000㎡以上（条例40の2①）(※24)
		地階・無窓階・4階以上の階 床面積150㎡以上 基準面積の緩和 ① 耐火構造(※1) →床面積450㎡以上 ② 耐火構造・準耐火構造(※2) →床面積300㎡以上			
		床面積(※3) ① 耐火建築物　9,000㎡以上 ② 準耐火建築物　6,000㎡以上 ③ その他　3,000㎡以上	令20①二 令20②		
		同一敷地内の2以上の建築物（一の建築物とみなされるもの(※4)）の床面積(※3) 上記①～③			
警報設備	自動火災報知設備	全部	令21①一	−	−
	ガス漏れ火災警報設備	温泉採取設備が設けられているもの(※6)	令21の2①三	令21の2①かっこ	−

第3章　主たる用途別の消防設備設置基準

		地階 床面積の合計1,000㎡以上	令21の2 ①四	書	
	漏電火災警報器	延べ面積150㎡以上(※7)	令22①二	－	－
		契約電流容量50Aを超えるもの(※7)	令22①七		
	消防機関へ通報する火災報知設備	延べ面積500㎡以上	令23①二	令23①ただし書 令23③	－
	非常警報器具	－	－	－	－
	非常警報設備	非常ベル、自動式サイレン又は放送設備	収容人員20人以上	令24②一	令24②ただし書
		非常ベル及び放送設備又は自動式サイレン及び放送設備	地階を除く階数11以上	令24③二	令24⑤
			地階の階数3以上		
			収容人員300人以上	令24③四	
避難設備	避難器具	2階以上の階・地階 収容人員30人以上（下階に令別表第1(1)項～(4)項・(9)項・(12)項イ・(13)項イ・(14)項・(15)項の防火対象物が存するものは10人以上）	令25①二	令25①かっこ書 令25②一ただし書	－
		3階以上の階のうち、当該階(※15)から避難階又は地上に直通する階段が2以上設けられていない階 収容人員10人以上	令25①五		
	誘導灯・誘導標識	全部	令26①	令26①ただし書 令26③	－
消防用水		敷地面積20,000㎡以上 床面積(※3) ①　耐火建築物　15,000㎡以上 ②　準耐火建築物　10,000㎡以上 ③　その他　5,000㎡以上 (※8)	令27①一	－	－
		敷地面積20,000㎡以上 同一敷地内の2以上の建築物（一の建築物とみなされるもの(※9)）の床面積(※3) 上記①～③	令27②		

第3章　主たる用途別の消防設備設置基準

消火活動上必要な施設		高さ31m超 延べ面積（地階に係るものを除く。）25,000㎡以上	令27①二		
	排煙設備	-	-	-	地下4階以下の階で、駐車場部分の床面積1,000㎡以上（条例45の2①）（※25）
	連結散水設備	地階の床面積の合計700㎡以上	令28の2①	令28の2③ 令28の2④	-
	連結送水管	地階を除く階数7以上	令29①一	-	屋上を回転翼航空機の発着場、自動車駐車場の用途に供するもの（条例46①二）
		地階を除く階数5以上 延べ面積6,000㎡以上	令29①二		
	非常コンセント設備	地階を除く階数11以上	令29の2①一	-	地下4階以下の階で、地下4階以下の階の床面積の合計1,000㎡以上（条例46の2①）
	無線通信補助設備	-	-	-	地階の階数4以上かつ地階の床面積の合計3,000㎡以上のものの地階（条例46の3①一）
総合操作盤		第4章11参照	-	-	-

注　表中の(※)については、「「消防設備設置基準一覧表」の見方・扱い方」(76頁) 参照

11　寄宿舎・下宿・共同住宅

関係条文：令別表第1(5)項ロ

用途の定義	
共通する内容	特定の者を対象とする施設で、集団的な居住のための施設である。
寄宿舎	学校・事務所・病院・工場等の事業者が設置する居住施設で、主として学生、職員、従業者等のうち、主に単身者を対象とする複数の寝室を有し、食堂、浴室等の共同施設が設けられたものをいう。なお、シェアハウスは建築基準法において寄宿舎に該当するとされている（平25・9・6国住指4877）。 また、労働基準法において事業の附属寄宿舎とは常態として相当人数の労働者が宿泊し、共同生活の実態を備えるものをいい、社宅、アパート式寄宿舎、住込み先は含まれないとされている（昭23・3・30基発508）。
下　宿	「下宿営業」とは、施設を設け、1月以上の期間を単位とする宿泊料を受けて、人を宿泊させる営業（旅館業法2④）をする施設をいう。 旅館業法施行令1条3項による下宿営業の施設の構造設備の基準は、次のとおりである。 ①　適当な換気、採光、照明、防湿及び排水の設備を有すること。 ②　当該施設に近接して公衆浴場がある等入浴に支障をきたさないと認められる場合を除き、宿泊者の需要を満たすことができる規模の入浴設備を有すること。 ③　宿泊者の需要を満たすことができる適当な規模の洗面設備を有すること。 ④　適当な数の便所を有すること。 ⑤　その他都道府県が条例で定める構造設備の基準に適合すること。
共同住宅	共同住宅とは、2以上の住戸又は住室を有する建築物で、かつ、建築物の出入口から住戸又は住室の玄関に至る階段、廊下等の共用部分を有するものとする。

消防設備設置基準一覧表					
消防用設備等の区分		消防法施行令による基準			東京都火災予防条例による付加基準
^^		設置すべき面積・収容人員等（原則となる規制基準）	関係条文	設置基準の緩和	^^
消火設備	消火器・簡易消火用具（消火器具）	延べ面積150㎡以上	令10①二	令10③	部分の用途による（条例36②・37①）（※21・※22）
^^	^^	地階・無窓階・3階以上の階床面積50㎡以上	令10①五		^^
^^	屋内消火栓設備	延べ面積700㎡以上 基準面積の緩和 ①　耐火構造（※1） 　→延べ面積2,100㎡以上 ②　耐火構造・準耐火構造（※2） 　→延べ面積1,400㎡以上	令11①二 令11②	令11④	地階を除く階数5以上（条例38①二）（※23）
^^	^^	地階・無窓階・4階以上の階床面積150㎡以上 基準面積の緩和	令11①六 令11②		

— 128 —

第3章　主たる用途別の消防設備設置基準

	① 耐火構造（※1） 　→床面積450㎡以上 ② 耐火構造・準耐火構造（※2） 　→床面積300㎡以上			
スプリンクラー設備	11階以上の階	令12①十二	令12③	① 地階・無窓階で床面積2,000㎡以上（条例39①三） ② 地下4階以下の階で、地下4階以下の階の床面積の合計2,000㎡以上（条例39①四の三） ③ 地盤面からの高さが31mを超える階（条例39①五）
特殊消火設備	第4章2～10参照	令13	－	部分の用途による（条例40①）
屋外消火栓設備	床面積（※3） ① 耐火建築物　9,000㎡以上 ② 準耐火建築物　6,000㎡以上 ③ その他　3,000㎡以上	令19①	令19④	－
	同一敷地内の2以上の建築物（一の建築物とみなされるもの（※4））の床面積（※3） 上記①～③	令19②		
動力消防ポンプ設備	延べ面積700㎡以上 基準面積の緩和 ① 耐火構造（※1） 　→延べ面積2,100㎡以上 ② 耐火構造・準耐火構造（※2） 　→延べ面積1,400㎡以上	令20①一 令20②	令20⑤	建築物が同一敷地内に2以上ある場合（耐火建築物、準耐火建築物を除く。）で、延べ面積の合計3,000㎡以上（条例40の2①）（※24）
	地階・無窓階・4階以上の階 床面積150㎡以上 基準面積の緩和 ① 耐火構造（※1） 　→床面積450㎡以上 ② 耐火構造・準耐火構造（※2） 　→床面積300㎡以上			
	床面積（※3） ① 耐火建築物　9,000㎡以上 ② 準耐火建築物　6,000㎡以上 ③ その他　3,000㎡以上	令20①二 令20②		
	同一敷地内の2以上の建築物（一の建築物とみなされるもの（※4））の床面積（※3） 上記①～③			

第3章　主たる用途別の消防設備設置基準

警報設備	自動火災報知設備	延べ面積500㎡以上	令21①四	令21③	延べ面積200㎡以上（主要構造部が耐火構造、準耐火構造に該当するものを除く。）（条例41①一）
		地階・無窓階・3階以上の階 床面積300㎡以上	令21①十一		
		11階以上の階	令21①十四		
	ガス漏れ火災警報設備	温泉採取設備が設けられているもの（※6）	令21の2①三	令21の2①かっこ書	－
	漏電火災警報器	延べ面積150㎡以上（※7）	令22①二		
		契約電流容量50Aを超えるもの（※7）	令22①七		
	消防機関へ通報する火災報知設備	延べ面積1,000㎡以上	令23①三	令23①ただし書 令23③	－
	非常警報器具		－	－	－
非常警報設備	非常ベル、自動式サイレン又は放送設備	収容人員50人以上	令24②二	－	－
		地階・無窓階 収容人員20人以上			
	非常ベル及び放送設備又は自動式サイレン及び放送設備	地階を除く階数11以上	令24③二	令24⑤	
		地階の階数3以上			
		収容人員800人以上	令24③四		
避難設備	避難器具	2階以上の階・地階 収容人員30人以上（下階に令別表第1(1)項～(4)項・(9)項・(12)項イ・(13)項イ・(14)項・(15)項の防火対象物が存するものは10人以上）	令25①二	令25①かっこ書 令25②一ただし書	－
		3階以上の階のうち、当該階（※15）から避難階又は地上に直通する階段が2以上設けられていない階 収容人員10人以上	令25①五		
	誘導灯	地階・無窓階・11階以上の部分	令26①一 令26①二	令26①ただし書	－
	誘導標識	全部	令26①四	令26①ただし書 令26③	－
消防用水		敷地面積20,000㎡以上 床面積（※3） ①　耐火建築物　15,000㎡以上	令27①一	－	－

— 130 —

第3章　主たる用途別の消防設備設置基準

		② 準耐火建築物 10,000㎡以上 ③ その他 5,000㎡以上 (※8)			
		敷地面積20,000㎡以上 同一敷地内の2以上の建築物（一の建築物とみなされるもの（※9））の床面積(※3) 上記①〜③	令27②		
		高さ31m超 延べ面積（地階に係るものを除く。）25,000㎡以上	令27①二		
消火活動上必要な施設	排煙設備		−	−	−	地下4階以下の階で、駐車場部分の床面積1,000㎡以上（条例45の2①）（※25）
	連結散水設備	地階の床面積の合計700㎡以上	令28の2①	令28の2③ 令28の2④	−
	連結送水管	地階を除く階数7以上	令29①一	−	屋上を回転翼航空機の発着場、自動車駐車場の用途に供するもの（条例46①二）
		地階を除く階数5以上 延べ面積6,000㎡以上	令29①二		
	非常コンセント設備	地階を除く階数11以上	令29の2①一	−	地下4階以下の階で、地下4階以下の階の床面積の合計1,000㎡以上（条例46の2①）
	無線通信補助設備		−	−	−	地階の階数4以上かつ地階の床面積の合計3,000㎡以上のものの地階（条例46の3①一）
総合操作盤		第4章11参照	−	−	−

注　表中の(※)については、「「消防設備設置基準一覧表」の見方・扱い方」（76頁）参照

12　特定共同住宅等

関係条文：平17・3・25総務令40

	用途の定義
特定共同住宅等	①　令別表第1(5)項ロに掲げる防火対象物であって、火災の発生又は延焼のおそれが少ないものとして、その位置、構造及び設備について消防庁長官が定める基準（平17・3・25消告2）に適合するものをいう。 ②　令別表第1(16)項イに掲げる防火対象物（同表(5)項イ及びロ並びに(6)項ロ及びハに掲げる防火対象物（同表(6)項ロ及びハに掲げる防火対象物にあっては、有料老人ホーム、福祉ホーム、「老人福祉法」5条の2第6項に規定する認知症対応型老人共同生活援助事業を行う施設又は「障害者の日常生活及び社会生活を総合的に支援するための法律」5条17項に規定する共同生活援助を行う施設に限る。）の用途以外の用途に供される部分が存せず、かつ、同表(5)項イ並びに(6)項ロ及びハに掲げる防火対象物の用途に供する各独立部分（構造上区分された数個の部分の各部分で独立して当該用途に供されることができるものをいう。）の床面積がいずれも100㎡以下であって、同表(5)項ロに掲げる防火対象物の用途に供される部分の床面積の合計が、当該防火対象物の延べ面積の2分の1以上のものに限る。）であって、火災の発生又は延焼のおそれが少ないものとして、その位置、構造及び設備について消防庁長官が定める基準（平17・3・25消告2）に適合するものをいう。
二方向避難型特定共同住宅等	特定共同住宅等における火災時に、すべての住戸、共用室及び管理人室から、少なくとも一以上の避難経路を利用して安全に避難できるようにするため、避難階又は地上に通ずる二以上の異なった避難経路を確保している特定共同住宅等として消防庁長官が定める構造（平17・3・25消告3）を有するものをいう。
開放型特定共同住宅等	すべての住戸、共用室及び管理人室について、その主たる出入口が開放型廊下又は開放型階段に面していることにより、特定共同住宅等における火災時に生ずる煙を有効に排出することができる特定共同住宅等として消防庁長官が定める構造（平17・3・25消告3）を有するものをいう。
二方向避難・開放型特定共同住宅等	特定共同住宅等における火災時に、すべての住戸、共用室及び管理人室から、少なくとも一以上の避難経路を利用して安全に避難できるようにするため、避難階又は地上に通ずる二以上の異なった避難経路を確保し、かつ、その主たる出入口が開放型廊下又は開放型階段に面していることにより、特定共同住宅等における火災時に生ずる煙を有効に排出することができる特定共同住宅等として消防庁長官が定める構造（平17・3・25消告3）を有するものをいう。
その他の特定共同住宅等	二方向避難型特定共同住宅等、開放型特定共同住宅等、二方向避難・開放型特定共同住宅等以外の特定共同住宅等をいう。

用途判定の行政実例等
●特定共同住宅等における必要とされる防火安全性能を有する消防の用に供する設備等に関する運用（平18・11・30消防予500） 囲　令別表第1(5)項ロの用途が存する(16)項に掲げる防火対象物について、令第8条に規定する区

第3章　主たる用途別の消防設備設置基準

　画により(5)項ロに供する部分を区画した場合は、40号省令を適用できると解してよいか。
答　お見込みのとおり。

消防設備設置基準一覧表（住戸利用施設(注1)を除く）

特定共同住宅等の種類			通常用いられる消防用設備等	必要とされる防火安全性能を有する消防の用に供する設備等
	構造類型	階数		
初期拡大抑制性能	二方向避難型特定共同住宅等	地階を除く階数が5以下のもの	消火器具 屋内消火栓設備（3項2号イ(ロ)及び(ハ)に掲げる階及び部分に設置するものに限る。） スプリンクラー設備 自動火災報知設備 屋外消火栓設備 動力消防ポンプ設備	住宅用消火器及び消火器具 共同住宅用スプリンクラー設備 共同住宅用自動火災報知設備又は住戸用自動火災報知設備及び共同住宅用非常警報設備
		地階を除く階数が10以下のもの	消火器具 屋内消火栓設備（3項2号イ(ロ)及び(ハ)に掲げる階及び部分に設置するものに限る。） スプリンクラー設備 自動火災報知設備 屋外消火栓設備 動力消防ポンプ設備	住宅用消火器及び消火器具 共同住宅用スプリンクラー設備 共同住宅用自動火災報知設備
		地階を除く階数が11以上のもの	消火器具 屋内消火栓設備（3項2号イに掲げる階及び部分に設置するものに限る。） スプリンクラー設備 自動火災報知設備 屋外消火栓設備 動力消防ポンプ設備	住宅用消火器及び消火器具 共同住宅用スプリンクラー設備 共同住宅用自動火災報知設備
	開放型特定共同住宅等	地階を除く階数が5以下のもの	消火器具 屋内消火栓設備 スプリンクラー設備 自動火災報知設備 屋外消火栓設備 動力消防ポンプ設備	住宅用消火器及び消火器具 共同住宅用スプリンクラー設備（注2） 共同住宅用自動火災報知設備又は住戸用自動火災報知設備及び共同住宅用非常警報設備
		地階を除く階数が6以上のもの	消火器具 屋内消火栓設備 スプリンクラー設備 自動火災報知設備 屋外消火栓設備 動力消防ポンプ設備	住宅用消火器及び消火器具 共同住宅用スプリンクラー設備（注2） 共同住宅用自動火災報知設備
	二方向避	地階を除く	消火器具	住宅用消火器及び消火器具

第3章　主たる用途別の消防設備設置基準

			通常用いられる消防用設備等	必要とされる防火安全性能を有する消防の用に供する設備等
	難・開放型特定共同住宅等	階数が10以下のもの	屋内消火栓設備 スプリンクラー設備 自動火災報知設備 屋外消火栓設備 動力消防ポンプ設備	共同住宅用スプリンクラー設備（注2） 共同住宅用自動火災報知設備又は住戸用自動火災報知設備及び共同住宅用非常警報設備
		地階を除く階数が11以上のもの	消火器具 屋内消火栓設備 スプリンクラー設備 自動火災報知設備 屋外消火栓設備 動力消防ポンプ設備	住宅用消火器及び消火器具 共同住宅用スプリンクラー設備（注2） 共同住宅用自動火災報知設備
	その他の特定共同住宅等	地階を除く階数が10以下のもの	消火器具 屋内消火栓設備（第3項第2号イ(ロ)及び(ハ)に掲げる階及び部分に設置するものに限る。） スプリンクラー設備 自動火災報知設備 屋外消火栓設備 動力消防ポンプ設備	住宅用消火器及び消火器具 共同住宅用スプリンクラー設備 共同住宅用自動火災報知設備
		地階を除く階数が11以上のもの	消火器具 屋内消火栓設備（第3項第2号イに掲げる階及び部分に設置するものに限る。） スプリンクラー設備 自動火災報知設備 屋外消火栓設備 動力消防ポンプ設備	住宅用消火器及び消火器具 共同住宅用スプリンクラー設備 共同住宅用自動火災報知設備

	特定共同住宅等の種類		通常用いられる消防用設備等	必要とされる防火安全性能を有する消防の用に供する設備等
	構造類型	階　数		
避難安全支援性能	二方向避難型特定共同住宅等	地階を除く階数が5以下のもの	自動火災報知設備 非常警報器具又は非常警報設備 避難器具	共同住宅用自動火災報知設備又は住戸用自動火災報知設備及び共同住宅用非常警報設備
		地階を除く階数が6以上のもの	自動火災報知設備 非常警報器具又は非常警報設備 避難器具	共同住宅用自動火災報知設備
	開放型特定共同住宅等	地階を除く階数が5以下のもの	自動火災報知設備 非常警報器具又は非常警報設備 避難器具 誘導灯及び誘導標識	共同住宅用自動火災報知設備又は住戸用自動火災報知設備及び共同住宅用非常警報設備
		地階を除く階数が6以上のもの	自動火災報知設備 非常警報器具又は非常警報設備 避難器具 誘導灯及び誘導標識	共同住宅用自動火災報知設備

第3章　主たる用途別の消防設備設置基準

			通常用いられる消防用設備等	必要とされる防火安全性能を有する消防の用に供する設備等
	二方向避難・開放型特定共同住宅等	地階を除く階数が10以下のもの	自動火災報知設備 非常警報器具又は非常警報設備 避難器具 誘導灯及び誘導標識	共同住宅用自動火災報知設備又は住戸用自動火災報知設備及び共同住宅用非常警報設備
		地階を除く階数が11以上のもの	自動火災報知設備 非常警報器具又は非常警報設備 避難器具 誘導灯及び誘導標識	共同住宅用自動火災報知設備
	その他の特定共同住宅等	全てのもの	自動火災報知設備 非常警報器具又は非常警報設備 避難器具	共同住宅用自動火災報知設備
	特定共同住宅等の種類		通常用いられる消防用設備等	必要とされる防火安全性能を有する消防の用に供する設備等
	構造類型	階数		
消防活動支援性能	全ての型	住戸、共用室及び管理人室（主たる出入口が階段室等に面するもの）	連結送水管 非常コンセント設備	共同住宅用連結送水管 共同住宅用非常コンセント設備

＜参考＞　「通常用いられる消防用設備等」の欄に掲げられていない消防用設備等は、令の技術基準に従って設置する必要がある（平18・11・30消防予500）。

消 防 設 備 設 置 基 準 一 覧 表（住戸利用施設(注1)）			
	特定共同住宅等の種類		通常用いられる消防用設備等	必要とされる防火安全性能を有する消防の用に供する設備等
	構造類型	階数		
初期拡大抑制性能	二方向避難型特定共同住宅等	地階を除く階数が5以下のもの	屋内消火栓設備（3項2号イに掲げる階及び部分に設置するものに限る。以下同じ。） スプリンクラー設備 自動火災報知設備 屋外消火栓設備 動力消防ポンプ設備	共同住宅用スプリンクラー設備（注3） 共同住宅用自動火災報知設備又は住戸用自動火災報知設備及び共同住宅用非常警報設備
		地階を除く階数が10以下のもの	屋内消火栓設備 スプリンクラー設備 自動火災報知設備 屋外消火栓設備 動力消防ポンプ設備	共同住宅用スプリンクラー設備（注3） 共同住宅用自動火災報知設備
		地階を除く階数が11以上のもの	屋内消火栓設備 スプリンクラー設備 自動火災報知設備	共同住宅用スプリンクラー設備 共同住宅用自動火災報知設備

第3章　主たる用途別の消防設備設置基準

			屋外消火栓設備 動力消防ポンプ設備	
	開放型特定共同住宅等	地階を除く階数が5以下のもの	屋内消火栓設備 スプリンクラー設備 自動火災報知設備 屋外消火栓設備 動力消防ポンプ設備	共同住宅用スプリンクラー設備（注2、注3） 共同住宅用自動火災報知設備又は住戸用自動火災報知設備及び共同住宅用非常警報設備
		地階を除く階数が10以下のもの	屋内消火栓設備 スプリンクラー設備 自動火災報知設備 屋外消火栓設備 動力消防ポンプ設備	共同住宅用スプリンクラー設備（注2、注3） 共同住宅用自動火災報知設備
		地階を除く階数が11以上のもの	屋内消火栓設備 スプリンクラー設備 自動火災報知設備 屋外消火栓設備 動力消防ポンプ設備	共同住宅用スプリンクラー設備（注2） 共同住宅用自動火災報知設備
	二方向避難・開放型特定共同住宅等	地階を除く階数が10以下のもの	屋内消火栓設備 スプリンクラー設備 自動火災報知設備 屋外消火栓設備 動力消防ポンプ設備	共同住宅用スプリンクラー設備（注2、注3） 共同住宅用自動火災報知設備又は住戸用自動火災報知設備及び共同住宅用非常警報設備
		地階を除く階数が11以上のもの	屋内消火栓設備 スプリンクラー設備 自動火災報知設備 屋外消火栓設備 動力消防ポンプ設備	共同住宅用スプリンクラー設備（注2） 共同住宅用自動火災報知設備
	その他の特定共同住宅等	地階を除く階数が10以下のもの	屋内消火栓設備 スプリンクラー設備 自動火災報知設備 屋外消火栓設備 動力消防ポンプ設備	共同住宅用スプリンクラー設備（注2、注3） 共同住宅用自動火災報知設備
		地階を除く階数が11以上のもの	屋内消火栓設備 スプリンクラー設備 自動火災報知設備 屋外消火栓設備 動力消防ポンプ設備	共同住宅用スプリンクラー設備（注2） 共同住宅用自動火災報知設備

	特定共同住宅等の種類		通常用いられる消防用設備等	必要とされる防火安全性能を有する消防の用に供する設備等
	構造類型	階　数		
避	二方向避難	地階を除く	自動火災報知設備	共同住宅用自動火災報知設備又は

難安全支援性能	難型特定共同住宅等及び開放型特定共同住宅等	階数が5以下のもの	非常警報器具又は非常警報設備	住戸用自動火災報知設備及び共同住宅用非常警報設備
		地階を除く階数が6以上のもの	自動火災報知設備 非常警報器具又は非常警報設備	共同住宅用自動火災報知設備
	二方向避難・開放型特定共同住宅等	地階を除く階数が10以下のもの	自動火災報知設備 非常警報器具又は非常警報設備	共同住宅用自動火災報知設備又は住戸用自動火災報知設備及び共同住宅用非常警報設備
		地階を除く階数が11以上のもの	自動火災報知設備 非常警報器具又は非常警報設備	共同住宅用自動火災報知設備
	その他の特定共同住宅等	全てのもの	自動火災報知設備 非常警報器具又は非常警報設備	共同住宅用自動火災報知設備
	特定共同住宅等の種類		通常用いられる消防用設備等	必要とされる防火安全性能を有する消防の用に供する設備等
	構造類型	階　数		
消防活動支援性能	全ての型	住戸、共用室及び管理人室（主たる出入口が階段室等に面するもの）	連結送水管 非常コンセント設備	共同住宅用連結送水管 共同住宅用非常コンセント設備

＜参考＞　「通常用いられる消防用設備等」の欄に設けられていない消防用設備等は、令の技術基準に従って設置する必要がある（平18・11・30消防予500）。

（注1）　住戸利用施設とは、特定共同住宅等の部分であって、令別表第1(5)項イ並びに(6)項ロ及びハに掲げる防火対象物の用途に供されるものをいう（平17・3・25総務令40）。

　　　また、特定住戸利用施設とは、住戸利用施設のうち、次に掲げる部分で、規12条の2第1項又は第3項に規定する構造を有するもの以外のものをいう（平17・3・25総務令40）。

①　令別表第1(6)項ロ(1)に掲げる防火対象物の用途に供される部分

②　令別表第1(6)項ロ(5)に掲げる防火対象物の用途に供される部分（規12条の3に規定する者を主として入所させるもの以外のものにあっては、床面積が275㎡以上のものに限る。）

（注2）　二方向避難・開放型特定共同住宅等（平17・3・25総務令40第3条3項2号イに掲げる部分に限り、特定住戸利用施設を除く。）又は開放型特定共同住宅等（平17・3・25総務令40第3条3項2号イに掲げる部分のうち14階以下のものに限り、特定住戸利用施設を除く。）において、住戸、共用室及び管理人室の壁並びに天井（天井がない場合にあっては、上階の床又は屋根）の室内に面する部分（回り縁、窓台等を除く。）の仕上げを準不燃材料とし、かつ、共用室と共用室以外の特定共同住宅等の部分（開放型廊下又は開放型階段に面する部分を除く。）を区画する壁に設けられる開口部（規13条2項1号ロの基準に適合するものに限る。）に、特定防火設備である防火戸（規13条2項1号ハの基準に適合するものに限る。）が設けられているとき、共同住宅用スプリンクラー設備の設置をしないことができる（平17・3・25総務令40）。

第3章　主たる用途別の消防設備設置基準

> ※　平17・3・25総務令40第3条3項2号イ
>   共同住宅用スプリンクラー設備は、次の(イ)から(ハ)に掲げる階又は部分に設置すること。
> （イ）　特定共同住宅等の11階以上の階及び特定住戸利用施設（10階以下の階に存するものに限る。）
> （ロ）　特定共同住宅等で、住戸利用施設の床面積の合計が3,000㎡以上のものの階のうち、当該部分が存する階（(イ)に掲げる階及び部分を除く。）
> （ハ）　特定共同住宅等で、住戸利用施設の床面積の合計が3,000㎡未満のものの階のうち、当該部分が存する階で、当該部分の床面積が、地階又は無窓階にあっては1,000㎡以上、4階以上10階以下の階にあっては1,500㎡以上のもの（(イ)に掲げる階及び部分を除く。）

(注3)　10階以下の階に存する特定住戸利用施設を令12条1項1号に掲げる防火対象物とみなして同条2項3号の2の規定を適用した場合に設置することができる同号に規定する特定施設水道連結型スプリンクラー設備を当該特定住戸利用施設に同項に定める技術上の基準に従い、又は当該技術上の基準の例により設置したとき（当該特定住戸利用施設に限る。）、共同住宅用スプリンクラー設備の設置をしないことができる（平17・3・25総務令40）。

13　病院・診療所・助産所

関係条文：令別表第1(6)項イ

	用途の定義
共通する内容	医療法の適用を受ける医療施設である。あん摩・マッサージ・指圧施術所、鍼灸院、柔道修復施術所（整骨院や接骨院）は該当しない。 なお、施設の病床種別、病床数、特定診療科名(注1)、勤務する職員数により、①特定病院、②特定診療所、③非特定医療機関（有床系）及び④非特定医療機関（無床系）に区分される。
病　院	医師又は歯科医師が、公衆又は特定多数人のため医業又は歯科医業を行う場所であって、20人以上の患者を入院させるための施設を有するものをいう（医療法1の5①）。 ①特定病院とは、療養病床（医療法7②四）又は一般病床（医療法7②五）を有し、かつ特定診療科名(注1)があるが、勤務する職員数が満たされていない（火災発生時の延焼を抑制するための消火活動を適切に実施することができる体制を有していない）病院 ③非特定医療機関（有床系）とは、㋐療養病床又は一般病床を有する特定診療科名(注1)のない病院、㋑療養病床又は一般病床を有していない病院、㋒療養病床又は一般病床を有し、かつ特定診療科名(注1)があり、勤務する職員数が満たされている（火災発生時の延焼を抑制するための消火活動を適切に実施することができる体制を有する(注2)）病院
診療所	医師又は歯科医師が、公衆又は特定多数人のため医業又は歯科医業を行う場所であって、患者を入院させるための施設を有しないもの又は19人以下の患者を入院させるための施設を有するものをいう（医療法1の5②）。 ②特定診療所とは、病床数が4以上であり、かつ特定診療科名(注1)を有する診療所 ③非特定医療機関（有床系）とは、㋐病床数が3以下(注3)の診療所、㋑病床数が4以上であるが特定診療科名(注1)を有しない診療所 ④非特定医療機関（無床系）とは、病床を有しない診療所
助産所	助産師が公衆又は特定多数人のためその業務（病院又は診療所において行うものを除く。）を行う場所をいう。なお、助産所においては、妊婦、産婦又はじょく婦10人以上の入所施設を有してはならないとされている（医療法2②）。 ③非特定医療機関（有床系）とは、病床を有する助産所 ④非特定医療機関（無床系）とは、病床を有しない助産所

(注1)　特定診療科名とは、内科、整形外科、リハビリテーション科などの産科、婦人科、産婦人科、眼科、耳鼻いんこう科、皮膚科、歯科、肛門外科、泌尿器科、小児科、乳腺外科、形成外科、美容外科又は医療法施行令に定める事項とを組み合わせた名称（小児眼科、歯科口腔外科、女性美容外科等）以外の診料科名であるものをいう（平27・3・27消防予130）。

(注2)　次のいずれにも該当すること（規5③）。
　①　勤務させる医師、看護師、事務職員その他の職員の数が、病床数が26床以下のときは2、26床を超えるときは2に13床までを増すごとに1を加えた数を常時下回らない体制
　②　勤務させる医師、看護師、事務職員その他の職員（宿直勤務を行わせる者を除く。）の数が、病床数が60床以下のときは2、60床を超えるときは2に60床までを増すごとに2を加えた数を常時下回らない体制

(注3)　医療法上の許可病床数が4以上であっても、一日平均入院患者数（1年間の入院患者の延べ数を

第3章　主たる用途別の消防設備設置基準

同期間の診療実日数で除した値）が1未満である場合は、「4人以上の患者を入院させるための施設を有する」に該当しないものとして取り扱うことができる（平27・3・27消防予130）。

用途判定の行政実例等

●同一敷地内に有床病棟と無床病棟が存する場合の扱い（平28・3・31消防予100）
　問　同一敷地内に令別表第1(6)項イ(1)に掲げる病院の用に供される建物が複数存しており、その中に病床を有さない建物（いわゆる「外来棟」）が独立した棟としてある場合、当該外来棟に対する消防用設備等に係る規定の適用に当たっては、令32条を適用して同表(6)項イ(4)に掲げる防火対象物に準じた取り扱いをしてよいか。
　答　差し支えない。

●介護医療院に係る消防法令上の取扱いについて（平30・3・22消防予89）
　地域包括ケアシステムの強化のための介護保険法等の一部を改正する法律（平成29年法律第52号）により、介護保険法（平成9年法律第123号）が改正され、平成30年4月1日から施行されることとなりました。当該改正により、新たに介護医療院制度が創設されることを踏まえ、介護医療院（改正後の介護保険法第8条第29項に規定するものをいう。以下同じ。）の消防法令上の取扱いを下記のとおり定めましたので通知します。
〔中略〕
記
1　介護医療院※は、職員配置や夜勤を行う職員の勤務の実態等が、病院又は有床診療所とほぼ同様と想定されることから、火災危険性についても病院や診療所と類似していると考えられるため、消防法施行令（昭和36年政令第37号。以下「令」という。）別表第1(6)項イに規定する病院又は診療所として取り扱うものとする。
　※　介護医療院とは、改正後の介護保険法第8条第29項において、要介護者であって、主として長期にわたり療養が必要である者（その治療の必要の程度につき厚生労働省令で定めるものに限る。）に対し、施設サービス計画に基づいて、療養上の管理、看護、医学的管理の下における介護及び機能訓練その他必要な医療並びに日常生活上の世話を行うことを目的とする施設として、第107条第1項の都道府県知事の許可を受けたものと定義されている。
2　介護医療院が存する令別表第1(6)項イに掲げる防火対象物において、20人以上の患者（介護医療院の入所者を含む。以下同じ。）を入院（介護医療院にあっては入所という。以下同じ。）させるための施設を有する場合は病院として、19人以下の患者を入院させるための施設を有する場合は診療所として取り扱うものとする。
　この場合において、運営主体、事業形態及び医療の提供の実態等から区分できる単位ごとに介護医療院並びに病院及び診療所における入院させるための施設数を合算して判断する。
3　介護医療院は、要介護者であって、主として長期にわたり療養が必要である者の入所を想定していることから、令別表第1(6)項イ(1)(ⅰ)及び同表(6)項イ(2)(ⅰ)に該当するものとして取り扱うものとする。
4　療養床（介護医療院の人員、施設及び設備並びに運営に関する基準（平成30年厚生労働省令第5号）第3条第1号に規定するものをいう。）は、令別表第1(6)項イ(1)(ⅱ)に規定する療養病床として取り扱うものとする。

第3章 主たる用途別の消防設備設置基準

消防設備設置基準一覧表

消防用設備等の区分		消防法施行令による基準 設置すべき面積・収容人員等（原則となる規制基準）	関係条文	設置基準の緩和	東京都火災予防条例による付加基準
消火設備	消火器・簡易消火用具（消火器具）	全部（令別表第1(6)項イ(1)～(3)）	令10①一	令10③	部分の用途による（条例36②・37①）（※21・※22）
		延べ面積150㎡以上（令別表第1(6)項イ(4)）	令10①二		
		地階・無窓階・3階以上の階床面積50㎡以上（令別表第1(6)項イ(4)）	令10①五		
	屋内消火栓設備	延べ面積700㎡以上 基準面積の緩和 ① 耐火構造（※1） →延べ面積2,100㎡（※13）以上 ② 耐火構造・準耐火構造（※2） →延べ面積1,400㎡（※13）以上	令11①二 令11②	令11④	地階を除く階数5以上（条例38①二）（※23）
		地階・無窓階・4階以上の階床面積150㎡以上 基準面積の緩和 ① 耐火構造（※1） →床面積450㎡以上 ② 耐火構造・準耐火構造（※2） →床面積300㎡以上	令11①六 令11②		
	スプリンクラー設備	全部（令別表第1(6)項イ(1)・(2)）（※10）	令12①一	令12③	① 地下4階以下の階で、地下4階以下の階の床面積の合計1,000㎡以上（条例39①四の二） ② 地盤面からの高さが31mを超える階（条例39①五）
		地階を除く階数11以上（※12）	令12①三		
		床面積の合計（平屋建て以外）3,000㎡以上（令別表第1(6)項イ(1)～(3)）（※12）	令12①四		
		床面積の合計（平屋建て以外）6,000㎡以上（令別表第1(6)項イ(4)）（※12）			
		地階・無窓階床面積1,000㎡以上	令12①十一		
		4階以上10階以下の階床面積1,500㎡以上（※12）			
	特殊消火設備	第4章2～10参照	令13	－	部分の用途による（条例40①）

第3章　主たる用途別の消防設備設置基準

	屋外消火栓設備	床面積(※3) ① 耐火建築物 9,000㎡以上 ② 準耐火建築物 6,000㎡以上 ③ その他 3,000㎡以上	令19①	令19④	－
		同一敷地内の2以上の建築物(一の建築物とみなされるもの(※4))の床面積(※3) 上記①～③	令19②		
	動力消防ポンプ設備	延べ面積700㎡以上 基準面積の緩和 ① 耐火構造(※1) 　→延べ面積2,100㎡(※13)以上 ② 耐火構造・準耐火構造(※2) 　→延べ面積1,400㎡(※13)以上	令20①一 令20②	令20⑤	建築物が同一敷地内に2以上ある場合(耐火建築物、準耐火建築物を除く。)で、延べ面積の合計3,000㎡以上（条例40の2①）(※24)
		地階・無窓階・4階以上の階 床面積150㎡以上 基準面積の緩和 ① 耐火構造(※1) 　→床面積450㎡以上 ② 耐火構造・準耐火構造(※2) 　→床面積300㎡以上			
		床面積(※3) ① 耐火建築物 9,000㎡以上 ② 準耐火建築物 6,000㎡以上 ③ その他 3,000㎡以上	令20①二 令20②		
		同一敷地内の2以上の建築物(一の建築物とみなされるもの(※4))の床面積(※3) 上記①～③			
警報設備	自動火災報知設備	全部（令別表第1(6)項イ(1)～(3)）	令21①一	－	－
		延べ面積300㎡以上（令別表第1(6)項イ(4)）	令21①三		
		特定1階段等防火対象物(※5)全部（令別表第1(6)項イ(4)）	令21①七		
	ガス漏れ火災警報設備	温泉採取設備が設けられているもの(※6)	令21の2①三	令21の2①かっこ書	－
		地階 床面積の合計1,000㎡以上	令21の2①四		
	漏電火災警報器	延べ面積300㎡以上(※7)	令22①三	－	－
		契約電流容量50Aを超えるもの(※7)	令22①七		

第3章　主たる用途別の消防設備設置基準

	消防機関へ通報する火災報知設備	全部（令別表第1(6)項イ(1)～(3)）	令23①一	令23①ただし書	－
		延べ面積500㎡以上（令別表第1(6)項イ(4)）	令23①二		
	非常警報器具		－	－	－	－
	非常警報設備	非常ベル、自動式サイレン又は放送設備	収容人員20人以上	令24②一	令24②ただし書	－
		非常ベル及び放送設備又は自動式サイレン及び放送設備	地階を除く階数11以上	令24③二	令24⑤	
			地階の階数3以上			
			収容人員300人以上	令24③四		
避難設備	避難器具	2階以上の階・地階 収容人員20人以上（下階に令別表第1(1)項～(4)項・(9)項・(12)項イ・(13)項イ・(14)項・(15)項の防火対象物が存するものは10人以上）	令25①一	令25①かっこ書 令25②一ただし書	－
		3階以上の階のうち、当該階(※15)から避難階又は地上に直通する階段が2以上設けられていない階 収容人員10人以上	令25①五		
	誘導灯・誘導標識	全部	令26①	令26①ただし書 令26③	－
消防用水		敷地面積20,000㎡以上 床面積(※3) ①　耐火建築物　15,000㎡以上 ②　準耐火建築物　10,000㎡以上 ③　その他　5,000㎡以上 (※8)	令27①一	－	－
		敷地面積20,000㎡以上 同一敷地内の2以上の建築物(一の建築物とみなされるもの(※9))の床面積(※3) 上記①～③	令27②		
		高さ31m超 延べ面積（地階に係るものを除く。）25,000㎡以上	令27①二		
消火	排煙設備		－	－	－	地下4階以下の階で、駐車場部分の床面

第3章　主たる用途別の消防設備設置基準

活動上必要な施設					1,000㎡以上（条例45の2①）（※25）
	連結散水設備	地階の床面積の合計700㎡以上	令28の2①	令28の2③ 令28の2④	－
	連結送水管	地階を除く階数7以上	令29①一	－	屋上を回転翼航空機の発着場、自動車駐車場の用途に供するもの（条例46①二）
		地階を除く階数5以上 延べ面積6,000㎡以上	令29①二		
	非常コンセント設備	地階を除く階数11以上	令29の2①一	－	地下4階以下の階で、地下4階以下の階の床面積の合計1,000㎡以上（条例46の2①）
	無線通信補助設備	－	－	－	地階の階数4以上かつ地階の床面積の合計3,000㎡以上のものの地階（条例46の3①一）
総合操作盤	第4章11参照	－	－	－	

注　表中の(※)については、「「消防設備設置基準一覧表」の見方・扱い方」（76頁）参照

14　老人短期入所施設・養護老人ホーム・特別養護老人ホーム等

関係条文：令別表第1(6)項ロ

	用途の定義
共通する内容	自力避難が困難な者が主として入所若しくは入居又は宿泊する社会福祉施設等である（平26・3・14消防予81）。
老人短期入所施設等	①　老人短期入所施設(介護保険法上は、指定短期入所生活介護施設という。)：65歳以上の者であって、養護者の疾病その他の理由により、居宅において介護を受けることが一時的に困難となった者を短期間入所させ養護することを目的とする施設をいう（老福法20の3）。一般的にショートステイと呼ばれるものである。 ②　養護老人ホーム：65歳以上の者であって、環境上の理由及び経済的理由により居宅において養護を受けることが困難な者を入所させ、養護するとともに、その者が自立した日常生活を営み、社会的活動に参加するために必要な指導及び訓練その他の援助を行うことを目的とする施設をいう（老福法20の4）。 　　特別養護老人ホームと違い、介護保険施設ではない。行政による措置施設であり、入居の申込みは施設ではなく市町村に行う。 ③　特別養護老人ホーム（介護保険法上は、指定介護老人福祉施設と呼ばれ、要介護認定で要介護3以上と判定されたものが対象）：65歳以上の者であって、身体上又は精神上著しい障害があるために常時の介護を必要とし、かつ、居宅においてこれを受けることが困難な者を入所させ、養護することを目的とする施設をいう（老福法20の5）。 ④　軽費老人ホーム（介護保険法7条1項に規定する要介護状態区分が避難が困難な状態を示すものとして総務省令で定める区分に該当する者（以下「避難が困難な要介護者(注1)」という。）を主として入居させるもの(注2)に限る。）：無料又は低額な料金で、老人を入所させ、食事の提供その他日常生活上必要な便宜を供与することを目的とする施設（老人デイサービスセンター、老人短期入所施設、養護老人ホーム、特別養護老人ホームを除く。）（老福法20の6）のうち、避難が困難な要介護者(注1)を主として入居させるもの(注2)に限るとされている。 {{TABLE}}

{{TABLE}}:

区　分	状　態
要介護1	要介護認定等基準時間が32分以上50分未満である状態（当該状態に相当すると認められないものを除く。）又はこれに相当すると認められる状態（要介護認定等に係る介護認定審査会による審査及び判定の基準等に関する省令2条1項2号に該当する状態を除く。）
要介護2	要介護認定等基準時間が50分以上70分未満である状態（当該状態に相当すると認められないものを除く。）又はこれに相当すると認められる状態
要介護3	要介護認定等基準時間が70分以上90分未満である状態（当該状態に相当すると認められないものを除く。）又はこれに相当すると認められる状態
要介護4	要介護認定等基準時間が90分以上110分未満である状態（当該状態に相当すると認められないものを除く。）又はこれに相当すると認められる状態

要介護5	要介護認定等基準時間が110分以上である状態（当該状態に相当すると認められないものを除く。）又はこれに相当すると認められる状態

⑤　有料老人ホーム：老人を入居させ、入浴、排せつ若しくは食事の介護、食事の提供又はその他の日常生活上必要な便宜（洗濯、掃除等）の供与（他に委託して供与をする場合及び将来において供与をすることを約する場合を含む。）をする事業を行う施設（老人福祉施設、認知症対応型老人共同生活援助事業を行う住居その他の施設でないもの）（老福法29①）のうち、避難が困難な要介護者(注1)を主として入居させるもの(注2)に限るとされている。

介護付有料老人ホーム（特定施設入居者生活介護又は地域密着型特定施設入居者生活介護）	介護が必要となった場合、介護サービスは有料老人ホームのスタッフが提供。介護保険料はホームが代理受領する。介護サービススタッフを外部事業者に包括委託したものについては、「外部サービス利用型」となり、スタッフの雇用負担などが運営事業者にとって緩和されるが、運営事業者とサービススタッフが別会社であることによる意思疎通の問題が出る可能性がある。
住宅型有料老人ホーム	介護が必要となった場合、訪問介護等外部の在宅介護サービスを利用。要介護度が重度になった場合、特定施設入居者生活介護より介護保険費用がかかる。
健康型有料老人ホーム	介護が必要となった場合、契約を解除して退去の必要がある。需要がなく、数は少ない。

⑥　介護老人保健施設：要介護者であって、主としてその心身の機能の維持回復を図り、居宅における生活を営むことができるようにするための支援が必要である者（その治療の必要の程度につき厚生労働省令(注3)で定めるものに限る。）に対し、施設サービス計画に基づいて、看護、医学的管理の下における介護及び機能訓練その他必要な医療並びに日常生活上の世話を行うことを目的とする施設をいう（介護保険法8㉘）。

⑦　老人短期入所事業を行う施設：老人福祉法10条の4第1項3号の措置（65歳以上の者であって、養護者の疾病その他の理由により、居宅において介護を受けることが一時的に困難となったものが、やむを得ない事由により介護保険法に規定する短期入所生活介護又は介護予防短期入所生活介護を利用することが著しく困難であると認めるときは、その者を、政令で定める基準に従い、当該市町村の設置する老人短期入所施設等に短期間入所させ、養護を行い、又は当該市町村以外の者の設置する老人短期入所施設等に短期間入所させ、養護することを委託すること。）に係る者又は介護保険法の規定による短期入所生活介護に係る居宅介護サービス費若しくは介護予防短期入所生活介護に係る介護予防サービス費の支給に係る者その他の政令で定める者を特別養護老人ホームその他の厚生労働省令で定める施設に短期間入所させ、養護する事業（老人短期入所事業（老福法5の2④））を行う施設をいう。

⑧　小規模多機能型居宅介護事業を行う施設（避難が困難な要介護者(注1)を主として宿泊させるもの(注4)に限る。）：老人福祉法10条の4第1項4号の措置（65歳以上の者であって、身体上又は精神上の障害があるために日常生活を営むのに支障があるものが、やむを得ない事由により介護保険法に規定する小規模多機能型居宅介護又は介護予防小規模多機能型居宅介護を利用することが著しく困難であると認めるときは、その者につき、政令で定める基準に従い、その者の居宅において、又は老人福祉法5条の2第5項の厚生労働省令で定めるサービスの拠点に通わせ、

	若しくは短期間宿泊させ、当該拠点において、同項の厚生労働省令で定める便宜及び機能訓練を供与し、又は当該市町村以外の者に当該便宜及び機能訓練を供与することを委託すること。）に係る者又は介護保険法の規定による小規模多機能型居宅介護に係る地域密着型介護サービス費若しくは介護予防小規模多機能型居宅介護に係る地域密着型介護予防サービス費の支給に係る者その他の政令で定める者につき、これらの者の心身の状況、置かれている環境等に応じて、それらの者の選択に基づき、それらの者の居宅において、又は厚生労働省令で定めるサービスの拠点に通わせ、若しくは短期間宿泊させ、当該拠点において、入浴、排せつ、食事等の介護その他の日常生活を営むのに必要な便宜であって厚生労働省令で定めるもの及び機能訓練を供与する事業（小規模多機能型居宅介護事業（老福法5の2⑤））を行う施設をいう。 ⑨ 認知症対応型老人共同生活援助事業を行う施設：老人福祉法10条の4第1項5号の措置（65歳以上の者であって、認知症（介護保険法5条の2に規定する認知症をいう。）であるために日常生活を営むのに支障があるもの（その者の認知症の原因となる疾患が急性の状態にある者を除く。）が、やむを得ない事由により同法に規定する認知症対応型共同生活介護又は介護予防認知症対応型共同生活介護を利用することが著しく困難であると認めるときは、その者につき、政令で定める基準に従い、老人福祉法5条の2第6項に規定する住居において入浴、排せつ、食事等の介護その他の日常生活上の援助を行い、又は当該市町村以外の者に当該住居において入浴、排せつ、食事等の介護その他の日常生活上の援助を行うことを委託すること。）に係る者又は介護保険法の規定による認知症対応型共同生活介護に係る地域密着型介護サービス費若しくは介護予防認知症対応型共同生活介護に係る地域密着型介護予防サービス費の支給に係る者その他の政令で定める者につき、これらの者が共同生活を営むべき住居において入浴、排せつ、食事等の介護その他の日常生活上の援助を行う事業（認知症対応型老人共同生活援助事業（老福法5の2⑥））を行う施設をいう。 ⑩ その他これらに類するものとして総務省令で定めるもの（規5⑥） 　㋐ 避難が困難な要介護者(注1)を主として入居させ(注2)、業として(注5)入浴、排せつ、食事等の介護、機能訓練又は看護若しくは療養上の管理その他の医療を提供する施設（令別表第1(6)項イに掲げるものを除く。） 　㋑ 避難が困難な要介護者(注1)を主として宿泊させ(注4)、業として(注5)入浴、排せつ、食事等の介護、機能訓練又は看護若しくは療養上の管理その他の医療を提供する施設（同項イに掲げるものを除く。）。「お泊まりデイサービス」、「介護保険法上の複合型サービスを行う施設」が該当する（平25・3・27消防予121）。
救護施設	身体上又は精神上著しい障害があるために日常生活を営むことが困難な要保護者を入所させて、生活扶助を行うことを目的とする施設をいう（生活保護法38②）。 なお、生活扶助は、困窮のため最低限度の生活を維持することのできない者に対して、衣食その他日常生活の需要を満たすために必要なもの及び移送の範囲内において行われるとされている（生活保護法12）。
乳児院	乳児（保健上、安定した生活環境の確保その他の理由により特に必要のある場合には、幼児を含む。）を入院させて、これを養育し、あわせて退院した者について相談その他の援助を行うことを目的とする施設をいう（児福法37）。 ＜参考＞　乳児：満1歳に満たない者、幼児：満1歳から小学校就学の始期に達するまでの者（児福法4①）
障害児入所施設	障害児を入所させ、保護、日常生活の指導、独立自活に必要な知識技能の付与及び治療の支援を行う施設をいう（児福法42）。

	なお、福祉型障害児入所施設（保護、日常生活の指導及び独立自活に必要な知識技能の付与を行う。）と医療型障害児入所施設（保護、日常生活の指導、独立自活に必要な知識技能の付与及び治療を行う。）がある。 ＜参考＞　障害児：身体に障害のある児童、知的障害のある児童、精神に障害のある児童（発達障害者支援法2条2項に規定する発達障害児を含む。）等をいう（児福法4②）。	
障害者支援施設（障害者又は障害児であって、障害支援区分が避難が困難な状態を示すものとして総務省令で定める区分に該当する者（避難が困難な障害者等（注6））を主として入所させるもの（注7）に限る。）	障害者につき主として夜間において、入浴、排せつ又は食事の介護等の施設入所支援を行うとともに、これ以外の施設障害福祉サービスを行う施設（障害支援法5⑪）。	
	障害者（障害支援法4①）	身体障害者福祉法4条に規定する身体障害者、知的障害者福祉法にいう知的障害者のうち18歳以上である者及び精神保健及び精神障害者福祉に関する法律5条に規定する精神障害者（発達障害者支援法2条2項に規定する発達障害者を含み、知的障害者福祉法にいう知的障害者を除く。）のうち18歳以上である者並びに治療方法が確立していない疾病その他の特殊の疾病であって政令で定めるものによる障害の程度が厚生労働大臣が定める程度である者であって18歳以上であるものをいう。
	障害児（障害支援法4②）	児童福祉法4条2項に規定する障害児をいう。
短期入所等施設	障害者の日常生活及び社会生活を総合的に支援するための法律5条8項に規定する短期入所若しくは同条17項に規定する共同生活援助を行う施設（避難が困難な障害者等（注6）を主として入所させるもの（注7）に限る。）	
	短期入所	居宅においてその介護を行う者の疾病その他の理由により、障害者支援施設その他の厚生労働省令で定める施設への短期間の入所を必要とする障害者等につき、当該施設に短期間の入所をさせ、入浴、排せつ又は食事の介護その他の厚生労働省令で定める便宜を供与することをいう。
	共同生活援助	障害者につき、主として夜間において、共同生活を営むべき住居において相談、入浴、排せつ又は食事の介護その他の日常生活上の援助を行うことをいう。

(注1)　「避難が困難な要介護者」：要介護認定等に係る介護認定審査会による審査及び判定の基準等に関する省令1条1項3号（要介護3）から5号（要介護5）に掲げる区分に該当する者とされている（規5⑤）。

(注2)　「主として入居させるもの」：避難が困難な要介護者の割合が施設全体の定員の半数以上であることを目安として判断することとされている。例えば、有料老人ホームのように、介護居室等避難が困難な要介護者が入居することを想定した部分の定員がある場合は、当該定員の割合が一般居室を含めた施設全体の定員の半数以上であることを目安とすることとなる。
　　なお、入所の状況について、利用者が比較的短期間に入れ替わる等の事情により用途が定まらない場合には、施設の定常的な状態として、3か月程度以上の一定期間の実績による平均的な状況を確認することなどにより対応することとされている（平26・3・14消防予81）。

第3章　主たる用途別の消防設備設置基準

(注3)　「厚生労働省令で定める要介護者」：病状が安定期にあり、介護老人保健施設において、看護、医学的管理の下における介護及び機能訓練その他必要な医療を要する要介護者とする（介護保険法施行規則20）。
(注4)　「主として宿泊させるもの」：以下の①又は②の条件に該当することを判断の目安とすること。
　　①　実態として複数の要介護者を随時若しくは継続的に施設に宿泊させるサービスを提供するなど、宿泊サービスの提供が常態化していること。
　　②　当該施設の宿泊サービスを利用する避難が困難な要介護者の割合が、当該施設の宿泊サービス利用者全体の半数以上であること。
　　なお、宿泊の状況について、利用者が比較的短期間に入れ替わる等の事情により用途が定まらない場合には、施設の定常的な状態として、3か月程度以上の一定期間の実績による平均的な状況を確認することなどにより対応することとされている（平26・3・14消防予81）。
(注5)　「業として」：報酬の有無にかかわらず、介護保険制度外の事業などの法定外の福祉サービスを自主事業として提供するものを含むものであることとされている（平26・3・14消防予81）。
(注6)　「避難が困難な障害者等」：障害者（障害支援法4①）又は障害児（障害支援法4②）であって、障害支援区分（障害支援法4④）が避難が困難な状態を示すものとして規5条7項に規定する区分（障害支援区分に係る市町村審査会による審査及び判定の基準等に関する省令1条第5号から第7号までに掲げる区分4から区分6）に該当する者。
(注7)　「主として入所させるもの」：障害支援区分4以上の者が概ね8割を超えることを原則とする（平26・3・14消防予81）。

用途判定の行政実例等

●住居利用型の児童福祉事業に係る消防法令上の取扱いについて（平22・3・31消防予158）
　小規模住居型児童養育事業は、養育する児童の年齢層が0歳から18歳までと幅広く、5～6名の定員の中で、一定の避難介助を要する乳幼児が利用する蓋然性は高いとは言えない。むしろ、養育者の居宅において、収入を得ながら一定の人員を居住させている点に着目すれば、その実態は下宿・共同住宅等と共通する面が多いと考えられる。
　このため、通例、同事業が行われる施設は、消防法施行令（昭和36年政令第37号。以下「令」という。）別表第1(6)項ロ及びハに掲げる防火対象物には該当せず、別表第1(5)項ロに掲げる防火対象物に該当することが一般的と考えられる。
　なお、専ら乳幼児の養育を常態とする場合については、その実態に鑑み、令別表第1(6)項ロ又はハに掲げる防火対象物として取り扱うことが適当と考えられる。

●令1条の2第2項に規定する「2以上の用途」について（平27・2・26消防予80）
問　消防法施行令の一部を改正する政令（平成25年政令第88号及び第368号）による改正後の消防法施行令（以下「令」という。）別表第1において、(6)項ロ及びハがそれぞれ(1)から(5)までに分類されたが、(6)項ロ（又はハ）(1)から(5)までに掲げる防火対象物の用途に供される部分が一の防火対象物に混在しても、複合用途防火対象物として取り扱わないのか。
答　お見込みのとおり。
　令第1条の2第2項に規定する「2以上の用途」とは、令別表第1の項を異にする場合のみならず、同一の項であっても、イ、ロ等の細項目を異にする場合も含まれることは従前のとおりである。令別表第1(6)項ロ及びハにおける(1)から(5)までの区分については、特定の消防用設備等に係る設置基準が異なるものの、原則として同一の細項目であり、便宜上、詳細な分類（以下「詳細分類」という。）を設けたものであるため、この詳細分類を異にすることをもって「2以上の用途」とすべきものではなく、問に示した防火対象物にあっては複合用途防火対象物として取り扱うものではない。

— 149 —

第3章　主たる用途別の消防設備設置基準

●区分単位の考え方について（平27・2・26消防予80）

問　令別表第1(6)項ロに規定される「避難が困難な要介護者を主として入居又は宿泊させるもの」及び「避難が困難な障害者等を主として入所させるもの」については、一の防火対象物に複数の同一業態の社会福祉施設（例　複数の障害者グループホーム）が存する場合、「主として」の判定は、どの単位で行うのか。

答　令別表第1(6)項ロ及びハに掲げる防火対象物のうち、問に示すような入居者等の特性による判定基準を伴うものについては、単に施設名称又は当該用途が存する階が異なる等外形的要素のみではなく、防火対象物の各部分について、それぞれの運営主体、事業形態及びサービスの提供の実態等から区分できる単位（以下「区分単位」という。）ごとに判定する必要がある。

●実態として複数の要介護者を随時若しくは継続的に施設に宿泊させるサービスを提供するなど、宿泊サービスの提供が常態化している防火対象物における令別表第1(6)項ロ(1)の判定基準について（平27・2・26消防予80）

問　小規模多機能型居宅介護事業を行う施設等（以下「小規模多機能等」という。）のうち宿泊サービスの提供が常態化している施設において、避難が困難な要介護者を主として宿泊させることがないことが事業形態又は規約等から明らかな施設については、令別表第1(6)項ロ(1)に該当しないものとしてよいか。

答　お見込みのとおり。

　平成26年3月14日付け予防課長通知（消防予第81号）において、小規模多機能等のうち「実態として複数の要介護者を随時若しくは継続的に施設に宿泊させるサービスを提供するなど、宿泊サービスの提供が常態化している」施設については令別表第1(6)項ロ(1)に該当すると示しているが、この趣旨は、利用者の要介護の状態等を把握することが困難である場合に令別表第1(6)項ロ(1)に該当すると判断しうる旨を示したものである。

　したがって、避難が困難な要介護者を主として宿泊させる可能性がないことが事業形態、規約等から明らかな防火対象物をも含むものではないことに留意が必要である。

消防設備設置基準一覧表

消防用設備等の区分		消防法施行令による基準			東京都火災予防条例による付加基準
^^^	^^^	設置すべき面積・収容人員等（原則となる規制基準）	関係条文	設置基準の緩和	^^^
消火設備	消火器・簡易消火用具（消火器具）	全部	令10①一	令10③	部分の用途による（条例37①）（※22）
^^^	屋内消火栓設備	延べ面積700㎡以上 基準面積の緩和 ①　耐火構造(※1) 　→延べ面積2,100㎡(※13)以上 ②　耐火構造・準耐火構造(※2) 　→延べ面積1,400㎡(※13)以上	令11①二 令11②	令11④	地階を除く階数5以上（条例38①二）（※23）
^^^	^^^	地階・無窓階・4階以上の階 床面積150㎡以上 基準面積の緩和	令11①六 令11②		

第3章　主たる用途別の消防設備設置基準

	① 耐火構造（※1） →床面積450㎡以上 ② 耐火構造・準耐火構造（※2） →床面積300㎡以上			
スプリンクラー設備	全部（※10・※11）	令12①一	令12③	① 地下4階以下の階で、地下4階以下の階の床面積の合計1,000㎡以上（条例39①四の二） ② 地盤面からの高さが31mを超える階（条例39①五）
	地階を除く階数11以上（※12）	令12①三		
	床面積の合計（平屋建て以外）6,000㎡以上（※12）	令12①四		
	地階・無窓階 床面積1,000㎡以上	令12①十一		
	4階以上10階以下の階 床面積1,500㎡以上（※12）			
特殊消火設備	第4章2～10参照	令13	-	部分の用途による（条例40①）
屋外消火栓設備	床面積（※3） ① 耐火建築物 9,000㎡以上 ② 準耐火建築物 6,000㎡以上 ③ その他 3,000㎡以上	令19①	令19④	-
	同一敷地内の2以上の建築物（一の建築物とみなされるもの（※4））の床面積（※3） 上記①～③	令19②		
動力消防ポンプ設備	延べ面積700㎡以上 基準面積の緩和 ① 耐火構造（※1） 　→延べ面積2,100㎡（※13）以上 ② 耐火構造・準耐火構造（※2） 　→延べ面積1,400㎡（※13）以上	令20①一 令20②	令20⑤	建築物が同一敷地内に2以上ある場合（耐火建築物、準耐火建築物を除く。）で、延べ面積の合計3,000㎡以上（条例40の2①）（※24）
	地階・無窓階・4階以上の階 床面積150㎡以上 基準面積の緩和 ① 耐火構造（※1） 　→床面積450㎡以上 ② 耐火構造・準耐火構造（※2） 　→床面積300㎡以上			
	床面積（※3） ① 耐火建築物 9,000㎡以上 ② 準耐火建築物 6,000㎡以上 ③ その他 3,000㎡以上	令20①二 令20②		

第3章　主たる用途別の消防設備設置基準

警報設備	自動火災報知設備	同一敷地内の2以上の建築物(一の建築物とみなされるもの(※4))の床面積(※3) 上記①〜③ 全部	令21①一	−	−
	ガス漏れ火災警報設備	温泉採取設備が設けられているもの(※6)	令21の2①三	令21の2①かっこ書	−
		地階 床面積の合計1,000㎡以上	令21の2①四		
	漏電火災警報器	延べ面積300㎡以上(※7)	令22①三	−	−
		契約電流容量50Aを超えるもの(※7)	令22①七		
	消防機関へ通報する火災報知設備	全部	令23①一	令23①ただし書	−
	非常警報器具	収容人員20人以上50人未満	令24①	令24①ただし書	−
非常警報設備	非常ベル、自動式サイレン又は放送設備	収容人員50人以上	令24②二	令24②ただし書	−
		地階・無窓階 収容人員20人以上			
	非常ベル及び放送設備又は自動式サイレン及び放送設備	地階を除く階数11以上	令24③二	令24⑤	
		地階の階数3以上			
		収容人員300人以上	令24③四		
避難設備	避難器具	2階以上の階・地階 収容人員20人以上（下階に令別表第1(1)項〜(4)項・(9)項・(12)項イ・(13項)イ・(14)項・(15)項の防火対象物が存するものは10人以上）	令25①一	令25①かっこ書 令25②一ただし書	−
		3階以上の階のうち、当該階(※15)から避難階又は地上に直通する階段が2以上設けられていない階 収容人員10人以上	令25①五		
	誘導灯・誘導標識	全部	令26①	令26①ただし書 令26③	−

第3章 主たる用途別の消防設備設置基準

消防用水		敷地面積20,000㎡以上 床面積(※3) ① 耐火建築物 15,000㎡以上 ② 準耐火建築物 10,000㎡以上 ③ その他 5,000㎡以上 (※8)	令27①一	—	—
		敷地面積20,000㎡以上 同一敷地内の2以上の建築物(一の建築物とみなされるもの(※9))の床面積(※3) 上記①～③	令27②		
		高さ31m超 延べ面積(地階に係るものを除く。)25,000㎡以上	令27①二		
消火活動上必要な施設	排煙設備	—	—	—	地下4階以下の階で、駐車場部分の床面積1,000㎡以上(条例45の2①)(※25)
	連結散水設備	地階の床面積の合計700㎡以上	令28の2①	令28の2③ 令28の2④	
	連結送水管	地階を除く階数7以上	令29①一	—	屋上を回転翼航空機の発着場、自動車駐車場の用途に供するもの(条例46①二)
		地階を除く階数5以上 延べ面積6,000㎡以上	令29①二		
	非常コンセント設備	地階を除く階数11以上	令29の2①一	—	地下4階以下の階で、地下4階以下の階の床面積の合計1,000㎡以上(条例46の2①)
	無線通信補助設備	—	—	—	地階の階数4以上かつ地階の床面積の合計3,000㎡以上のものの地階(条例46の3①一)
総合操作盤		第4章11参照	—	—	—

注 表中の(※)については、「「消防設備設置基準一覧表」の見方・扱い方」(76頁)参照

15　老人デイサービスセンター・軽費老人ホーム・老人福祉センター等

関係条文：令別表第1(6)項ハ

	用途の定義
共通する内容	令別表第1(6)項ハは、令別表第1(6)項ロ以外の施設で、自力避難が困難な者が利用する可能性があることに加え、自力避難が困難とは言いがたいものの、避難に当たり一定の介助が必要とされる高齢者、障害者等が利用する蓋然性が高い社会福祉施設等である（平26・3・14消防予81）。
老人デイサービスセンター等	① 老人デイサービスセンター（介護保険法上は、指定通所介護事業所）：65歳以上の者であって、身体上又は精神上の障害があるために日常生活を営むのに支障がある者（その者を現に養護する者を含む。）を通わせ、入浴、排せつ、食事等の介護、機能訓練、介護方法の指導等を供与することを目的とする施設をいう（老福法20の2の2）。 ② 軽費老人ホーム：無料又は低額な料金で、老人を入所させ、食事の提供その他日常生活上必要な便宜を供与することを目的とする施設（老福法20の6）のうち令別表第1(6)項ロ(1)に該当しない施設をいう。 　家庭環境、住宅事情等の理由により居宅において生活することが困難な高齢者が低額な料金で入所し、食事の提供その他日常生活上必要な便宜を受けることができる施設である。 ＜参考＞　次のものが該当する。 　　要介護認定等に係る介護認定審査会による審査及び判定の基準等に関する省令1条1項1号及び2号までに掲げる区分とする。 	区　分	状　態 | 　|---|---| 	要介護1	要介護認定等基準時間が32分以上50分未満である状態（当該状態に相当すると認められないものを除く。）又はこれに相当すると認められる状態（同省令2条1項2号に該当する状態を除く。） | 	要介護2	要介護認定等基準時間が50分以上70分未満である状態（当該状態に相当すると認められないものを除く。）又はこれに相当すると認められる状態 | ③ 老人福祉センター：無料又は低額な料金で、老人に関する各種の相談に応ずるとともに、老人に対して、健康の増進、教養の向上及びレクリエーションのための便宜を総合的に供与することを目的とする施設をいう（老福法20の7）。 ④ 老人介護支援センター：地域の老人の福祉に関する各般の問題につき、老人、その者を現に養護する者、地域住民その他の者からの相談に応じ、必要な助言を行うとともに、主として居宅において介護を受ける老人又はその者を現に養護する者と市町村、老人居宅生活支援事業を行う者、老人福祉施設、医療施設、老人クラブその他老人の福祉を増進することを目的とする事業を行う者等との連絡調整その他の厚生労働省令で定める援助を総合的に行うことを目的とする施設をいう（老福法20の7の2）。 ⑤ 有料老人ホーム：老人を入居させ、入浴、排せつ若しくは食事の介護、食事の提供又はその他の日常生活上必要な便宜（洗濯、掃除等）の供与（他に委託して供与をする場合及び将来において供与をすることを約する場合を含む。）をする

	事業を行う施設（老人福祉施設、認知症対応型老人共同生活援助事業を行う住居その他の施設でないもの）（老福法29①）のうち、令別表第1(6)項ロ(1)に該当しない施設をいう。 ⑥　老人デイサービス事業を行う施設：65歳以上の者であって、身体上又は精神上の障害があるために日常生活を営むのに支障がある者（その者を現に養護する者を含む。）を通わせ、入浴、排せつ、食事等の介護、機能訓練、介護方法の指導等の便宜を供与する事業を行う施設をいう（老福法5の2③）。 ⑦　小規模多機能型居宅介護事業を行う施設：65歳以上の者であって、身体上又は精神上の障害があるために日常生活を営むのに支障がある者につき、これらの者の心身の状況、置かれている環境等に応じて、それらの者の選択に基づき、それらの者の居宅において、又は厚生労働省令で定めるサービスの拠点に通わせ、若しくは短期間宿泊させて日常生活を営むのに必要な便宜及び機能訓練等を供与する事業を行う施設（老福法5の2⑤）のうち、令別表第1(6)項ロ(1)に該当しない施設をいう。 ⑧　その他これらに類するもの：老人に対して、業として入浴、排せつ、食事等の介護、機能訓練又は看護若しくは療養上の管理その他の医療を提供する施設（令別表第1(6)項イ及びロ(1)に掲げるものを除く。）をいう（規5⑧）。
更生施設	身体上又は精神上の理由により養護及び生活指導を必要とする要保護者を入所させて、生活扶助を行うことを目的とする施設をいう（生活保護法38③）。 施設では、居室・食事等の提供・生活用品貸与をはじめ、生活に必要なものを現物で提供し、さらに、自立した地域生活を営めるように生活指導・健康指導等の支援を行う。
助産施設等	①　助産施設：保健上必要があるにもかかわらず、経済的理由により、入院助産を受けることができない妊産婦を入所させて、助産を受けさせることを目的とする施設をいう（児福法36）。 　　助産施設は、助産所（入所可能なベッドのあるもの）や病院（医療法上の病院。病床数20床以上）と異なる独立した施設ではなく、一般には、病院の産科病棟の病床の一部及び助産所の一部が助産施設とされている。児童福祉施設の設備及び運営に関する基準15条によって、助産施設は、病院であるものを第一種助産施設、助産所であるものを第二種助産施設という。 ②　保育所：保育を必要とする乳児・幼児を日々保護者の下から通わせて保育を行うことを目的とする施設（利用定員が20人以上であるものに限り、幼保連携型認定こども園を除く。）をいう。なお、保育所は、特に必要があるときは、保育を必要とするその他の児童を日々保護者の下から通わせて保育することができるとされている（児福法39）。 ③　幼保連携型認定こども園：義務教育及びその後の教育の基礎を培うものとしての満3歳以上の幼児に対する教育及び保育を必要とする乳児・幼児に対する保育を一体的に行い、これらの乳児又は幼児の健やかな成長が図られるよう適当な環境を与えて、その心身の発達を助長することを目的とする施設をいう（児福法39の2）。 ④　児童養護施設：保護者のない児童（乳児を除く。ただし、安定した生活環境の確保その他の理由により特に必要のある場合には、乳児を含む。）、虐待されている児童その他環境上養護を要する児童を入所させて、これを養護し、あわせて退所した者に対する相談その他の自立のための援助を行うことを目的とする施設をいう（児福法41）。 注　学校であり、かつ、児童福祉施設である。

	⑤ 児童自立支援施設：不良行為をなし、又はなすおそれのある児童及び家庭環境その他の環境上の理由により生活指導等を要する児童を入所させ、又は保護者の下から通わせて、個々の児童の状況に応じて必要な指導を行い、その自立を支援し、あわせて退所した者について相談その他の援助を行うことを目的とする施設をいう（児福法44）。 ⑥ 児童家庭支援センター：地域の児童の福祉に関する各般の問題につき、児童に関する家庭その他からの相談のうち、専門的な知識及び技術を必要とするものに応じ、必要な助言を行うとともに、市町村の求めに応じ、技術的助言その他必要な援助を行うほか、児童福祉法26条1項2号及び27条1項2号の規定による指導を行い、あわせて児童相談所、児童福祉施設等との連絡調整その他厚生労働省令の定める援助を総合的に行うことを目的とする施設をいう（児福法44の2）。 ⑦ 一時預かり事業を行う施設：家庭において保育を受けることが一時的に困難となった乳児又は幼児について、厚生労働省令で定めるところにより、主として昼間において、保育所、認定こども園その他の場所において、一時的に預かり、必要な保護を行う事業を行う施設をいう（児福法6の3⑦）。 ⑧ 家庭的保育事業を行う施設：次の事業を行う施設をいう（児福法6の3⑨）。 　㋐ 保護者の疾病等内閣府令で定める事由により家庭において必要な保育を受けることが困難である乳児又は幼児であって満3歳未満のものについて、家庭的保育者の居宅その他の場所（当該保育を必要とする乳児・幼児の居宅を除く。）において、家庭的保育者による保育を行う事業（利用定員が5人以下であるものに限る。） 　㋑ 満3歳以上の幼児に係る保育の体制の整備の状況その他の地域の事情を勘案して、保育が必要と認められる児童であって満3歳以上のものについて、家庭的保育者の居宅その他の場所（当該保育が必要と認められる児童の居宅を除く。）において、家庭的保育者による保育を行う事業 ⑨ その他これらに類するもの：業として乳児若しくは幼児を一時的に預かる施設又は業として乳児若しくは幼児に保育を提供する施設（令別表1(6)項ロに掲げるものを除く。）をいう（規5⑨）。
児童発達支援センター等	① 児童発達支援センター：次に掲げる区分に応じ、障害児を日々保護者の下から通わせて、支援を提供することを目的とする施設をいう。 　㋐ 福祉型児童発達支援センター：日常生活における基本的動作の指導、独立自活に必要な知識技能の付与又は集団生活への適応のための訓練 　㋑ 医療型児童発達支援センター：日常生活における基本的動作の指導、独立自活に必要な知識技能の付与又は集団生活への適応のための訓練及び治療（児福法43） ② 児童心理治療施設：家庭環境、学校における交友関係その他の環境上の理由により社会生活への適応が困難となった児童を、短期間、入所させ、又は保護者の下から通わせて、社会生活に適応するために必要な心理に関する治療及び生活指導を主として行い、あわせて退所した者について相談その他の援助を行うことを目的とする施設をいう（児福法43の2）。 ③ 児童発達支援を行う施設：障害児につき、児童発達支援センターその他の厚生労働省令で定める施設に通わせ、日常生活における基本的な動作の指導、知識技能の付与、集団生活への適応訓練その他の厚生労働省令で定める便宜を供与することを行う施設をいう（児福法6の2の2②）。 ④ 放課後等デイサービスを行う施設（児童発達支援センターを除く。）：学校（幼稚園及び大学を除く。）に就学している障害児につき、授業の終了後又は休業日に

第3章　主たる用途別の消防設備設置基準

	児童発達支援センターその他の生活能力の向上のために必要な訓練、社会との交流の促進その他の便宜を適切に供与することができる施設に通わせ、生活能力の向上のために必要な訓練、社会との交流の促進その他の便宜を供与することを行う施設をいう（児福法6の2の2④）。
身体障害者福祉センター等	①　身体障害者福祉センター：無料又は低額な料金で、身体障害者に関する各種の相談に応じ、身体障害者に対し、機能訓練、教養の向上、社会との交流の促進及びレクリエーションのための便宜を総合的に供与する施設をいう（身体障害者福祉法31）。 ②　障害者支援施設（令別表第1(6)項ロ(5)に掲げるものを除く。）：障害者につき、施設入所支援を行うとともに、施設入所支援以外の施設障害福祉サービス（生活介護、自立訓練、就労移行支援）を行う施設（のぞみの園及び児童福祉施設を除く。）をいう（障害支援法5⑪）。 ③　地域活動支援センター：障害者等を通わせ、創作的活動又は生産活動の機会の提供、社会との交流の促進その他障害者等が自立した日常生活及び社会生活を営むために必要な支援を供与する施設をいう（障害支援法5㉗）。 ④　福祉ホーム：現に住居を求めている障害者につき、低額な料金で、居室その他の設備を利用させるとともに、日常生活に必要な便宜を供与する施設をいう（障害支援法5㉘）。 ⑤　生活介護を行う施設：常時介護を要する障害者につき、主として昼間において、入浴、排せつ及び食事等の介護、調理、洗濯及び掃除等の家事、生活等に関する相談及び助言その他の必要な日常生活上の支援並びに創作的活動及び生産活動の機会の提供その他の身体機能又は生活能力の向上のために必要な支援を供与する施設をいう（障害支援法5⑦）。 ⑥　短期入所を行う施設：居宅においてその介護を行う者の疾病その他の理由により、短期間の入所を必要とする障害者等につき、入浴、排せつ及び食事の介護その他の必要な支援を供与する施設をいう（障害支援法5⑧）。 ⑦　自立訓練を行う施設：障害者につき、自立した日常生活又は社会生活を営むことができるよう、厚生労働省令で定める期間にわたり、身体機能又は生活能力の向上のために必要な訓練その他の厚生労働省令で定める自立訓練（機能訓練、生活訓練）に係る支援を供与する施設をいう（障害支援法5⑫）。 ⑧　就労移行支援を行う施設：就労を希望する65歳未満の障害者につき、厚生労働省令で定める期間にわたり、生産活動その他の活動の機会の提供を通じて、就労に必要な知識及び能力の向上のために必要な訓練その他の厚生労働省令で定める便宜（生産活動、職場体験その他の活動の機会の提供その他の就労に必要な知識及び能力の向上のために必要な訓練、求職活動に関する支援、その適性に応じた職場の開拓、就職後における職場への定着のために必要な相談その他の必要な支援）を供与する施設をいう（障害支援法5⑬）。 ⑨　就労継続支援を行う施設：通常の事業所に雇用されることが困難な障害者につき、就労の機会を提供するとともに、生産活動その他の活動の機会の提供を通じて、その知識及び能力の向上のために必要な訓練その他の厚生労働省令で定める便宜（㋐就労継続支援A型：通常の事業所に雇用されることが困難であって、雇用契約に基づく就労が可能である者に対して行う雇用契約の締結等による就労の機会の提供及び生産活動の機会の提供その他の就労に必要な知識及び能力の向上のために必要な訓練その他の必要な支援、㋑就労継続支援B型：通常の事業所に雇用されることが困難であって、雇用契約に基づく就労が困難である者に対して行う就労の機会の提供及び生産活動の機会の提供その他の就労に必要な知識及び能力の向上のために必要な訓練その他の必要な支援）を供与する施設をいう（障害支援法5⑭）。

第3章　主たる用途別の消防設備設置基準

| | ⑩　共同生活援助を行う施設（短期入所等施設を除く。）：障害者につき、主として夜間において、共同生活を営むべき住居において相談、入浴、排せつ又は食事の介護その他の日常生活上の援助を行うことをいう（障害支援法5⑰）。 |

用途判定の行政実例等

●**用途区分の運用上の留意事項**（平26・3・14消防予81）
(1)　防火対象物が令別表第1(6)項ロ若しくはハ又はその他の用途に該当するかどうかの用途の判定等については、次により運用されたいこと。
　　なお、運用に当たっては、令別表第1に掲げる防火対象物は、事業活動に伴う火災危険性に応じ、消防法令上の義務が課されるものであることを関係者へ十分に説明されたい。
　ア　令別表第1(6)項ロ及びハの「その他これらに類するものとして総務省令で定めるもの」を定める規則第5条に規定する「業として」とは、報酬の有無にかかわらず、介護保険制度外の事業などの法定外の福祉サービスを自主事業として提供するものを含むものであること。
　イ　施設又は事業の名称から一律に(6)項ロ又はハとすることなく、福祉部局になされた届出等を考慮しつつ、営業形態、サービスの内容、利用者の避難困難性、事業者の受入れ体制等の事業内容を十分に把握し、総合的に火災危険性を勘案した上で、用途の判断を行うこと。
　ウ　利用実態が変化した場合に用途区分が変更されることが考えられるため、消防用設備等の設置について、消防法（昭和23年法律第186号）第17条の3の趣旨を関係者等に十分に説明し、事業者の受入れ体制等の事業内容を確認した上で、あらかじめ必要な対応を促すことが望ましいこと。
(2)　利用実態が変化した場合に令別表第1(6)項ロ又はハとなる軽費老人ホーム、有料老人ホーム等の社会福祉施設等(注)における入所者若しくは入居者又は宿泊者の人数は、以下を目安として判断すること。
　ア　社会福祉施設等に、実際に入所若しくは入居又は宿泊している人数によること。
　イ　アが明確でないときは、社会福祉施設等が届出等により福祉部局に示している定員又は新規に社会福祉施設等を設置しようとする際に示す定員の予定数によること。
　ウ　イの届出等がない場合には、防火対象物の入所若しくは入居又は宿泊の用に供する部屋の数、規模及び形態等の事業者の受入れ体制に関する資料の提出を求め、推定される人数によること。
　　(注)　軽費老人ホーム、有料老人ホーム、小規模多機能型居宅介護事業を行う施設、障害者支援施設、障害者の日常生活及び社会生活を総合的に支援するための法律（平成17年法律第123号。5において「障害者総合支援法」という。）第5条第8項に規定する短期入所又は同条第15項に規定する共同生活援助（平成26年3月31日までは、共同生活介護）を行う施設、令別表第1(6)項ロ(1)及びハ(1)に規定する「その他これらに類するものとして総務省令で定めるもの」をいう。

●**地域小規模児童養護施設、分園型小規模グループケア**（平31・3・29消防予103）
問　児童福祉法（昭和22年法律第164号）第41条に規定する児童養護施設における本体施設の分園として民間住宅等を活用して運営される地域小規模児童養護施設（「地域小規模児童養護施設の設置運営について」（平成12年5月1日付け児発第489号・厚生省児童家庭局長通知）中、地域小規模児童養護施設設置運営要綱で定めるものをいう。）は、本体施設と同じ用途である令別表第1(6)項ハ(3)として取り扱ってよいか。
　また、小規模なグループによる養育を行うために児童養護施設等における本体施設の敷地外に

第3章　主たる用途別の消防設備設置基準

> 存する分園として運営される分園型小規模グループケア（「児童養護施設等のケア形態の小規模化の推進について」（平成17年3月30日付け雇児発第0330008号・厚生労働省雇用均等・児童家庭局長通知）中、児童養護施設等における小規模グループケア実施要綱で定めるものをいう。）についても、同様の考え方により、本体施設と同じ用途（例えば、児童養護施設における分園型小規模グループケアにあっては、令別表第1(6)項ハ(3)）として取り扱ってよいか。
> 答　前段、後段ともお見込みのとおり。

消防設備設置基準一覧表

消防用設備等の区分		消防法施行令による基準			東京都火災予防条例による付加基準
		設置すべき面積・収容人員等（原則となる規制基準）	関係条文	設置基準の緩和	
消火設備	消火器・簡易消火用具（消火器具）	延べ面積150㎡以上	令10①二	令10③	部分の用途による（条例36②・37①）（※21・※22）
		地階・無窓階・3階以上の階床面積50㎡以上	令10①五		
	屋内消火栓設備	延べ面積700㎡以上 基準面積の緩和 ①　耐火構造（※1） 　→延べ面積2,100㎡以上 ②　耐火構造・準耐火構造（※2） 　→延べ面積1,400㎡以上	令11①二 令11②	令11④	地階を除く階数5以上（条例38①二）（※23）
		地階・無窓階・4階以上の階床面積150㎡以上 基準面積の緩和 ①　耐火構造（※1） 　→床面積450㎡以上 ②　耐火構造・準耐火構造（※2） 　→床面積300㎡以上	令11①六 令11②		
	スプリンクラー設備	地階を除く階数11以上（※12）	令12①三	令12③	①　地下4階以下の階で、地下4階以下の階の床面積の合計1,000㎡以上（条例39①四の二） ②　地盤面からの高さが31mを超える階（条例39①五）
		床面積の合計（平屋建て以外）6,000㎡以上（※12）	令12①四		
		地階・無窓階床面積1,000㎡以上	令12①十一		
		4階以上10階以下の階床面積1,500㎡以上（※12）			
	特殊消火設備	第4章2～10参照	令13	－	部分の用途による（条例40①）
	屋外消火栓設備	床面積（※3） ①　耐火建築物　9,000㎡以上 ②　準耐火建築物　6,000㎡以上 ③　その他　3,000㎡以上	令19①	令19④	－

		同一敷地内の2以上の建築物（一の建築物とみなされるもの（※4））の床面積（※3）上記①〜③	令19②		
	動力消防ポンプ設備	延べ面積700㎡以上 基準面積の緩和 ① 耐火構造（※1） 　→延べ面積2,100㎡以上 ② 耐火構造・準耐火構造（※2） 　→延べ面積1,400㎡以上	令20①一 令20②	令20⑤	建築物が同一敷地内に2以上ある場合（耐火建築物、準耐火建築物を除く。）で、延べ面積の合計3,000㎡以上（条例40の2①）（※24）
		地階・無窓階・4階以上の階床面積150㎡以上 基準面積の緩和 ① 耐火構造（※1） 　→床面積450㎡以上 ② 耐火構造・準耐火構造（※2） 　→床面積300㎡以上			
		床面積（※3） ① 耐火建築物　9,000㎡以上 ② 準耐火建築物　6,000㎡以上 ③ その他　3,000㎡以上	令20①二 令20②		
		同一敷地内の2以上の建築物（一の建築物とみなされるもの（※4））の床面積（※3）上記①〜③			
警報設備	自動火災報知設備	全部（利用者を入居させ、又は宿泊させるものに限る。）	令21①一	ー	ー
		延べ面積300㎡以上（利用者を入居させ、又は宿泊させるものを除く。）	令21①三		
		特定1階段等防火対象物（※5）全部（利用者を入居させ、又は宿泊させるものを除く。）	令21①七		
	ガス漏れ火災警報設備	温泉採取設備が設けられているもの（※6）	令21の2①三	令21の2①かっこ書	ー
		地階 床面積の合計1,000㎡以上	令21の2①四		
	漏電火災警報器	延べ面積300㎡以上（※7）	令22①三	ー	ー
		契約電流容量50Aを超えるもの（※7）	令22①七		
	消防機関へ通報する火災報知設備	延べ面積500㎡以上	令23①二	令23①ただし書	ー
	非常警報器具	収容人員20人以上50人未満	令24①	令24①ただし書	ー

第3章　主たる用途別の消防設備設置基準

非常警報設備	非常ベル、自動式サイレン又は放送設備	収容人員50人以上	令24②二	令24②ただし書	－
		地階・無窓階 収容人員20人以上			
	非常ベル及び放送設備又は自動式サイレン及び放送設備	地階を除く階数11以上	令24③二	令24⑤	
		地階の階数3以上			
		収容人員300人以上	令24③四		
避難設備	避難器具	2階以上の階・地階 収容人員20人以上（下階に令別表第1(1)項～(4)項・(9)項・(12)項イ・(13)項イ・(14)項・(15)項の防火対象物が存するものは10人以上）	令25①一	令25①かっこ書 令25②一ただし書	－
		3階以上の階のうち、当該階(※15)から避難階又は地上に直通する階段が2以上設けられていない階 収容人員10人以上	令25①五		
	誘導灯・誘導標識	全部	令26①	令26①ただし書 令26③	－
消防用水		敷地面積20,000㎡以上 床面積(※3) ① 耐火建築物　15,000㎡以上 ② 準耐火建築物　10,000㎡以上 ③ その他　5,000㎡以上 (※8)	令27①一	－	－
		敷地面積20,000㎡以上 同一敷地内の2以上の建築物（一の建築物とみなされるもの(※9)）の床面積(※3) 上記①～③	令27②		
		高さ31m超 延べ面積（地階に係るものを除く。）25,000㎡以上	令27①二		
消火活動上必要な施設	排煙設備	－	－	－	地下4階以下の階で、駐車場部分の床面積1,000㎡以上（条例45の2①）（※25）
	連結散水設備	地階の床面積の合計700㎡以上	令28の2①	令28の2③ 令28の2④	－
	連結送水管	地階を除く階数7以上	令29①一	－	屋上を回転翼航空機

第3章　主たる用途別の消防設備設置基準

		地階を除く階数5以上 延べ面積6,000㎡以上	令29①二		の発着場、自動車駐車場の用途に供するもの（条例46①二）
	非常コンセント設備	地階を除く階数11以上	令29の2①一	－	地下4階以下の階で、地下4階以下の階の床面積の合計1,000㎡以上（条例46の2①）
	無線通信補助設備	－	－	－	地階の階数4以上かつ地階の床面積の合計3,000㎡以上のものの地階（条例46の3①一）
総合操作盤		第4章11参照	－	－	－

注　表中の(※)については、「「消防設備設置基準一覧表」の見方・扱い方」（76頁）参照

16　幼稚園・特別支援学校

関係条文：令別表第1(6)項ニ

用途の定義	
幼稚園	義務教育及びその後の教育の基礎を培うものとして、幼児（満1歳から、小学校就学の始期に達するまでの者）（児福法4）を保育し、幼児の健やかな成長のために適当な環境を与えて、その心身の発達を助長することを目的とする学校をいう（学校教育法22）。
特別支援学校	視覚障害者、聴覚障害者、知的障害者、肢体不自由者又は病弱者（身体虚弱者を含む。以下同じ。）に対して、幼稚園、小学校、中学校又は高等学校に準ずる教育を施すとともに、障害による学習上又は生活上の困難を克服し自立を図るために必要な知識技能を授けることを目的とする学校をいう（学校教育法72）。 ＜参考＞　学校教育法81条の規定により、小学校、中学校、義務教育学校、高等学校及び中等教育学校に設置されることのある特別支援学級は、同校の別棟であっても令別表第1(6)項ニではなく、令別表第1(7)項に該当する。

消防設備設置基準一覧表

消防用設備等の区分		消防法施行令による基準			東京都火災予防条例による付加基準
^^^			設置すべき面積・収容人員等（原則となる規制基準）	関係条文	設置基準の緩和	^^^
消火設備	消火器・簡易消火用具（消火器具）	延べ面積150㎡以上	令10①二	令10③	部分の用途による（条例36②・37①）（※21・※22）
^^^	^^^	地階・無窓階・3階以上の階床面積50㎡以上	令10①五	^^^	^^^
^^^	屋内消火栓設備	延べ面積700㎡以上 基準面積の緩和 ① 耐火構造（※1） 　→延べ面積2,100㎡以上 ② 耐火構造・準耐火構造（※2） 　→延べ面積1,400㎡以上	令11①二 令11②	令11④	地階を除く階数5以上（条例38①二）（※23）
^^^	^^^	地階・無窓階・4階以上の階床面積150㎡以上 基準面積の緩和 ① 耐火構造（※1） 　→床面積450㎡以上 ② 耐火構造・準耐火構造（※2） 　→床面積300㎡以上	令11①六 令11②	^^^	^^^
^^^	スプリンクラー設備	地階を除く階数11以上（※12）	令12①三	令12③	① 地下4階以下の階で、地下4階以下の階の床面積の合計1,000㎡以上（条例39①四の二） ② 地盤面からの高
^^^	^^^	床面積の合計（平屋建て以外）6,000㎡以上（※12）	令12①四	^^^	^^^
^^^	^^^	地階・無窓階 床面積1,000㎡以上	令12①十一	^^^	^^^

第3章　主たる用途別の消防設備設置基準

		4階以上10階以下の階 床面積1,500㎡以上（※12）			さが31mを超える階（条例39①五）
	特殊消火設備	第4章2～10参照	令13	－	部分の用途による （条例40①）
	屋外消火栓設備	床面積（※3） ①　耐火建築物　9,000㎡以上 ②　準耐火建築物　6,000㎡以上 ③　その他　3,000㎡以上	令19①	令19④	－
		同一敷地内の2以上の建築物（一の建築物とみなされるもの（※4））の床面積（※3） 上記①～③	令19②		
	動力消防ポンプ設備	延べ面積700㎡以上 基準面積の緩和 ①　耐火構造（※1） 　→延べ面積2,100㎡以上 ②　耐火構造・準耐火構造（※2） 　→延べ面積1,400㎡以上	令20①一 令20②	令20⑤	建築物が同一敷地内に2以上ある場合（耐火建築物、準耐火建築物を除く。）で、延べ面積の合計3,000㎡以上（条例40の2①）（※24）
		地階・無窓階・4階以上の階 床面積150㎡以上 基準面積の緩和 ①　耐火構造（※1） 　→床面積450㎡以上 ②　耐火構造・準耐火構造（※2） 　→床面積300㎡以上			
		床面積（※3） ①　耐火建築物　9,000㎡以上 ②　準耐火建築物　6,000㎡以上 ③　その他　3,000㎡以上	令20①二 令20②		
		同一敷地内の2以上の建築物（一の建築物とみなされるもの（※4））の床面積（※3） 上記①～③			
警報設備	自動火災報知設備	延べ面積300㎡以上	令21①三	－	
		特定1階段等防火対象物（※5）全部	令21①七		
		地階・無窓階・3階以上の階 床面積300㎡以上	令21①十一		
		11階以上の階	令21①十四		
	ガス漏れ火災警報設備	温泉採取設備が設けられているもの（※6）	令21の2①三	令21の2①かっこ	－

第3章　主たる用途別の消防設備設置基準

		地階 床面積の合計1,000㎡以上	令21の2 ①四	書	
	漏電火災警報器	延べ面積300㎡以上(※7)	令22①三	−	−
		契約電流容量50Aを超えるもの(※7)	令22①七		
	消防機関へ通報する火災報知設備	延べ面積500㎡以上	令23①二	令23①ただし書 令23③	−
	非常警報器具	収容人員20人以上50人未満	令24①	令24①ただし書	−
非常警報設備	非常ベル、自動式サイレン又は放送設備	収容人員50人以上	令24②二	令24②ただし書	
		地階・無窓階 収容人員20人以上			
	非常ベル及び放送設備又は自動式サイレン及び放送設備	地階を除く階数11以上	令24③二	令24⑤	
		地階の階数3以上			
		収容人員300人以上	令24③四		
避難設備	避難器具	2階以上の階・地階 収容人員20人以上（下階に令別表第1(1)項〜(4)項・(9)項・(12)項イ・(13)項イ・(14)項・(15)項の防火対象物が存するものは10人以上）	令25①一	令25①かっこ書 令25②一ただし書	−
		3階以上の階のうち、当該階(※15)から避難階又は地上に直通する階段が2以上設けられていない階 収容人員10人以上	令25①五		
	誘導灯・誘導標識	全部	令26①	令26①ただし書 令26③	−
消防用水		敷地面積20,000㎡以上 床面積(※3) ①　耐火建築物　15,000㎡以上 ②　準耐火建築物　10,000㎡以上 ③　その他　5,000㎡以上 (※8)	令27①一	−	−
		敷地面積20,000㎡以上 同一敷地内の2以上の建築物(一の建築物とみなされるもの(※9))の床面積(※3) 上記①〜③	令27②		

— 165 —

		高さ31m超 延べ面積（地階に係るものを除く。）25,000㎡以上	令27①二		
消火活動上必要な施設	排煙設備	－	－	－	地下4階以下の階で、駐車場部分の床面積1,000㎡以上（条例45の2①）（※25）
	連結散水設備	地階の床面積の合計700㎡以上	令28の2①	令28の2③ 令28の2④	－
	連結送水管	地階を除く階数7以上	令29①一	－	屋上を回転翼航空機の発着場、自動車駐車場の用途に供するもの（条例46①二）
		地階を除く階数5以上 延べ面積6,000㎡以上	令29①二		
	非常コンセント設備	地階を除く階数11以上	令29の2①一	－	地下4階以下の階で、地下4階以下の階の床面積の合計1,000㎡以上（条例46の2①）
	無線通信補助設備	－	－	－	地階の階数4以上かつ地階の床面積の合計3,000㎡以上のものの地階（条例46の3①一）
総合操作盤		第4章11参照	－	－	－

注　表中の(※)については、「「消防設備設置基準一覧表」の見方・扱い方」（76頁）参照

17 小学校・中学校・高等学校等

関係条文：令別表第1(7)項

	用途の定義
共通する内容	学校教育法に基づく教育、又はこれと類似の教育を実施する施設である。 <参考> 学校内の施設のうち、舞台及び客席を有するホール等の施設で、常時一般の講演、集会等にも利用されるものは、令別表第1(1)項に該当するものとされている。
小学校	心身の発達に応じて、義務教育として行われる普通教育のうち基礎的なものを施すことを目的とする学校をいう（学校教育法29）。
中学校	小学校における教育の基礎の上に、心身の発達に応じて、義務教育として行われる普通教育を施すことを目的とする学校をいう（学校教育法45）。
義務教育学校	心身の発達に応じて、義務教育として行われる普通教育を基礎的なものから一貫して施すことを目的とする学校をいう（学校教育法49の2）。義務教育学校では、前期6年の前期課程と後期3年の後期課程に区分され、修業年限は、9年とされている（学校教育法49の4・49の5）。
高等学校	中学校における教育の基礎の上に、心身の発達及び進路に応じて、高度な普通教育及び専門教育を施すことを目的とする学校をいう（学校教育法50）。
中等教育学校	小学校における教育の基礎の上に、心身の発達及び進路に応じて、義務教育として行われる普通教育並びに高度な普通教育及び専門教育を一貫して施すことを目的とする学校をいう（学校教育法63）。
高等専門学校	深く専門の学芸を教授し、職業に必要な能力を育成することを目的とする学校をいう。なお、高等専門学校は、その目的を実現するための教育を行い、その成果を広く社会に提供することにより、社会の発展に寄与するものとされている（学校教育法115）。
大　学	学術の中心として、広く知識を授けるとともに、深く専門の学芸を教授研究し、知的、道徳的及び応用的能力を展開させることを目的とする学校である。なお、大学は、その目的を実現するための教育研究を行い、その成果を広く社会に提供することにより、社会の発展に寄与するものとされている（学校教育法83）。 <参考> 大学院は、学術の理論及び応用を教授研究し、その深奥をきわめ、又は高度の専門性が求められる職業を担うための深い学識及び卓越した能力を培い、文化の進展に寄与することを目的とする学校をいう。なお、大学院のうち、学術の理論及び応用を教授研究し、高度の専門性が求められる職業を担うための深い学識及び卓越した能力を培うことを目的とするものは、専門職大学院とされている（学校教育法99）。
専修学校	職業若しくは実際生活に必要な能力を育成し、又は教養の向上を図ることを目的として組織的な教育を行う学校をいう（当該教育を行うにつき他の法律に特別の規定があるもの及び我が国に居住する外国人を専ら対象とするものを除く。）（学校教育法124）。 <参考> 修業年限が1年以上、教育を受ける者が常時40人以上、校舎面積が130㎡以上等であることとされている（学校教育法124、専修学校設置基準別表2）。

第3章　主たる用途別の消防設備設置基準

各種学校	幼稚園、小学校、中学校、義務教育学校、高等学校、中等教育学校、特別支援学校、大学及び高等専門学校以外のもので、学校教育に類する教育を行うもの（当該教育を行うにつき他の法律に特別の規定があるもの及び専修学校を除く。）をいう（学校教育法134）。 各種学校の修業期間は、1年以上（簡易に修得することができる技術、技芸等の課程については、3月以上1年未満とすることができる。）、校舎の面積は、115.70㎡以上等であることとされている（各種学校規程3・10）。
その他これらに類するもの	学校教育法に規定されるもの以外の学校で、学校教育に類する教育を実施する施設をいう。消防大学校、自治大学校、学習塾、そろばん塾などが該当する。

用途判定の行政実例等

●防火対象物の取扱いについて（昭55・10・28消防予227）

問　管内消防長から次のような用途の防火対象物について、照会があったので御教示願います。
1　建物概要
 (1)　設置者　　東京都江東区教育委員会
 (2)　収容人員　児童45名、教員7名、保母8名、看護婦2名、事務員その他10名、計72名
 (3)　建物構造等　未定
 (4)　用途概要　江東区内の小学校3年から6年までの虚弱児〔学校教育法（昭和23年3月31日法建第26号）第71条の2及び同施行令（昭和28年10月31日政令第340号）第22条の2に該当しないと思われる児童で別添入園条件（略）の症状のある児童〕を収容して年間を通して宿舎生活をしながら自然環境の良い場所で教育と規則正しい生活をさせ、諸症状の回復をはかる。
2　右〔次〕のような用途の場合の項の判定について
 (1)　学校（教室）棟は、令別表第1(6)項ハとして規制してよろしいか。
 (2)　宿舎棟は、令別表第1(5)項ロとして規制してよろしいか。
 (3)　上記(1)、(2)によらない場合、それぞれなん項を適用して規制するか。
答1　消防法施行令別表第1(7)項に掲げる防火対象物に該当する。
 2　お見込みのとおり。
 3　1及び2により承知されたい。

消防設備設置基準一覧表

消防用設備等の区分		消防法施行令による基準			東京都火災予防条例による付加基準
^	^	設置すべき面積・収容人員等（原則となる規制基準）	関係条文	設置基準の緩和	^
消防設備	消火器・簡易消火用具（消火器具）	延べ面積300㎡以上	令10①三	令10③	部分の用途による（条例36②・37①）（※21・※22）
^	^	地階・無窓階・3階以上の階床面積50㎡以上	令10①五	^	^
^	屋内消火栓設備	延べ面積700㎡以上 基準面積の緩和 ①　耐火構造（※1） 　→延べ面積2,100㎡以上 ②　耐火構造・準耐火構造（※2） 　→延べ面積1,400㎡以上	令11①二 令11②	令11④	地階を除く階数5以上（条例38①二）（※23）

第3章　主たる用途別の消防設備設置基準

	地階・無窓階・4階以上の階 床面積150㎡以上 基準面積の緩和 ①　耐火構造(※1) 　→床面積450㎡以上 ②　耐火構造・準耐火構造(※2) 　→床面積300㎡以上	令11①六 令11②		
スプリンクラー設備	11階以上の階(※12)	令12①十二	令12③	①　地階・無窓階で床面積2,000㎡以上（条例39①三） ②　地下4階以下の階で、地下4階以下の階の床面積の合計2,000㎡以上（条例39①四の三） ③　地盤面からの高さが31mを超える階（条例39①五）
特殊消火設備	第4章2〜10参照	令13	−	部分の用途による（条例40①）
屋外消火栓設備	床面積(※3) ①　耐火建築物　9,000㎡以上 ②　準耐火建築物　6,000㎡以上 ③　その他　3,000㎡以上	令19①	令19④	−
	同一敷地内の2以上の建築物（一の建築物とみなされるもの(※4)）の床面積(※3) 上記①〜③	令19②		
動力消防ポンプ設備	延べ面積700㎡以上 基準面積の緩和 ①　耐火構造(※1) 　→延べ面積2,100㎡以上 ②　耐火構造・準耐火構造(※2) 　→延べ面積1,400㎡以上	令20①一 令20②	令20⑤	建築物が同一敷地内に2以上ある場合（耐火建築物、準耐火建築物を除く。）で、延べ面積の合計3,000㎡以上（条例40の2①）(※24)
	地階・無窓階・4階以上の階 床面積150㎡以上 基準面積の緩和 ①　耐火構造(※1) 　→床面積450㎡以上 ②　耐火構造・準耐火構造(※2) 　→床面積300㎡以上			
	床面積(※3) ①　耐火建築物　9,000㎡以上 ②　準耐火建築物　6,000㎡以上 ③　その他　3,000㎡以上	令20①二 令20②		

第3章　主たる用途別の消防設備設置基準

警報設備	自動火災報知設備	同一敷地内の2以上の建築物(一の建築物とみなされるもの(※4))の床面積(※3) 上記①～③			
		延べ面積500㎡以上	令21①四	令21③	－
		地階・無窓階・3階以上の階 床面積300㎡以上	令21①十一		
		11階以上の階	令21①十四		
	ガス漏れ火災警報設備	温泉採取設備が設けられているもの(※6)	令21の2①三	令21の2①かっこ書	－
	漏電火災警報器	延べ面積500㎡以上(※7)	令22①四	－	－
	消防機関へ通報する火災報知設備	延べ面積1,000㎡以上	令23①三	令23①ただし書 令23③	－
	非常警報器具	－	－	－	－
	非常警報設備	非常ベル、自動式サイレン又は放送設備	収容人員50人以上	令24②二	令24②ただし書	－
			地階・無窓階 収容人員20人以上			
		非常ベル及び放送設備又は自動式サイレン及び放送設備	地階を除く階数11以上	令24③二	令24⑤	
			地階の階数3以上			
			収容人員800人以上	令24③四		
避難設備	避難器具	2階以上の階（主要構造部を耐火構造とした建築物の2階を除く。）・地階 収容人員50人以上	令25①三	令25①かっこ書 令25②一ただし書	6階以上の階で、収容人員30人以上（条例44①）
		3階以上の階のうち、当該階(※15)から避難階又は地上に直通する階段が2以上設けられていない階 収容人員10人以上	令25①五		
	誘導灯	地階・無窓階・11階以上の部分	令26①一 令26①二	令26①ただし書	延べ面積300㎡以上（夜間（日没時から日出時までの時間をいう。）において授業を行う課程を置くものに限る。）（条例45①一）

第3章　主たる用途別の消防設備設置基準

	誘導標識	全部	令26①四	令26①ただし書 令26③	－
消防用水		敷地面積20,000㎡以上 床面積(※3) ① 耐火建築物 15,000㎡以上 ② 準耐火建築物 10,000㎡以上 ③ その他 5,000㎡以上 (※8)	令27①一	－	－
		敷地面積20,000㎡以上 同一敷地内の2以上の建築物(一の建築物とみなされるもの(※9))の床面積(※3) 上記①～③	令27②		
		高さ31m超 延べ面積（地階に係るものを除く。）25,000㎡以上	令27①二		
消火活動上必要な施設	排煙設備	－	－	－	地下4階以下の階で、駐車場部分の床面積1,000㎡以上（条例45の2①）（※25）
	連結散水設備	地階の床面積の合計700㎡以上	令28の2①	令28の2③ 令28の2④	－
	連結送水管	地階を除く階数7以上	令29①一	－	屋上を回転翼航空機の発着場、自動車駐車場の用途に供するもの（条例46①二）
		地階を除く階数5以上 延べ面積6,000㎡以上	令29①二		
	非常コンセント設備	地階を除く階数11以上	令29の2①一	－	地下4階以下の階で、地下4階以下の階の床面積の合計1,000㎡以上（条例46の2①）
	無線通信補助設備	－	－	－	地階の階数4以上かつ地階の床面積の合計3,000㎡以上のものの地階（条例46の3①一）
総合操作盤		第4章11参照	－	－	－

注　表中の（※）については、「「消防設備設置基準一覧表」の見方・扱い方」（76頁）参照

18　図書館、博物館、美術館その他これらに類するもの

関係条文：令別表第1(8)項

用途の定義	
共通する内容	各種資料を収集、保存するとともに、一般に公開し、研究、鑑賞等の利便に供する施設で、出入口が少なく、施錠がされていたり、展示のための大空間や小部屋が散在する等、避難障害が考えられる。また、資料保護の観点から消防用設備等の設置や消防活動に制約がある場合もある用途である。
図書館	図書、記録その他必要な資料を収集し、整理し、保存して、一般公衆の利用に供し、その教養、調査研究、レクリエーション等に資することを目的とする施設で、地方公共団体、日本赤十字社又は一般社団法人若しくは一般財団法人が設置するもの(学校に附属する図書館又は図書室を除く。)をいう(図書館法2)。また、図書館法29条に定める図書館同種施設も含まれる。
博物館	歴史、芸術、民俗、産業、自然科学等に関する資料を収集し、保管（育成を含む。）し、展示して教育的配慮の下に一般公衆の利用に供し、その教養、調査研究、レクリエーション等に資するために必要な事業を行い、あわせてこれらの資料に関する調査研究をすることを目的とする機関（社会教育法による公民館及び図書館法による図書館を除く。）である（博物館法2）。また、博物館法に定められる施設であるが、同法10条による登録の有無は問わない。
美術館	博物館の一種で、美術関係の専門博物館をいう。
その他これらに類するもの	博物館法に定める博物館には該当しない、文学館、科学館、水族館、動物園、植物園、宝物殿等で博物館と類似目的に設置されるものをいう。

用途判定の行政実例等
●作品発表会場は令別表第1の何項に該当するか（昭54・6・22消防予118）
問　防火対象物（11階建、延べ面積17,000㎡）の3階部分（床面積1,300㎡程度）を絵画、写真、生花等の作品発表会場として使用している。使用は有料であるが、この用途部分は令別表第1何項でとるべきか。
答　令別表第1(8)項に該当するものと解する。

消防設備設置基準一覧表

消防用設備等の区分		消防法施行令による基準			東京都火災予防条例による付加基準
^		設置すべき面積・収容人員等（原則となる規制基準）	関係条文	設置基準の緩和	^
消火設備	消火器・簡易消火用具（消火器具）	延べ面積300㎡以上	令10①三	令10③	部分の用途による（条例36②・37①）（※21・※22）
^	^	地階・無窓階・3階以上の階床面積50㎡以上	令10①五	^	^
^	屋内消火栓設備	延べ面積700㎡以上基準面積の緩和	令11①二令11②	令11④	地階を除く階数5以上（条例38①二）（※23）

第3章 主たる用途別の消防設備設置基準

	① 耐火構造(※1) 　→延べ面積 2,100㎡以上 ② 耐火構造・準耐火構造(※2) 　→延べ面積 1,400㎡以上			
	地階・無窓階・4階以上の階 床面積150㎡以上 基準面積の緩和 ① 耐火構造(※1) 　→床面積450㎡以上 ② 耐火構造・準耐火構造(※2) 　→床面積300㎡以上	令11①六 令11②		
スプリンクラー設備	11階以上の階(※12)	令12①十二	令12③	① 地階・無窓階で、床面積2,000㎡以上(条例39①三) ② 地下4階以下の階で、地下4階以下の階の床面積の合計2,000㎡以上(条例39①四の三) ③ 地盤面からの高さが31mを超える階(条例39①五)
特殊消火設備	第4章2〜10参照	令13	—	部分の用途による(条例40①)
屋外消火栓設備	床面積(※3) ① 耐火建築物 9,000㎡以上 ② 準耐火建築物 6,000㎡以上 ③ その他 3,000㎡以上	令19①	令19④	—
	同一敷地内の2以上の建築物(一の建築物とみなされるもの(※4))の床面積(※3) 上記①〜③	令19②		
動力消防ポンプ設備	延べ面積700㎡以上 基準面積の緩和 ① 耐火構造(※1) 　→延べ面積2,100㎡以上 ② 耐火構造・準耐火構造(※2) 　→延べ面積1,400㎡以上	令20①一 令20②	令20⑤	建築物が同一敷地内に2以上ある場合(耐火建築物、準耐火建築物を除く。)で延べ面積の合計3,000㎡以上(条例40の2①)(※24)
	地階・無窓階・4階以上の階 床面積150㎡以上 基準面積の緩和 ① 耐火構造(※1) 　→床面積450㎡以上 ② 耐火構造・準耐火構造(※2) 　→床面積300㎡以上			

第3章　主たる用途別の消防設備設置基準

		床面積(※3) ① 耐火建築物 9,000㎡以上 ② 準耐火建築物 6,000㎡以上 ③ その他 3,000㎡以上	令20①二 令20②		
		同一敷地内の2以上の建築物(一の建築物とみなされるもの(※4))の床面積(※3) 上記①～③			
警報設備	自動火災報知設備	延べ面積500㎡以上	令21①四	令21③	－
		地階・無窓階・3階以上の階 床面積300㎡以上	令21①十一		
		11階以上の階	令21①十四		
	ガス漏れ火災警報設備	温泉採取設備が設けられているもの(※6)	令21の2①三	令21の2①かっこ書	－
	漏電火災警報器	延べ面積500㎡以上(※7)	令22①四	－	－
	消防機関へ通報する火災報知設備	延べ面積1,000㎡以上	令23①三	令23①ただし書 令23③	
	非常警報器具	－	－	－	－
	非常警報設備	非常ベル、自動式サイレン又は放送設備	収容人員50人以上	令24②二	令24②ただし書	
			地階・無窓階 収容人員20人以上			
		非常ベル及び放送設備又は自動式サイレン及び放送設備	地階を除く階数11以上	令24③二	令24⑤	
			地階の階数3以上			
			収容人員800人以上	令24③四		
避難設備	避難器具	2階以上の階(主要構造部を耐火構造とした建築物の2階を除く。)・地階 収容人員50人以上	令25①三	令25①かっこ書 令25②一ただし書	6階以上の階で、収容人員30人以上(条例44①)
		3階以上の階のうち、当該(※15)から避難階又は地上に直通する階段が2以上設けられていない階 収容人員10人以上	令25①五		
	誘導灯	地階・無窓階・11階以上の部分	令26①一 令26①二	令26①ただし書	－
	誘導標識	全部	令26①四	令26①ただし書 令26③	－

第3章　主たる用途別の消防設備設置基準

消防用水		敷地面積20,000㎡以上 床面積(※3) ① 耐火建築物 15,000㎡以上 ② 準耐火建築物 10,000㎡以上 ③ その他 5,000㎡以上 (※8)	令27①一	−	−
		敷地面積20,000㎡以上 同一敷地内の2以上の建築物（一の建築物とみなされるもの(※9)）の床面積(※3) 上記①〜③	令27②		
		高さ31m超 延べ面積（地階に係るものを除く。）25,000㎡以上	令27①二		
消火活動上必要な施設	排煙設備	−	−	−	地下4階以下の階で、駐車場部分の床面積1,000㎡以上（条例45の2①）(※25)
	連結散水設備	地階の床面積の合計700㎡以上	令28の2①	令28の2③ 令28の2④	
	連結送水管	地階を除く階数7以上	令29①一	−	屋上を回転翼航空機の発着場、自動車駐車場の用途に供するもの（条例46①二）
		地階を除く階数5以上 延べ面積6,000㎡以上	令29①二		
	非常コンセント設備	地階を除く階数11以上	令29の2①一	−	地下4階以下の階で、地下4階以下の階の床面積の合計1,000㎡以上（条例46の2①）
	無線通信補助設備	−	−	−	地階の階数4以上かつ地階の床面積の合計3,000㎡以上のものの地階（条例46の3①一）
総合操作盤		第4章11参照	−	−	

注　表中の(※)については、「「消防設備設置基準一覧表」の見方・扱い方」（76頁）参照

19　公衆浴場のうち、蒸気浴場、熱気浴場その他これらに類するもの

関係条文：令別表第1(9)項イ

用途の定義	
共通する内容	密室構造のものが多く、客が一般的に裸体であり、避難が遅れる危険性が高い。公衆浴場は、浴場経営という社会性のある施設であって、家庭の浴場を親類、友人に利用させる場合又は近隣の数世帯が共同して浴場を設け利用している場合は含まれない。
蒸気浴場	蒸気浴を行う浴場をいい、浴室のほか脱衣場、マッサージ室、休憩室、ロッカー室等も含まれる。浴室内には、多湿の蒸気が充満している。
熱気浴場	通称サウナ浴場と呼ばれ電熱器等を熱源として、高温低湿の空気を利用する浴場をいい、サウナ室のほか脱衣場、マッサージ室、休憩室、ロッカー室等も含まれることは蒸気浴場と同様である。浴室内は高温低湿のため乾燥状態となり引火、発火の危険性が高い。
その他これらに類するもの	砂湯、蒸し風呂等が含まれる。

用途判定の行政実例等
●ソープランドの項判定について（平15・2・21消防予55） 　公衆浴場のうち個室を設け、当該個室において異性の客に接触する役務を提供するソープランドは消防法施行令別表第1(9)項イに掲げる防火対象物に該当する。

消防設備設置基準一覧表

消防用設備等の区分		消防法施行令による基準			東京都火災予防条例による付加基準
		設置すべき面積・収容人員等（原則となる規制基準）	関係条文	設置基準の緩和	
消火設備	消火器・簡易消火用具（消火器具）	延べ面積150㎡以上	令10①二	令10③	部分の用途による（条例36②・37①）（※21・※22）
^^	^^	地階・無窓階・3階以上の階床面積50㎡以上	令10①五	^^	^^
^^	屋内消火栓設備	延べ面積700㎡以上 基準面積の緩和 ①　耐火構造（※1） 　→延べ面積 2,100㎡以上 ②　耐火構造・準耐火構造（※2） 　→延べ面積 1,400㎡以上	令11①二 令11②	令11④	地階を除く階数5以上（条例38①二）（※23）
^^	^^	地階・無窓階・4階以上の階床面積150㎡以上	令11①六 令11②	^^	^^

第3章　主たる用途別の消防設備設置基準

	基準面積の緩和 ①　耐火構造（※1） 　→床面積　450㎡以上 ②　耐火構造・準耐火構造（※2） 　→床面積　300㎡以上			
スプリンクラー設備	地階を除く階数11以上（※12）	令12①三	令12③	①　地下4階以下の階で、地下4階以下の階の床面積の合計1,000㎡以上（条例39①四の二） ②　地盤面からの高さが31mを超える階（条例39①五）
	床面積の合計（平屋建て以外） 6,000㎡以上（※12）	令12①四		
	地階・無窓階 床面積　1,000㎡以上	令12①十一		
	4階以上10階以下の階 床面積　1,500㎡以上（※12）			
特殊消火設備	第4章2〜10参照	令13	−	部分の用途による（条例40①）
屋外消火栓設備	床面積（※3） ①　耐火建築物　9,000㎡以上 ②　準耐火建築物　6,000㎡以上 ③　その他　3,000㎡以上	令19①	令19④	−
	同一敷地内の2以上の建築物（一の建築物とみなされるもの（※4））の床面積（※3） 上記①〜③	令19②		
動力消防ポンプ設備	延べ面積700㎡以上 基準面積の緩和 ①　耐火構造（※1） 　→延べ面積　2,100㎡以上 ②　耐火構造・準耐火構造（※2） 　→延べ面積　1,400㎡以上	令20①一 令20②	令20⑤	建築物が同一敷地内に2以上ある場合（耐火建築物、準耐火建築物を除く。）で、延べ面積の合計3,000㎡以上（条例40の2①）（※24）
	地階・無窓階・4階以上の階 床面積150㎡以上 基準面積の緩和 ①　耐火構造（※1） 　→床面積　450㎡以上 ②　耐火構造・準耐火構造（※2） 　→床面積　300㎡以上			
	床面積（※3） ①　耐火建築物　9,000㎡以上 ②　準耐火建築物　6,000㎡以上 ③　その他　3,000㎡以上	令20①二 令20②		
	同一敷地内の2以上の建築物（一の建築物とみなされるもの（※4））の床面積（※3） 上記①〜③			

第3章 主たる用途別の消防設備設置基準

警報設備	自動火災報知設備	延べ面積200㎡以上	令21①二	−	−
		特定1階段等防火対象物(※5)全部	令21①七		
		地階・無窓階・3階以上の階 床面積300㎡以上	令21①十一		
		11階以上の階	令21①十四		
	ガス漏れ火災警報設備	温泉採取設備が設けられているもの(※6)	令21の2①三	令21の2①かっこ書	−
		地階 床面積の合計1,000㎡以上	令21の2①四		
	漏電火災警報器	延べ面積150㎡以上(※7)	令22①二	−	−
	消防機関へ通報する火災報知設備	延べ面積1,000㎡以上	令23①三	令23①ただし書 令23③	−
	非常警報器具	−	−	−	−
	非常警報設備	非常ベル、自動式サイレン又は放送設備	収容人員20人以上	令24②一	令24②ただし書	
		非常ベル及び放送設備又は自動式サイレン及び放送設備	地階を除く階数11以上	令24③二	令24⑤	
			地階の階数3以上			
			収容人員300人以上	令24③四		
避難設備	避難器具	2階以上の階(主要構造部を耐火構造とした建築物の2階を除く。)・地階 収容人員50人以上	令25①三	令25①かっこ書 令25②一ただし書	6階以上の階で、収容人員30人以上(条例44①)
		3階以上の階のうち、当該階(※15)から避難階又は地上に直通する階段が2以上設けられていない階 収容人員10人以上	令25①五		
	誘導灯・誘導標識	全部	令26①	令26①ただし書 令26③	−
消防用水		敷地面積20,000㎡以上 床面積(※3) ① 耐火建築物 15,000㎡以上 ② 準耐火建築物 10,000㎡以上 ③ その他 5,000㎡以上 (※8)	令27①一	−	−

第3章　主たる用途別の消防設備設置基準

		敷地面積20,000㎡以上 同一敷地内の2以上の建築物(一の建築物とみなされるもの(※9))の床面積(※3) 上記①〜③	令27②		
		高さ31m超 延べ面積（地階に係るものを除く。）25,000㎡以上	令27①二		
消火活動上必要な施設	排煙設備	−	−	−	地下4階以下の階で、駐車場部分の床面積1,000㎡以上（条例45の2①）（※25）
	連結散水設備	地階の床面積の合計700㎡以上	令28の2①	令28の2③ 令28の2④	−
	連結送水管	地階を除く階数7以上	令29①一	−	屋上を回転翼航空機の発着場、自動車駐車場の用途に供するもの（条例46①二）
		地階を除く階数5以上 延べ面積6,000㎡以上	令29①二		
	非常コンセント設備	地階を除く階数11以上	令29の2①一	−	地下4階以下の階で、地下4階以下の階の床面積の合計1,000㎡以上（条例46の2①）
	無線通信補助設備	−	−	−	地階の階数4以上かつ地階の床面積の合計3,000㎡以上のものの地階（条例46の3①一）
総合操作盤		第4章11参照	−	−	−

注　表中の(※)については、「「消防設備設置基準一覧表」の見方・扱い方」（76頁）参照

第3章　主たる用途別の消防設備設置基準

20　令別表第1(9)項イに掲げる公衆浴場以外の公衆浴場

関係条文：令別表第1(9)項ロ

用途の定義	
共通する内容	温湯、潮湯又は温泉その他を利用して公衆を入浴させる施設であり（公衆浴場法1①）、銭湯のほか、鉱泉浴場等がこれに該当する。この用途は、利用者が一般的に裸体であるため、避難に時間を要するおそれがあることが特徴である。

用途判定の行政実例等
●令別表第1(9)項に係る疑義について（昭48・4・21消防予64） 　公衆浴場のうち、家族風呂専用のもので、蒸気浴、熱気浴等を用いていないものは消防法施行令別表第1(9)項ロに該当する。また、この家族風呂が一般の公衆浴場に併設されている場合も(9)項ロに該当する。

消防設備設置基準一覧表				
消防用設備等の区分		消防法施行令による基準			東京都火災予防条例による付加基準
^	^	設置すべき面積・収容人員等（原則となる規制基準）	関係条文	設置基準の緩和	^
消火設備	消火器・簡易消火用具（消火器具）	延べ面積150㎡以上	令10①二	令10③	部分の用途による （条例36②・37①）（※21・※22）
^	^	地階・無窓階・3階以上の階床面積50㎡以上	令10①五	^	^
^	屋内消火栓設備	延べ面積700㎡以上 基準面積の緩和 ①　耐火構造(※1) 　→延べ面積2,100㎡以上 ②　耐火構造・準耐火構造(※2) 　→延べ面積1,400㎡以上	令11①二 令11②	令11④	地階を除く階数5以上（条例38①二）（※23）
^	^	地階・無窓階・4階以上の階床面積150㎡以上 基準面積の緩和 ①　耐火構造(※1) 　→床面積450㎡以上 ②　耐火構造・準耐火構造(※2) 　→床面積300㎡以上	令11①六 令11②	^	^
^	スプリンクラー設備	11階以上の階(※12)	令12①十二	令12③	①　地下4階以下の階で、地下4階以下の階の床面積の合計2,000㎡以上 （条例39①四の三）

第3章　主たる用途別の消防設備設置基準

					②　地盤面からの高さが31mを超える階（条例39①五）
	特殊消火設備	第4章2～10参照	令13	—	部分の用途による（条例40①）
	屋外消火栓設備	床面積（※3） ①　耐火建築物　9,000㎡以上 ②　準耐火建築物　6,000㎡以上 ③　その他　3,000㎡以上	令19①	令19④	—
		同一敷地内の2以上の建築物（一の建築物とみなされるもの（※4））の床面積（※3） 上記①～③	令19②		
	動力消防ポンプ設備	延べ面積700㎡以上 基準面積の緩和 ①　耐火構造（※1） 　→延べ面積2,100㎡以上 ②　耐火構造・準耐火構造（※2） 　→延べ面積1,400㎡以上	令20①一 令20②	令20⑤	建築物が同一敷地内に2以上ある場合（耐火建築物、準耐火建築物を除く。）で延べ面積の合計3,000㎡以上（条例40の2①）（※24）
		地階・無窓階・4階以上の階 床面積150㎡以上 基準面積の緩和 ①　耐火構造（※1） 　→床面積450㎡以上 ②　耐火構造・準耐火構造（※2） 　→床面積300㎡以上			
		床面積（※3） ①　耐火建築物　9,000㎡以上 ②　準耐火建築物　6,000㎡以上 ③　その他　3,000㎡以上	令20①二 令20②		
		同一敷地内の2以上の建築物（一の建築物とみなされるもの（※4））の床面積（※3） 上記①～③			
警報設備	自動火災報知設備	延べ面積500㎡以上	令21①四	令21③	—
		地階・無窓階・3階以上の階 床面積300㎡以上	令21①十一		
		11階以上の階	令21①十四		
	ガス漏れ火災警報設備	温泉採取設備が設けられているもの（※6）	令21の2①三	令21の2①かっこ書	—
	漏電火災警報器	延べ面積150㎡以上（※7）	令22①二	—	

第３章　主たる用途別の消防設備設置基準

	消防機関へ通報する火災報知設備	延べ面積1,000㎡以上	令23①三	令23①ただし書 令23③	－
	非常警報器具	収容人員20人以上50人未満	令24①	令24①ただし書	－
非常警報設備	非常ベル、自動式サイレン又は放送設備	収容人員50人以上	令24②二	令24②ただし書	－
		地階・無窓階 収容人員20人以上			
	非常ベル及び放送設備又は自動式サイレン及び放送設備	地階を除く階数11以上	令24③二	令24⑤	
		地階の階数3以上			
避難設備	避難器具	2階以上の階（主要構造部を耐火構造とした建築物の2階を除く。）・地階 収容人員50人以上	令25①三	令25①かっこ書 令25②一ただし書	6階以上の階で、収容人員30人以上（条例44①）
		3階以上の階のうち、当該階（※15）から避難階又は地上に直通する階段が2以上設けられていない階 収容人員10人以上	令25①五		
	誘導灯・誘導標識	全部	令26①	令26①ただし書 令26③	－
消防用水		敷地面積20,000㎡以上 床面積（※3） ①　耐火建築物　15,000㎡以上 ②　準耐火建築物　10,000㎡以上 ③　その他　5,000㎡以上 　（※8）	令27①一	－	－
		敷地面積20,000㎡以上 同一敷地内の2以上の建築物（一の建築物とみなされるもの（※9））の床面積（※3） 上記①～③	令27②		
		高さ31m超 延べ面積（地階に係るものを除く。）25,000㎡以上	令27①二		
消火活動上	排煙設備	－	－	－	地下4階以下の階で、駐車場部分の床面積1,000㎡以上（条例45の2①）（※25）

第3章　主たる用途別の消防設備設置基準

必要な施設					
	連結散水設備	地階の床面積の合計700㎡以上	令28の2①	令28の2③ 令28の2④	－
	連結送水管	地階を除く階数7以上	令29①一	－	屋上を回転翼航空機の発着場、自動車駐車場の用途に供するもの（条例46①二）
		地階を除く階数5以上 延べ面積6,000㎡以上	令29①二		
	非常コンセント設備	地階を除く階数11以上	令29の2①一	－	地下4階以下の階で、地下4階以下の階の床面積の合計1,000㎡以上（条例46の2①）
	無線通信補助設備	－	－	－	地階の階数4以上かつ地階の床面積の合計3,000㎡以上のものの地階（条例46の3①一）
総合操作盤		第4章11参照	－	－	－

注　表中の(※)については、「「消防設備設置基準一覧表」の見方・扱い方」（76頁）参照

21　車両の停車場又は船舶若しくは航空機の発着場（旅客の乗降又は待合いの用に供する建築物に限る。）

関係条文：令別表第1(10)項

用途の定義	
共通する内容	鉄道車両の駅やプラットホーム、バスターミナル、船舶のふ頭、航空機の発着する空港の建物、ロープウェイの発着場等が該当し、旅客の乗降又は待合いのために使用する建物に限られる。貨物駅、トラックヤード、業務用施設などは含まれない。この用途は、施設に不案内の多くの通過旅客がいるため、火災時には大きな混乱が予想されることが特色である。
車両の停車場	鉄道車両の駅舎（プラットホームを含む。）、バスターミナルの建築物等をいうが、旅客の乗降又は待合いの用に供する建築物に限定されるものである。
船舶又は航空機の発着場	船舶の発着するふ頭、航空機の発着する空港施設等をいうが、旅客の乗降又は待合いの用に供する建築物に限定されるものである。

消防設備設置基準一覧表

消防用設備等の区分		消防法施行令による基準			東京都火災予防条例による付加基準
		設置すべき面積・収容人員等（原則となる規制基準）	関係条文	設置基準の緩和	
消火設備	消火器・簡易消火用具（消火器具）	延べ面積300㎡以上	令10①三	令10③	部分の用途による（条例36②・37①）（※21・※22）
		地階・無窓階・3階以上の階 床面積50㎡以上	令10①五		
	屋内消火栓設備	延べ面積700㎡以上 基準面積の緩和 ① 耐火構造(※1) 　→延べ面積2,100㎡以上 ② 耐火構造・準耐火構造(※2) 　→延べ面積1,400㎡以上	令11①二 令11②	令11④	地階を除く階数5以上（条例38①二）（※23）
		地階・無窓階・4階以上の階 床面積150㎡以上 基準面積の緩和 ① 耐火構造(※1) 　→床面積450㎡以上 ② 耐火構造・準耐火構造(※2) 　→床面積300㎡以上	令11①六 令11②		
	スプリンクラー設備	11階以上の階(※12)	令12①十二	令12③	① 地下4階以下の階で、地下4階以下の階の床面積の合計2,000㎡以上（条例39①四の三）

第3章　主たる用途別の消防設備設置基準

					②　鉄道の用に供する停車場で地階に乗降場を有するものの地階の当該用途に供する部分（条例39①四の四） ③　地盤面からの高さが31mを超える階（条例39①五）
	特殊消火設備	第4章2〜10参照	令13	—	部分の用途による（条例40①）
	屋外消火栓設備	床面積（※3） ①　耐火建築物　9,000㎡以上 ②　準耐火建築物　6,000㎡以上 ③　その他　3,000㎡以上	令19①	令19④	—
		同一敷地内の2以上の建築物（一の建築物とみなされるもの（※4））の床面積（※3） 上記①〜③	令19②		
	動力消防ポンプ設備	延べ面積700㎡以上 基準面積の緩和 ①　耐火構造（※1） 　→延べ面積2,100㎡以上 ②　耐火構造・準耐火構造（※2） 　→延べ面積1,400㎡以上	令20①一 令20②	令20⑤	建築物が同一敷地内に2以上ある場合（耐火建築物、準耐火建築物を除く。）で延べ面積の合計3,000㎡以上（条例40の2①）（※24）
		地階・無窓階・4階以上の階 床面積150㎡以上 基準面積の緩和 ①　耐火構造（※1） 　→床面積450㎡以上 ②　耐火構造・準耐火構造（※2） 　→床面積300㎡以上			
		床面積（※3） ①　耐火建築物　9,000㎡以上 ②　準耐火建築物　6,000㎡以上 ③　その他　3,000㎡以上	令20①二 令20②		
		同一敷地内の2以上の建築物（一の建築物とみなされるもの（※4））の床面積（※3） 上記①〜③			
警報設備	自動火災報知設備	延べ面積500㎡以上	令21①四	令21③	—
		地階・無窓階・3階以上の階 床面積300㎡以上	令21①十一		
		11階以上の階	令21①十四		

第３章　主たる用途別の消防設備設置基準

	ガス漏れ火災警報設備	温泉採取設備が設けられているもの（※6）	令21の2①三	令21の2①かっこ書	－
	漏電火災警報器	延べ面積500㎡以上（※7）	令22①四	－	－
	消防機関へ通報する火災報知設備	延べ面積1,000㎡以上	令23①三	令23①ただし書 令23③	－
	非常警報器具		－	－	－
非常警報設備	非常ベル、自動式サイレン又は放送設備	収容人員50人以上 地階・無窓階 収容人員20人以上	令24②二	令24②ただし書	－
	非常ベル及び放送設備又は自動式サイレン及び放送設備	地階を除く階数11以上 地階の階数3以上	令24③二	令24⑤	車両の停車場で、地階に乗降場を有するもの（条例43の2①）
避難設備	避難器具	2階以上の階（主要構造部を耐火構造とした建築物の2階を除く。）・地階 収容人員50人以上	令25①三	令25①かっこ書 令25②一ただし書	6階以上の階で、収容人員30人以上（条例44①）
		3階以上の階のうち、当該階（※15）から避難階又は地上に直通する階段が2以上設けられていない階 収容人員10人以上	令25①五		
	誘導灯	地階・無窓階・11階以上の部分	令26①一 令26①二	令26①ただし書	－
	誘導標識	全部	令26①四	令26①ただし書 令26③	－
消防用水		敷地面積20,000㎡以上 床面積（※3） ①　耐火建築物　15,000㎡以上 ②　準耐火建築物　10,000㎡以上 ③　その他　5,000㎡以上 （※8）	令27①一	－	－
		敷地面積20,000㎡以上 同一敷地内の2以上の建築物（一の建築物とみなされるもの（※9））の床面積（※3） 上記①〜③	令27②		

— 186 —

第3章　主たる用途別の消防設備設置基準

消火活動上必要な施設		高さ31m超 延べ面積（地階に係るものを除く。）25,000㎡以上	令27①二		
	排煙設備	地階・無窓階 床面積1,000㎡以上	令28①三	令28③	－
	連結散水設備	地階の床面積の合計700㎡以上	令28の2①	令28の2③ 令28の2④	－
	連結送水管	地階を除く階数7以上	令29①一	－	①　地階・無窓階（1階及び2階を除く。）で、床面積1,000㎡以上（条例46①一） ②　屋上を回転翼航空機の発着場、自動車駐車場の用途に供するもの（条例46①二）
		地階を除く階数5以上 延べ面積6,000㎡以上	令29①二		
	非常コンセント設備	地階を除く階数11以上	令29の2①一	－	地下4階以下の階で、地下4階以下の階の床面積の合計1,000㎡以上（条例46の2①）
	無線通信補助設備	－	－	－	①　地階の階数4以上かつ地階の床面積の合計3,000㎡以上のものの地階（条例46の3①一） ②　車両の停車場で、地階に乗降場を有するものの地階のうち、当該用途に供する部分（条例46の3①二）
総合操作盤		第4章11参照	－	－	－

注　表中の（※）については、「「消防設備設置基準一覧表」の見方・扱い方」（76頁）参照

22　神社、寺院、教会その他これらに類するもの

関係条文：令別表第1(11)項

用途の定義	
共通する内容	一般的に、宗教法人法2条に定める宗教団体の施設が該当する。 「宗教団体」とは、宗教の教義をひろめ、儀式行事を行い、及び信者を教化育成することを主たる目的とする次に掲げる団体をいう。 ①　礼拝の施設を備える神社、寺院、教会、修道院その他これらに類する団体 ②　①に掲げる団体を包括する教派、宗派、教団、教会、修道会、司教区その他これらに類する団体 本項には、神社、寺院、教会等の宗教上の礼拝等を行う本殿、本堂、礼拝堂等が該当するが、付属する結婚式場、宿坊等で、独立性が強いものは令別表第1(1)項ロ、令別表第1(5)項イ等に該当する。本項に該当する施設は火気を使用する場合が多い、夜間無人、大空間である等、早期発見、避難等に注意すべき用途である。
神　社	神社とは、主に神道の祭祀施設である。
寺　院	寺院とは、主に仏教の祭祀施設である。
教　会	教会とは、主にキリスト教の祭祀施設である。
その他これらに類するもの	上記以外の宗教の祭祀施設が該当する。神社本庁、教務所、宗務所等で宗教の本来機能との結びつきが強いものは本項に該当する。

用途判定の行政実例等

●観音像の項判定について（昭60・2・18消防予39）
　次のような観音像は本項に該当する。
　観音像は台座部と像体からなり、台座部は2階層で1階はエントランスホール、千体仏安置室、倉庫、階段室（倉庫含む）で2階はロビー、礼拝室、倉庫、階段室となっている。
　また、像体の内側にはエレベーターはなく、階段が内壁に沿ってらせん状に伸びており、踊り場は8層からなり、各層ごとの水平区画は設けない。
　そして、頂部内側には避雷針等の点検用スペースとその下の軽部には展望室（展望用の窓は像の美観を損なわないよう1辺が約30㎝の正方形で前、後側面に計5個設置）が存するものである。
・用途：不特定多数の者が参拝、観光の用に供し、展望は主目的としない。
・構造：鉄筋コンクリート造
・面積：台座部分
　　　　1階　785.17㎡ ｛エントランスホール340.14㎡、倉庫326.38㎡、千体仏安置室70.40㎡、倉庫及階段室47.75㎡｝
　　　　2階　452.39㎡ ｛ロビー179.72㎡、礼拝室70.40㎡、倉庫154.52㎡、階段室47.75㎡｝
・全高さ：73m　　展望室高さ：57m

第3章 主たる用途別の消防設備設置基準

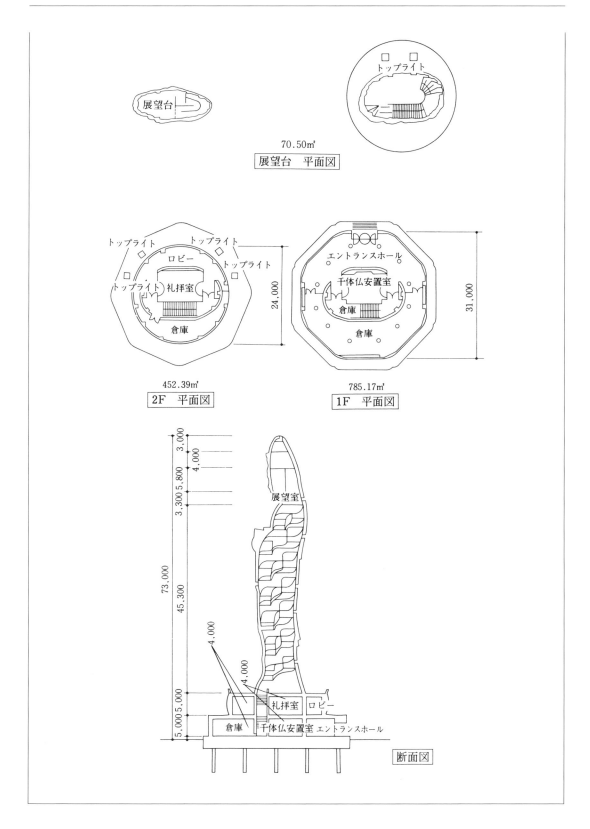

第3章　主たる用途別の消防設備設置基準

消防設備設置基準一覧表

消防用設備等の区分		消防法施行令による基準			東京都火災予防条例による付加基準
^^		設置すべき面積・収容人員等（原則となる規制基準）	関係条文	設置基準の緩和	^^
消火設備	消火器・簡易消火用具（消火器具）	延べ面積300㎡以上	令10①三	令10③	部分の用途による（条例36②・37①）（※21・※22）
^^	^^	地階・無窓階・3階以上の階 床面積50㎡以上	令10①五	^^	^^
^^	屋内消火栓設備	延べ面積1,000㎡以上 基準面積の緩和 ①　耐火構造(※1) 　→延べ面積3,000㎡以上 ②　耐火構造・準耐火構造(※2) 　→延べ面積2,000㎡以上	令11①三 令11②	令11④	地階を除く階数5以上（条例38①二）（※23）
^^	^^	地階・無窓階・4階以上の階 床面積200㎡以上 基準面積の緩和 ①　耐火構造(※1) 　→床面積600㎡以上 ②　耐火構造・準耐火構造(※2) 　→床面積400㎡以上	令11①六 令11②	^^	^^
^^	スプリンクラー設備	11階以上の階(※12)	令12①十二	令12③	①　地下4階以下の階で、地下4階以下の階の床面積の合計2,000㎡以上（条例39①四の三） ②　地盤面からの高さが31mを超える階（条例39①五）
^^	特殊消火設備	第4章2～10参照	令13	−	部分の用途による（条例40①）
^^	屋外消火栓設備	床面積(※3) ①　耐火建築物　9,000㎡以上 ②　準耐火建築物　6,000㎡以上 ③　その他　3,000㎡以上	令19①	令19④	−
^^	^^	同一敷地内の2以上の建築物（一の建築物とみなされるもの(※4)）の床面積(※3) 上記①～③	令19②	^^	^^
^^	動力消防ポンプ設備	延べ面積1,000㎡以上 基準面積の緩和 ①　耐火構造(※1) 　→延べ面積3,000㎡以上 ②　耐火構造・準耐火構造(※2) 　→延べ面積2,000㎡以上 地階・無窓階・4階以上の階	令20①一 令20②	令20⑤	建築物が同一敷地内に2以上ある場合（耐火建築物、準耐火建築物を除く。）で、延べ面積の合計3,000㎡以上（条例40の2①）（※24）

第3章　主たる用途別の消防設備設置基準

		床面積200㎡以上 基準面積の緩和 ①　耐火構造（※1） 　→床面積600㎡以上 ②　耐火構造・準耐火構造（※2） 　→床面積400㎡以上			
		床面積（※3） ①　耐火建築物　9,000㎡以上 ②　準耐火建築物　6,000㎡以上 ③　その他　3,000㎡以上	令20①二 令20②		
		同一敷地内の2以上の建築物（一の建築物とみなされるもの（※4））の床面積（※3） 上記①～③			
警報設備	自動火災報知設備	延べ面積1,000㎡以上	令21①六	令21③	－
		地階・無窓階・3階以上の階 床面積300㎡以上	令21①十一		
		11階以上の階	令21①十四		
	ガス漏れ火災警報設備	温泉採取設備が設けられているもの（※6）	令21の2①三	令21の2①かっこ書	－
	漏電火災警報器	延べ面積500㎡以上（※7）	令22①四	－	－
	消防機関へ通報する火災報知設備	延べ面積1,000㎡以上	令23①三	令23①ただし書 令23③	
	非常警報器具	－	－	－	－
	非常警報設備	非常ベル、自動式サイレン又は放送設備	収容人員50人以上	令24②二	令24②ただし書	－
			地階・無窓階 収容人員20人以上			
		非常ベル及び放送設備又は自動式サイレン及び放送設備	地階を除く階数11以上	令24③二	令24⑤	
			地階の階数3以上			
避難設備	避難器具	2階以上の階（主要構造部を耐火構造とした建築物の2階を除く。）・地階 収容人員50人以上	令25①三	令25①かっこ書 令25②一ただし書	6階以上の階で、収容人員30人以上（条例44①）
		3階以上の階のうち、当該階（※15）から避難階又は地上に直通する階段が2以上設けられていない階	令25①五		

— 191 —

		収容人員10人以上			
	誘導灯	地階・無窓階・11階以上の部分	令26①一 令26①二	令26①ただし書	－
	誘導標識	全部	令26①四	令26①ただし書 令26③	－
消防用水		敷地面積20,000㎡以上 床面積(※3) ① 耐火建築物 15,000㎡以上 ② 準耐火建築物 10,000㎡以上 ③ その他 5,000㎡以上 (※8)	令27①一	－	－
		敷地面積20,000㎡以上 同一敷地内の2以上の建築物(一の建築物とみなされるもの(※9))の床面積(※3) 上記①～③	令27②		
		高さ31m超 延べ面積(地階に係るものを除く。)25,000㎡以上	令27①二		
消火活動上必要な施設	排煙設備	－	－	－	地下4階以下の階で、駐車場部分の床面積1,000㎡以上(条例45の2①)(※25)
	連結散水設備	地階の床面積の合計700㎡以上	令28の2①	令28の2③ 令28の2④	－
	連結送水管	地階を除く階数7以上	令29①一	－	屋上を回転翼航空機の発着場、自動車駐車場の用途に供するもの(条例46①二)
		地階を除く階数5以上 延べ面積6,000㎡以上	令29①二		
	非常コンセント設備	地階を除く階数11以上	令29の2①一	－	地下4階以下の階で、地下4階以下の階の床面積の合計1,000㎡以上(条例46の2①)
	無線通信補助設備	－	－	－	地階の階数4以上かつ地階の床面積の合計3,000㎡以上のものの地階(条例46の3①一)
総合操作盤		第4章11参照	－		

注　表中の(※)については、「「消防設備設置基準一覧表」の見方・扱い方」(76頁)参照

23　工場又は作業場

関係条文：令別表第1(12)項イ

	用途の定義
共通する内容	機械又は道具を使用して物を製造、改造、加工、修理、洗浄、選別、包装、装飾、仕上、仕立、破壊又は解体等を行う施設をいう。危険物や火花を発する機器等が多くあり、火災発生危険等が比較的高い用途である。
工　場	工場とは、機械化の程度が高いものである。
作業場	作業場とは、工場に比較して機械化の程度が高くないものである。

消防設備設置基準一覧表

消防用設備等の区分		消防法施行令による基準			東京都火災予防条例による付加基準
		設置すべき面積・収容人員等（原則となる規制基準）	関係条文	設置基準の緩和	
消火設備	消火器・簡易消火用具（消火器具）	延べ面積150㎡以上	令10①二	令10③	部分の用途による（条例36②・37①）（※21・※22）
		地階・無窓階・3階以上の階床面積50㎡以上	令10①五		
	屋内消火栓設備	延べ面積700㎡以上 基準面積の緩和 ①　耐火構造（※1） 　→延べ面積2,100㎡以上 ②　耐火構造・準耐火構造（※2） 　→延べ面積1,400㎡以上	令11①二 令11②	令11④	地階を除く階数5以上（条例38①二）（※23）
		地階・無窓階・4階以上の階床面積150㎡以上 基準面積の緩和 ①　耐火構造（※1） 　→床面積450㎡以上 ②　耐火構造・準耐火構造（※2） 　→床面積300㎡以上	令11①六 令11②		
	スプリンクラー設備	11階以上の階（※12）	令12①十二	令12③	①　地階・無窓階で床面積2,000㎡以上（条例39①三） ②　地下4階以下の階で、地下4階以下の階の床面積の合計2,000㎡以上（条例39①四の三） ③　地盤面からの高さが31mを超える階（条例39①五）

第3章　主たる用途別の消防設備設置基準

	特殊消火設備	第4章2～10参照	令13	－	部分の用途による（条例40①）
	屋外消火栓設備	床面積(※3) ① 耐火建築物 9,000㎡以上 ② 準耐火建築物 6,000㎡以上 ③ その他 3,000㎡以上	令19①	令19④	－
		同一敷地内の2以上の建築物（一の建築物とみなされるもの(※4)）の床面積(※3) 上記①～③	令19②		
	動力消防ポンプ設備	延べ面積700㎡以上 基準面積の緩和 ① 耐火構造(※1) 　→延べ面積2,100㎡以上 ② 耐火構造・準耐火構造(※2) 　→延べ面積1,400㎡以上	令20①一 令20②	令20⑤	建築物が同一敷地内に2以上ある場合（耐火建築物、準耐火建築物を除く。）で、延べ面積の合計3,000㎡以上（条例40の2①）(※24)
		地階・無窓階・4階以上の階 床面積150㎡以上 基準面積の緩和 ① 耐火構造(※1) 　→床面積450㎡以上 ② 耐火構造・準耐火構造(※2) 　→床面積300㎡以上			
		床面積(※3) ① 耐火建築物 9,000㎡以上 ② 準耐火建築物 6,000㎡以上 ③ その他 3,000㎡以上	令20①二 令20②		
		同一敷地内の2以上の建築物（一の建築物とみなされるもの(※4)）の床面積(※3) 上記①～③			
警報設備	自動火災報知設備	延べ面積500㎡以上	令21①四	令21③	－
		地階・無窓階・3階以上の階 床面積300㎡以上	令21①十一		
		11階以上の階	令21①十四		
	ガス漏れ火災警報設備	温泉採取設備が設けられているもの(※6)	令21の2①三	令21の2①かっこ書	－
	漏電火災警報器	延べ面積300㎡以上(※7)	令22①三	－	－
	消防機関へ通報する火災報知設備	延べ面積500㎡以上	令23①二	令23①ただし書 令23③	－

第3章　主たる用途別の消防設備設置基準

	非常警報器具	収容人員20人以上50人未満	令24①	令24①ただし書	－
	非常ベル、自動式サイレン又は放送設備	収容人員50人以上	令24②二	令24②ただし書	－
非常警報設備		地階・無窓階 収容人員20人以上			
	非常ベル及び放送設備又は自動式サイレン及び放送設備	地階を除く階数11以上	令24③二	令24⑤	
		地階の階数3以上			
避難設備	避難器具	3階以上の無窓階・地階 収容人員100人以上	令25①四	令25①かっこ書 令25②一ただし書	6階以上の階で、収容人員30人以上（条例44①）
		3階以上の一般階 収容人員150人以上			
		3階以上の階のうち、当該階（※15）から避難階又は地上に直通する階段が2以上設けられていない階 収容人員10人以上	令25①五		
	誘導灯	地階・無窓階・11階以上の部分	令26①一 令26①二	令26①ただし書	延べ面積300㎡以上に避難口誘導灯を設置（条例45①二）
	誘導標識	全部	令26①四	令26①ただし書 令26③	－
消防用水		敷地面積20,000㎡以上 床面積（※3） ① 耐火建築物　15,000㎡以上 ② 準耐火建築物　10,000㎡以上 ③ その他　5,000㎡以上 （※8）	令27①一	－	－
		敷地面積20,000㎡以上 同一敷地内の2以上の建築物（一の建築物とみなされるもの（※9））の床面積（※3） 上記①～③	令27②		
		高さ31m超 延べ面積（地階に係るものを除く。）25,000㎡以上	令27①二		
消火活動上	排煙設備		－	－	地下4階以下の階で、駐車場部分の床面積1,000㎡以上（条例45の2①）（※25）

第3章　主たる用途別の消防設備設置基準

必要な施設	連結散水設備	地階の床面積の合計700㎡以上	令28の2①	令28の2③ 令28の2④	－
	連結送水管	地階を除く階数7以上	令29①一	－	屋上を回転翼航空機の発着場、自動車駐車場の用途に供するもの（条例46①二）
		地階を除く階数5以上 延べ面積6,000㎡以上	令29①二		
	非常コンセント設備	地階を除く階数11以上	令29の2①一	－	地下4階以下の階で、地下4階以下の階の床面積の合計1,000㎡以上（条例46の2①）
	無線通信補助設備	－	－	－	地階の階数4以上かつ地階の床面積の合計3,000㎡以上のものの地階（条例46の3①一）
総合操作盤		第4章11参照	－	－	－

注　表中の(※)については、「「消防設備設置基準一覧表」の見方・扱い方」（76頁）参照

第3章 主たる用途別の消防設備設置基準

24 映画スタジオ又はテレビスタジオ

関係条文：令別表第1(12)項ロ

用途の定義	
映画スタジオ又はテレビスタジオ	大道具や小道具を用いてセットを作り、映画やテレビの生放送又は録画放送のための番組を撮影する用途である。セット等の可燃物が多く、照明等の多量の電気使用、危険物の使用等もあり、また、避難経路等がわかりにくいこと等の危険性がある。

消防設備設置基準一覧表

消防用設備等の区分		消防法施行令による基準			東京都火災予防条例による付加基準
		設置すべき面積・収容人員等（原則となる規制基準）	関係条文	設置基準の緩和	
消火設備	消火器・簡易消火用具（消火器具）	延べ面積150㎡以上	令10①二	令10③	部分の用途による（条例36②・37①）（※21・※22）
		地階・無窓階・3階以上の階床面積50㎡以上	令10①五		
	屋内消火栓設備	延べ面積700㎡以上 基準面積の緩和 ① 耐火構造（※1） 　→延べ面積2,100㎡以上 ② 耐火構造・準耐火構造（※2） 　→延べ面積1,400㎡以上	令11①二 令11②	令11④	地階を除く階数5以上（条例38①二）（※23）
		地階・無窓階・4階以上の階床面積150㎡以上 基準面積の緩和 ① 耐火構造（※1） 　→床面積450㎡以上 ② 耐火構造・準耐火構造（※2） 　→床面積300㎡以上	令11①六 令11②		
	スプリンクラー設備	11階以上の階（※12）	令12①十二	令12③	① スタジオ部分の床面積の合計が、地階・無窓階・4階以上の階は300㎡以上、その他の階は500㎡以上（条例39①一） ② 地下4階以下の階で、地下4階以下の階の床面積の合計2,000㎡以上（条例39①四の三） ③ 地盤面からの高

— 197 —

第3章　主たる用途別の消防設備設置基準

					さが31mを超える階（条例39①五）
	特殊消火設備	第4章2～10参照	令13	－	部分の用途による（条例40①）
	屋外消火栓設備	床面積（※3） ① 耐火建築物　9,000㎡以上 ② 準耐火建築物　6,000㎡以上 ③ その他　3,000㎡以上	令19①	令19④	－
		同一敷地内の2以上の建築物（一の建築物とみなされるもの（※4））の床面積（※3） 上記①～③	令19②		
	動力消防ポンプ設備	延べ面積700㎡以上 基準面積の緩和 ① 耐火構造（※1） 　→延べ面積2,100㎡以上 ② 耐火構造・準耐火構造（※2） 　→延べ面積1,400㎡以上	令20①一 令20②	令20⑤	建築物が同一敷地内に2以上ある場合（耐火建築物、準耐火建築物を除く。）で、延べ面積の合計3,000㎡以上（条例40の2①）（※24）
		地階・無窓階・4階以上の階 床面積150㎡以上 基準面積の緩和 ① 耐火構造（※1） 　→床面積450㎡以上 ② 耐火構造・準耐火構造（※2） 　→床面積300㎡以上			
		床面積（※3） ① 耐火建築物　9,000㎡以上 ② 準耐火建築物　6,000㎡以上 ③ その他　3,000㎡以上	令20①二 令20②		
		同一敷地内の2以上の建築物（一の建築物とみなされるもの（※4））の床面積（※3） 上記①～③			
警報設備	自動火災報知設備	延べ面積500㎡以上	令21①四	令21③	－
		地階・無窓階・3階以上の階 床面積300㎡以上	令21①十一		
		11階以上の階	令21①十四		
	ガス漏れ火災警報設備	温泉採取設備が設けられているもの（※6）	令21の2①三	令21の2①かっこ書	－
	漏電火災警報器	延べ面積300㎡以上（※7）	令22①三	－	

第3章　主たる用途別の消防設備設置基準

	消防機関へ通報する火災報知設備	延べ面積500㎡以上	令23①二	令23①ただし書 令23③	－
	非常警報器具	収容人員20人以上50人未満	令24①	令24①ただし書	－
非常警報設備	非常ベル、自動式サイレン又は放送設備	収容人員50人以上	令24②二	令24②ただし書	－
		地階・無窓階 収容人員20人以上			
	非常ベル及び放送設備又は自動式サイレン及び放送設備	地階を除く階数11以上	令24③二	令24⑤	
		地階の階数3以上			
避難設備	避難器具	3階以上の無窓階・地階 収容人員100人以上	令25①四	令25①かっこ書 令25②一ただし書	6階以上の階で、収容人員30人以上（条例44①）
		3階以上の一般階 収容人員150人以上			
		3階以上の階のうち、当該階（※15）から避難階又は地上に直通する階段が2以上設けられていない階 収容人員10人以上	令25①五		
	誘導灯	地階・無窓階・11階以上の部分	令26①一 令26①二	令26①ただし書	延べ面積300㎡以上に避難口誘導灯を設置（条例45①二）
	誘導標識	全部	令26①四	令26①ただし書 令26③	－
消防用水		敷地面積20,000㎡以上 床面積（※3） ①　耐火建築物　15,000㎡以上 ②　準耐火建築物　10,000㎡以上 ③　その他　5,000㎡以上 （※8）	令27①一	－	－
		敷地面積20,000㎡以上 同一敷地内の2以上の建築物（一の建築物とみなされるもの（※9））の床面積（※3） 上記①～③	令27②		
		高さ31m超 延べ面積（地階に係るものを除く。）25,000㎡以上	令27①二		

— 199 —

第3章 主たる用途別の消防設備設置基準

消火活動上必要な施設	排煙設備	—	—	—	地下4階以下の階で、駐車場部分の床面積1,000㎡以上（条例45の2①）（※25）
	連結散水設備	地階の床面積の合計700㎡以上	令28の2①	令28の2③ 令28の2④	—
	連結送水管	地階を除く階数7以上	令29①一	—	屋上を回転翼航空機の発着場、自動車駐車場の用途に供するもの（条例46①二）
		地階を除く階数5以上 延べ面積6,000㎡以上	令29①二		
	非常コンセント設備	地階を除く階数11以上	令29の2①一	—	地下4階以下の階で、地下4階以下の階の床面積の合計1,000㎡以上（条例46の2①）
	無線通信補助設備	—	—	—	地階の階数4以上かつ地階の床面積の合計3,000㎡以上のものの地階（条例46の3①一）
総合操作盤		第4章11参照	—	—	—

注　表中の（※）については、「「消防設備設置基準一覧表」の見方・扱い方」（76頁）参照

25　自動車車庫又は駐車場

関係条文：令別表第1(13)項イ

用途の定義	
共通する内容	自動車の車庫又は駐車場である。 本項は燃料を積載した自動車を収容しているため、出火時の延焼拡大危険が大きいことが特色である。
自動車車庫	道路運送車両法2条2項で定める自動車（原動機付自転車を除く。）で自走できるものを運行中以外の場合に専ら格納する施設をいう。 整備等のための場所や展示のための場所は本項には該当しない。
駐車場	自動車を駐車（客待ち、荷待ち、貨物の積卸し、故障その他の理由により継続的に停車）させておく場所である。

用途判定の行政実例等

●「ゴルフ場内に設置されるカート置場」の項判定（平9・2・26消防予36）

問　ゴルフ場内に設置されるカート置場は、消防法施行令（以下「令」という。）別表第1の何項に該当するものであるか御教示願いたい。
　なお、使用するカートは、次の2種類である。
(1)　5人乗りカート：燃料はガソリンを使用。排気量は388cc
(2)　2人乗りカート：電動式。定格出力1.5kW。

答　設問のカートは、いずれも道路運送車両法第2条第2項に規定する「自動車」に該当するものと考えられる。したがって、当該カート置場は、令別表第1(13)項イに掲げる用途に供される防火対象物に該当するものである。
　なお、当該カートを駐車する部分は、令第13条第1項の「駐車の用に供される部分」に該当するものであることを念のため申し添える。

●オートバイを保管する防火対象物の項判定（昭55・3・12消防予37）

問　駐輪場は令別表の(15)項に該当するとの見解が示されているが、オートバイを保管する場合は何項か。

答　設問の場合、令別表第1(13)項イに掲げる防火対象物に該当するものと解する。

●ラック式駐輪場は令別表第1の何項に該当するか（昭54・6・22消防予118）

問　ラック式の駐輪場は、何項に該当するか。

答　令別表第1(15)項の防火対象物であると解する。

第3章　主たる用途別の消防設備設置基準

消防設備設置基準一覧表

消防用設備等の区分		消防法施行令による基準			東京都火災予防条例による付加基準
		設置すべき面積・収容人員等（原則となる規制基準）	関係条文	設置基準の緩和	
消火設備	消火器・簡易消火用具（消火器具）	延べ面積150㎡以上	令10①二	令10③	部分の用途による（条例36②・37①）（※21・※22）
		地階・無窓階・3階以上の階床面積50㎡以上	令10①五		
	屋内消火栓設備	－	－	－	地階を除く階数5以上（条例38①二）（※23）
	スプリンクラー設備	11階以上の階（※12）	令12①十二	令12③	①　地下4階以下の階で、地下4階以下の階の床面積の合計2,000㎡以上（条例39①四の三） ②　地盤面からの高さが31mを超える階（条例39①五）
	特殊消火設備	第4章2～10参照	令13	－	①　延べ面積700㎡以上（駐車する全ての車両が同時に屋外に出ることができる構造のものを除く。） ②　吹抜け部分を共有する2以上の階で、駐車の用に供する部分の床面積の合計200㎡以上 ③　上記のほか部分の用途による（条例40①）
	屋外消火栓設備	床面積（※3） ①　耐火建築物　9,000㎡以上 ②　準耐火建築物　6,000㎡以上 ③　その他　3,000㎡以上	令19①	令19④	－
		同一敷地内の2以上の建築物（一の建築物とみなされるもの（※4））の床面積（※3） 上記①～③	令19②		
	動力消防ポンプ設備	床面積（※3） ①　耐火建築物　9,000㎡以上 ②　準耐火建築物　6,000㎡以上 ③　その他　3,000㎡以上	令20①二 令20②	令20⑤	建築物が同一敷地内に2以上ある場合(耐火建築物、準耐火建築物を除く。)で、延

第3章　主たる用途別の消防設備設置基準

警報設備		同一敷地内の2以上の建築物（一の建築物とみなされるもの（※4））の床面積（※3）上記①～③			べ面積の合計3,000㎡以上（条例40の2①）（※24）
	自動火災報知設備	延べ面積500㎡以上	令21①四	令21③	－
		地階・無窓階・3階以上の階床面積300㎡以上	令21①十一		
		11階以上の階	令21①十四		
	ガス漏れ火災警報設備	温泉採取設備が設けられているもの（※6）	令21の2①三	令21の2①かっこ書	－
	漏電火災警報器	－	－	－	－
	消防機関へ通報する火災報知設備	延べ面積1,000㎡以上	令23①三	令23①ただし書令23③	－
	非常警報器具	－	－	－	－
非常警報設備	非常ベル、自動式サイレン又は放送設備	収容人員50人以上	令24②二	令24②ただし書	－
		地階・無窓階収容人員20人以上			
	非常ベル及び放送設備又は自動式サイレン及び放送設備	地階を除く階数11以上	令24③二	令24⑤	
		地階の階数3以上			
避難設備	避難器具	3階以上の階のうち、当該階（※15）から避難階又は地上に直通する階段が2以上設けられていない階収容人員10人以上	令25①五	令25①かっこ書令25②一ただし書	6階以上の階で、収容人員30人以上（条例44①）
	誘導灯	地階・無窓階・11階以上の部分	令26①一令26①二	令26①ただし書	－
	誘導標識	全部	令26①四	令26①ただし書令26③	－
消防用水		敷地面積20,000㎡以上床面積（※3）①　耐火建築物　15,000㎡以上②　準耐火建築物　10,000㎡以上③　その他　5,000㎡以上（※8）	令27①一	－	－

第3章　主たる用途別の消防設備設置基準

		敷地面積20,000㎡以上 同一敷地内の2以上の建築物（一の建築物とみなされるもの（※9））の床面積（※3） 上記①〜③	令27②		
		高さ31m超 延べ面積（地階に係るものを除く。）25,000㎡以上	令27①二		
消火活動上必要な施設	排煙設備	地階・無窓階 床面積1,000㎡以上	令28①三	令28③	—
	連結散水設備	地階の床面積の合計700㎡以上	令28の2①	令28の2③ 令28の2④	—
	連結送水管	地階を除く階数7以上	令29①一	—	①　地階・無窓階（1階及び2階を除く。）で、床面積1,000㎡以上（条例46①一） ②　屋上を回転翼航空機の発着場、自動車駐車場の用途に供するもの（条例46①二）
		地階を除く階数5以上 延べ面積6,000㎡以上	令29①二		
	非常コンセント設備	地階を除く階数11以上	令29の2①一	—	地下4階以下の階で、地下4階以下の階の床面積の合計1,000㎡以上（条例46の2①）
	無線通信補助設備	—	—	—	地階の階数4以上かつ地階の床面積の合計3,000㎡以上のものの地階（条例46の3①一）
総合操作盤		第4章11参照	—	—	—

注　表中の（※）については、「「消防設備設置基準一覧表」の見方・扱い方」（76頁）参照

第3章　主たる用途別の消防設備設置基準

26　飛行機又は回転翼航空機の格納庫

関係条文：令別表第1(13)項ロ

用途の定義	
共通する内容	航空機、回転翼航空機等を格納する施設である。単なる格納だけでなく、最低限の整備、点検を行う施設も令別表第1(13)項ロに該当する。令別表第1(13)項ロは一般的に大規模空間であることから、延焼拡大危険、消防活動の困難性が予想されるのが特色である。
飛行機	固定翼を持ち、空中を飛行する航空機。グライダー等を含む。
回転翼航空機	回転翼を持ち、空中を飛行する航空機。ヘリコプター、オートジャイロ等。

用途判定の行政実例等
●防衛大学校や自衛隊駐屯地内にある独立棟のヘリコプター格納庫の項判定（昭53・6・27消防予113） 　防衛大学校や自衛隊駐屯地内にある独立棟のヘリコプター格納庫は令別表第1(13)項ロに該当する。

消防設備設置基準一覧表					
消防用設備等の区分		消防法施行令による基準			東京都火災予防条例による付加基準
^		設置すべき面積・収容人員等（原則となる規制基準）	関係条文	設置基準の緩和	^
消火設備	消火器・簡易消火用具（消火器具）	延べ面積150㎡以上	令10①二	令10③	部分の用途による（条例36②・37①）（※21・※22）
^	^	地階・無窓階・3階以上の階床面積50㎡以上	令10①五	^	^
^	屋内消火栓設備	－	－	－	地階を除く階数5以上（条例38①二）（※23）
^	スプリンクラー設備	11階以上の階（※12）	令12①十二	令12③	① 地下4階以下の階で、地下4階以下の階の床面積の合計2,000㎡以上（条例39①四の三） ② 地盤面からの高さが31mを超える階（条例39①五）
^	特殊消火設備	全部（泡消火設備・粉末消火設備） 第4章2～10参照	令13	－	部分の用途による（条例40①）
^	屋外消火栓設備	床面積（※3） ① 耐火建築物　9,000㎡以上	令19①	令19④	－

		② 準耐火建築物 6,000㎡以上 ③ その他 3,000㎡以上			
		同一敷地内の2以上の建築物(一の建築物とみなされるもの(※4))の床面積(※3) 上記①～③	令19②		
	動力消防ポンプ設備	床面積(※3) ① 耐火建築物 9,000㎡以上 ② 準耐火建築物 6,000㎡以上 ③ その他 3,000㎡以上	令20①二 令20②	令20⑤	建築物が同一敷地内に2以上ある場合(耐火建築物、準耐火建築物を除く。)で、延べ面積の合計3,000㎡以上（条例40の2①）（※24）
		同一敷地内の2以上の建築物(一の建築物とみなされるもの(※4))の床面積(※3) 上記①～③			
警報設備	自動火災報知設備	全部	令21①一	令21③	－
	ガス漏れ火災警報設備	温泉採取設備が設けられているもの(※6)	令21の2①三	令21の2①かっこ書	－
	漏電火災警報器	－	－	－	
	消防機関へ通報する火災報知設備	延べ面積1,000㎡以上	令23①三	令23①ただし書 令23③	－
	非常警報器具	－	－	－	
	非常警報設備	非常ベル、自動式サイレン又は放送設備	収容人員50人以上	令24②二	令24②ただし書
			地階・無窓階 収容人員20人以上		
		非常ベル及び放送設備又は自動式サイレン及び放送設備	地階を除く階数11以上	令24③二	令24⑤
			地階の階数3以上		
避難設備	避難器具	3階以上の階のうち、当該階(※15)から避難階又は地上に直通する階段が2以上設けられていない階 収容人員10人以上	令25①五	令25①かっこ書 令25②一ただし書	6階以上の階で、収容人員30人以上（条例44①）
	誘導灯	地階・無窓階・11階以上の部分	令26①一 令26①二	令26①ただし書	－
	誘導標識	全部	令26①四	令26①ただし書 令26③	－

第3章　主たる用途別の消防設備設置基準

	消防用水	敷地面積20,000㎡以上 床面積(※3) ① 耐火建築物 15,000㎡以上 ② 準耐火建築物 10,000㎡以上 ③ その他 5,000㎡以上 (※8)	令27①一	−	−
		敷地面積20,000㎡以上 同一敷地内の2以上の建築物(一の建築物とみなされるもの(※9))の床面積(※3) 上記①～③	令27②		
		高さ31m超 延べ面積（地階に係るものを除く。）25,000㎡以上	令27①二		
消火活動上必要な施設	排煙設備	地階・無窓階 床面積1,000㎡以上	令28①三	令28③	−
	連結散水設備	地階の床面積の合計700㎡以上	令28の2①	令28の2③ 令28の2④	−
	連結送水管	地階を除く階数7以上	令29①一	−	① 地階・無窓階（1階及び2階を除く。）で、床面積1,000㎡以上（条例46①一） ② 屋上を回転翼航空機の発着場、自動車駐車場の用途に供するもの（条例46①二）
		地階を除く階数5以上 延べ面積6,000㎡以上	令29①二		
	非常コンセント設備	地階を除く階数11以上	令29の2①一	−	地下4階以下の階で、地下4階以下の階の床面積の合計1,000㎡以上（条例46の2①）
	無線通信補助設備	−	−	−	地階の階数4以上かつ地階の床面積の合計3,000㎡以上のものの地階（条例46の3①一）
総合操作盤		第4章11参照	−	−	−

注　表中の(※)については、「「消防設備設置基準一覧表」の見方・扱い方」（76頁）参照

第3章　主たる用途別の消防設備設置基準

27　倉　庫

関係条文：令別表第1(14)項

用途の定義	
倉　庫	本項は、物品の保管の用に供することを目的とする防火対象物である。営業用倉庫に限定されず、それ以外の業務用の倉庫も含まれる。 工場・作業場・商店等の付属倉庫は、特に独立性の強いものを除き、倉庫としては規制されない。 天井が高く、収容物も多いことから、消火活動に困難性を伴うことが特徴である。

用途判定の行政実例等

●穀物乾燥設備は何項に該当するか（昭47・10・30消防予152）
　問　穀物乾燥設備（カントリーエレベーター）が消防法施行令別表第1に掲げる区分の第何項として規制すべきか下記によりご教示願いたい。
　　　　　　　　　　　　　　　　　記
　1　施設の概要
　　建坪：716.055㎡（のべ814.129㎡）
　　階数：地上6階
　　構造：鉄骨、一部鉄筋コンクリート
　　用途：穀物乾燥設備及び貯蔵（カントリーエレベーター）収穫した不乾燥の籾を乾燥設備により
　　　　　完全に乾燥し、サイロに貯蔵する。必要に応じ籾摺し玄米として出荷する。
　　　　　貯蔵量2,000 t
　2　消防法施行令別表第1による区分
　　(14)項　倉庫
　　(15)項　前各項に該当しない事業所
　　　上記のいずれに該当するか。
　答　設問の防火対象物は、消防法施行令別表第1(14)項に掲げる防火対象物に該当する。

消防設備設置基準一覧表					
消防用設備等の区分		消防法施行令による基準			東京都火災予防条例による付加基準
		設置すべき面積・収容人員等（原則となる規制基準）	関係条文	設置基準の緩和	
消火設備	消火器・簡易消火用具（消火器具）	延べ面積150㎡以上	令10①二	令10③	部分の用途による（条例36②・37①）（※21・※22）
		地階・無窓階・3階以上の階床面積50㎡以上	令10①五		
	屋内消火栓設備	延べ面積700㎡以上 基準面積の緩和 ①　耐火構造（※1） 　→延べ面積2,100㎡以上 ②　耐火構造・準耐火構造（※2）	令11①二 令11②	令11④	地階を除く階数5以上（条例38①二）（※23）

— 208 —

	→延べ面積1,400㎡以上			
	地階・無窓階・4階以上の階 床面積150㎡以上 基準面積の緩和 ①　耐火構造（※1） 　　→床面積450㎡以上 ②　耐火構造・準耐火構造（※2） 　　→床面積300㎡以上	令11①六 令11②		
スプリンクラー設備	天井（ない場合は、屋根の下面）の高さ10m超 延べ面積700㎡以上のラック式倉庫（棚又はこれに類するものを設け、昇降機により収納物の搬送を行う装置を備えた倉庫） 基準面積の緩和 ①　耐火構造（※1） 　　→延べ面積2,100㎡以上 ②　耐火構造・準耐火構造（※2） 　　→延べ面積1,400㎡以上	令12①五 令12④	令12③	①　地下4階以下の階で、地下4階以下の階の床面積の合計2,000㎡以上（条例39①四の三） ②　地盤面からの高さが31mを超える階（条例39①五）
	11階以上の階（※12）	令12①十二		
特殊消火設備	第4章2～10参照	令13	－	部分の用途による（条例40①）
屋外消火栓設備	床面積（※3） ①　耐火建築物　9,000㎡以上 ②　準耐火建築物　6,000㎡以上 ③　その他　3,000㎡以上	令19①	令19④	－
	同一敷地内の2以上の建築物（一の建築物とみなされるもの（※4））の床面積（※3） 上記①～③	令19②		
動力消防ポンプ設備	延べ面積700㎡以上 基準面積の緩和 ①　耐火構造（※1） 　　→延べ面積2,100㎡以上 ②　耐火構造・準耐火構造（※2） 　　→延べ面積1,400㎡以上	令20①一 令20②	令20⑤	建築物が同一敷地内に2以上ある場合（耐火建築物、準耐火建築物を除く。）で延べ面積の合計3,000㎡以上（条例40の2①）（※24）
	地階・無窓階・4階以上の階 床面積150㎡以上 基準面積の緩和 ①　耐火構造（※1） 　　→床面積450㎡以上 ②　耐火構造・準耐火構造（※2） 　　→床面積300㎡以上			

第3章 主たる用途別の消防設備設置基準

		床面積(※3) ① 耐火建築物 9,000㎡以上 ② 準耐火建築物 6,000㎡以上 ③ その他 3,000㎡以上	令20①二 令20②		
		同一敷地内の2以上の建築物(一の建築物とみなされるもの(※4))の床面積(※3) 上記①～③			
警報設備	自動火災報知設備	延べ面積500㎡以上	令21①四	令21③	―
		地階・無窓階・3階以上の階 床面積300㎡以上	令21①十一		
		11階以上の階	令21①十四		
	ガス漏れ火災警報設備	温泉採取設備が設けられているもの(※6)	令21の2①三	令21の2①かっこ書	―
	漏電火災警報器	延べ面積1,000㎡以上(※7)	令22①五	―	―
	消防機関へ通報する火災報知設備	延べ面積1,000㎡以上	令23①三	令23①ただし書 令23③	―
	非常警報器具	―	―	―	―
	非常警報設備 / 非常ベル、自動式サイレン又は放送設備	収容人員50人以上	令24②二	令24②ただし書	―
		地階・無窓階 収容人員20人以上			
	非常ベル及び放送設備又は自動式サイレン及び放送設備	地階を除く階数11以上	令24③二	令24⑤	
		地階の階数3以上			
避難設備	避難器具	3階以上の階のうち、当該階(※15)から避難階又は地上に直通する階段が2以上設けられていない階 収容人員10人以上	令25①五	令25①かっこ書 令25②一ただし書	6階以上の階で、収容人員30人以上(条例44①)
	誘導灯	地階・無窓階・11階以上の部分	令26①一 令26①二	令26①ただし書	―
	誘導標識	全部	令26①四	令26①ただし書 令26③	―
消防用水		敷地面積20,000㎡以上 床面積(※3) ① 耐火建築物 15,000㎡以上	令27①一	―	―

第3章　主たる用途別の消防設備設置基準

		② 準耐火建築物　10,000㎡以上 ③ その他　5,000㎡以上 (※8)			
		敷地面積20,000㎡以上 同一敷地内の2以上の建築物(一の建築物とみなされるもの(※9))の床面積(※3) 上記①〜③	令27②		
		高さ31m超 延べ面積(地階に係るものを除く。)25,000㎡以上	令27①二		
消火活動上必要な施設	排煙設備	−	−	−	地下4階以下の階で、駐車場部分の床面積1,000㎡以上(条例45の2①)(※25)
	連結散水設備	地階の床面積の合計700㎡以上	令28の2①	令28の2③ 令28の2④	−
	連結送水管	地階を除く階数7以上	令29①一	−	屋上を回転翼航空機の発着場、自動車駐車場の用途に供するもの(条例46①二)
		地階を除く階数5以上 延べ面積6,000㎡以上	令29①二		
	非常コンセント設備	地階を除く階数11以上	令29の2①一	−	地下4階以下の階で、地下4階以下の階の床面積の合計1,000㎡以上(条例46の2①)
	無線通信補助設備	−	−	−	地階の階数4以上かつ地階の床面積の合計3,000㎡以上のものの地階(条例46の3①一)
総合操作盤		第4章11参照	−	−	−

注　表中の(※)については、「「消防設備設置基準一覧表」の見方・扱い方」(76頁)参照

28　令別表第1(1)項から(14)項までに該当しない事業場

関係条文：令別表第1(15)項

用途の定義	
共通する内容	令別表第1(1)項から(14)項までに該当しない事業活動が行われる一定の施設であり、営利、非営利を問わない。 具体的な例としては、官公署、銀行、事務所、理容室、美容室、ラジオスタジオ、発電所、変電所、ごみ処理場、火葬場、ゴルフ練習場、新聞社、自動車教習所、動物病院等がある。 ①　事業活動とは、一定の目的と計画とに基づいて同種の行為を反復継続して行うことをいう。 ②　いわゆる住宅は、本項に含まれないものであること。

用途判定の行政実例等
●ラック式駐輪場は令別表第1の何項に該当するか（昭54・6・22消防予118） 問　ラック式の駐輪場は、何項に該当するか。 答　令別表第1(15)項の防火対象物であると解する。

消防設備設置基準一覧表

消防用設備等の区分		消防法施行令による基準			東京都火災予防条例による付加基準
^		設置すべき面積・収容人員等（原則となる規制基準）	関係条文	設置基準の緩和	^
消火設備	消火器・簡易消火用具（消火器具）	延べ面積300㎡以上	令10①三	令10③	部分の用途による 　（条例36②・37①）（※21・※22）
^	^	地階・無窓階・3階以上の階 床面積50㎡以上	令10①五	^	^
^	屋内消火栓設備	延べ面積1,000㎡以上 基準面積の緩和 ①　耐火構造（※1） 　→延べ面積3,000㎡以上 ②　耐火構造・準耐火構造（※2） 　→延べ面積2,000㎡以上	令11①三 令11②	令11④	地階を除く階数5以上（条例38①二）（※23）
^	^	地階・無窓階・4階以上の階 床面積200㎡以上 基準面積の緩和 ①　耐火構造（※1） 　→床面積600㎡以上 ②　耐火構造・準耐火構造（※2） 　→床面積400㎡以上	令11①六 令11②	^	^

第3章　主たる用途別の消防設備設置基準

	スプリンクラー設備	11階以上の階（※12）	令12①十二	令12③	①　地下4階以下の階で、地下4階以下の階の床面積の合計2,000㎡以上（条例39①四の三） ②　地盤面からの高さが31mを超える階（条例39①五）
	特殊消火設備	第4章2～10参照	令13	－	部分の用途による（条例40①）
	屋外消火栓設備	床面積（※3） ①　耐火建築物　9,000㎡以上 ②　準耐火建築物　6,000㎡以上 ③　その他　3,000㎡以上	令19①	令19④	－
		同一敷地内の2以上の建築物（一の建築物とみなされるもの（※4））の床面積（※3） 上記①～③	令19②		
	動力消防ポンプ設備	延べ面積1,000㎡以上 基準面積の緩和 ①　耐火構造（※1） 　→延べ面積3,000㎡以上 ②　耐火構造・準耐火構造（※2） 　→延べ面積2,000㎡以上	令20①一 令20②	令20⑤	建築物が同一敷地内に2以上ある場合（耐火建築物、準耐火建築物を除く。）で、延べ面積の合計3,000㎡以上（条例40の2①）（※24）
		地階・無窓階・4階以上の階床面積200㎡以上 基準面積の緩和 ①　耐火構造（※1） 　→床面積600㎡以上 ②　耐火構造・準耐火構造（※2） 　→床面積400㎡以上			
		床面積（※3） ①　耐火建築物　9,000㎡以上 ②　準耐火建築物　6,000㎡以上 ③　その他　3,000㎡以上	令20①二 令20②		
		同一敷地内の2以上の建築物（一の建築物とみなされるもの（※4））の床面積（※3） 上記①～③			
警報設備	自動火災報知設備	延べ面積1,000㎡以上	令21①六	令21③	－
		地階・無窓階・3階以上の階床面積300㎡以上	令21①十一		
		11階以上の階	令21①十四		

第3章　主たる用途別の消防設備設置基準

	ガス漏れ火災警報設備	温泉採取設備が設けられているもの(※6)	令21の2①三	令21の2①かっこ書	－
	漏電火災警報器	延べ面積1,000㎡以上(※7)	令22①五	－	－
		契約電流容量50Aを超えるもの(※7)	令22①七	－	－
	消防機関へ通報する火災報知設備	延べ面積1,000㎡以上	令23①三	令23①ただし書 令23③	－
	非常警報器具	－	－	－	－
	非常警報設備	非常ベル、自動式サイレン又は放送設備	収容人員50人以上	令24②二	令24②ただし書	
			地階・無窓階 収容人員20人以上			
		非常ベル及び放送設備又は自動式サイレン及び放送設備	地階を除く階数11以上	令24③二	令24⑤	
			地階の階数3以上			
避難設備	避難器具	3階以上の無窓階・地階 収容人員100人以上	令25①四	令25①かっこ書 令25②一ただし書	6階以上の階で、収容人員30人以上（条例44①）
		3階以上の一般階 収容人員150人以上			
		3階以上の階のうち、当該階(※15)から避難階又は地上に直通する階段が2以上設けられていない階 収容人員10人以上	令25①五		
	誘導灯	地階・無窓階・11階以上の部分	令26①一 令26①二	令26①ただし書	－
	誘導標識	全部	令26①四	令26①ただし書 令26③	－
消防用水		敷地面積20,000㎡以上 床面積(※3) ① 耐火建築物　15,000㎡以上 ② 準耐火建築物　10,000㎡以上 ③ その他　5,000㎡以上 (※8)	令27①一	－	－
		敷地面積20,000㎡以上 同一敷地内の2以上の建築物（一の建築物とみなされるもの(※9)）の床面積(※3)	令27②		

第3章　主たる用途別の消防設備設置基準

		上記①〜③			
消火活動上必要な施設		高さ31m超 延べ面積（地階に係るものを除く。）25,000㎡以上	令27①二		
	排煙設備	−	−	−	地下4階以下の階で、駐車場部分の床面積1,000㎡以上（条例45の2①）（※25）
	連結散水設備	地階の床面積の合計700㎡以上	令28の2①	令28の2③ 令28の2④	−
	連結送水管	地階を除く階数7以上	令29①一	−	屋上を回転翼航空機の発着場、自動車駐車場の用途に供するもの（条例46①二）
		地階を除く階数5以上 延べ面積6,000㎡以上	令29①二		
	非常コンセント設備	地階を除く階数11以上	令29の2①一	−	地下4階以下の階で、地下4階以下の階の床面積の合計1,000㎡以上（条例46の2①）
	無線通信補助設備	−	−	−	地階の階数4以上かつ地階の床面積の合計3,000㎡以上のものの地階（条例46の3①一）
総合操作盤		第4章11参照	−	−	−

注　表中の(※)については、「「消防設備設置基準一覧表」の見方・扱い方」(76頁) 参照

29 特定複合用途防火対象物

関係条文：令別表第1(16)項イ

	用途の定義
共通する内容	複合用途防火対象物は、1棟の建物のうち、法2条2項に掲げる防火対象物であって、令別表第1に掲げる(1)項から(15)項に供されている用途について2以上の異なる用途が存するものとされている。特定複合用途防火対象物は、複合用途防火対象物のうち、その一部が令別表第1(1)項から(4)項まで、(5)項イ、(6)項、(9)項イに掲げる用途に供されるものをいい、(16)項イに区分される。 2以上の異なる用途の判断は、令1条の2第2項の後段に、「権原、利用形態、その他の状況により他の用途に供される防火対象物の部分の従属的な部分（機能従属・みなし従属）を構成すると認められるものがあるときは、当該一の用途は、当該他の用途に含まれる」とされている。 主たる用途に従たる用途が従属すれば単独用途、従属しなければ複合用途に区分される。 従属的な部分は、次のように定義されている（昭50・4・15消防予41・消防安41）。 (1) 機能従属 　令別表第1(1)項から(15)項までの防火対象物の区分に応じ、主たる用途に供される部分に機能的に従属していると認められる部分が次に該当するものをいう。 　① 当該従属的な部分について管理権原を有する者が、主用途部分の管理権原を有する者と同一であること。 　② 当該従属的な部分の利用者が、主用途部分の利用者と同一か又は密接な関係を有していること。 　③ 当該従属的な部分の利用時間が主用途部分の利用時間とほぼ同一であること。 (2) みなし従属 　主たる用途の床面積の合計(注)が当該防火対象物の延べ面積の90％以上であり、かつ、当該主たる用途以外の独立した用途に供される部分の床面積の合計が300㎡未満である場合における当該独立した用途（令別表第1(2)項ニ、(5)項イ、若しくは(6)項イ(1)から(3)まで、若しくは(6)項ロ、(6)項ハ（利用者を入居させ、又は宿泊させるものに限る。）の用途に供される部分を除く。）をいう。 　(注) 他の用途と共用される廊下、階段、通路、便所、管理室、倉庫、機械室等の部分の床面積は、主たる用途に供される部分及び他の独立した用途に供される部分のそれぞれの床面積に応じて按分する。 (3) 店舗併用住宅等の扱い（寄宿舎、下宿、共同住宅を除く。） 　一般住宅に令別表第1に掲げる用途が存する防火対象物は、次のように定義されている。 　① 用途に供される部分の床面積の合計が一般住宅の用途に供される部分の床面積の合計よりも小さく、かつ、用途に供される部分の床面積の合計が50㎡以下の場合は、一般住宅とする。 　② 用途に供される部分の床面積の合計が一般住宅の用途に供される部分の床面積の合計よりも大きい場合は、令別表第1の用途とする。 　③ 用途に供される部分の床面積の合計が一般住宅の用途に供される部分の床面積の合計よりも小さく、かつ、用途に供される部分の床面積の合計が50㎡を超える場合は、複合用途とする。

第3章 主たる用途別の消防設備設置基準

	④ 用途に供される部分の床面積の合計が一般住宅の用途に供される部分の床面積の合計とおおむね等しい場合は、複合用途とする。
特定複合用途防火対象物	複合用途防火対象物のうち、その一部が特定防火対象物（令別表第1(1)項から(4)項まで、(5)項イ、(6)項又は(9)項イの用途）に供されるものをいう。 用途の内訳は、飲食店、物品販売店舗、ホテルなどの不特定多数の者が利用するものや、病院、社会福祉施設、幼稚園などの災害弱者を収容するものがある。 令制定時は、複合用途防火対象物は令別表第1(16)項と定められていたが、政令改正（昭47令411）により、複合用途防火対象物のうち、特定防火対象物の用途に供される部分が存するものは、火災発生時に避難が困難で人命危険が高いため、令別表第1(16)項イとされている。

用途判定の行政実例等

●**令別表第1の取扱いについて**（昭51・4・3消防安57）

問 昭和49年6月1日の消防法の一部改正に伴い消防用設備等の技術上の基準が既存の特定防火対象物に適用されることになり、鋭意指導に努めているところでありますが、主として消防法施行令別表第1(15)項と(16)項イの区分に関し、下記事項について疑義が生じましたのでご教示願いたい。

記

1 消防法施行令（昭和36年政令第37号）以下「令」という。）別表第1の適用については、昭和50年4月15日付消防予第41号・消防安第41号（以下「通達」という。）により運用しているが、通達1(1)カッコ書きの「これらに類するものを含む。」とは、通達別表(イ)欄及び(ロ)欄に掲げる各部分について、それぞれ用途が近似するものに限定するものではなく、通達別表(イ)欄に掲げる部分に関しては、同欄の例示の部分と同等程度に、当該防火対象物の主たる用途に含められるべき部分と判定されれば、又、通達別表(ロ)欄に掲げる部分に関しては、同欄の例示の部分と同等程度に当該防火対象物の主たる用途に供される部分に従属するものと社会通念上判定されるものであれば、これらのものをいうものとして取り扱って支障ないか。
2 主たる用途に供される部分に機能的に従属していると認められる部分の床面積の合計が防火対象物の延べ面積に対して相当高い占有率を占める場合についても当該機能的に従属していると認められる部分が通達1(1)に該当する場合は、令別表第1(16)項イに該当せず、同表(15)項に該当するものとして支障ないか。
3 通達1(1)(イ)に定める利用者が「同一であるか又は密接な関係を有する」か否かに関して、防火対象物が著しく多様化している現状では、その判定の困難な例が多いので、判断の目安を示されたい。
4 次の例は、(16)項イの防火対象物に該当するか。

例1

事務室		1,000㎡
〃		1,000㎡
〃		1,000㎡
〃 650㎡		診療室 350㎡
売店 250㎡	喫茶店 300㎡	食堂 450㎡

例2

事務室		1,000㎡
〃		1,000㎡
〃		1,000㎡
〃		1,000㎡
売店 250㎡	バー 200㎡	事務室 550㎡

第3章　主たる用途別の消防設備設置基準

例3

事務室	1,000㎡
〃	1,000㎡
〃	1,000㎡
〃	1,000㎡
スナック 250㎡ ／ バー 200㎡ ／ 事務室 550㎡	

例4

事務室	1,000㎡
〃	1,000㎡
〃	1,000㎡
連続店舗	1,000㎡
〃	1,000㎡

答1　お見込みのとおり
　2　お見込みのとおり
　3　主たる用途に供される部分を事務所等とする防火対象物に売店、食堂等が存する場合については、その看板の表示の方法・内容・出入口の位置・形状その他当該売店、食堂等の形態から総合的に判断して不特定の者に利用させるためのものであることが明らかなときは、通達1(1)(イ)に該当しないものとして取り扱ってさしつかえない。それ以外のときは、一般に通達1(1)(イ)に該当するものとして取り扱ってさしつかえない場合が多いものと思われる。
　4　例1
　　診療所、売店、喫茶店及び食堂の用に供される部分が主たる用途に機能的に従属していると認められる場合及び当該部分の一部が主たる用途に機能的に従属していないが、通達1(2)に該当する場合は、消防法施行令（以下「令」という。）別表第1(15)項に掲げる防火対象物に、それ以外の場合は、同表(16)項イに掲げる防火対象物に該当する。
　　なお、通達1(2)に基づいて主たる用途に供される部分の床面積の合計が、当該防火対象物の延べ面積の90％以上であるか否かを算定するにあたっては機能的に従属する用途は、当該主たる用途に含まれるものとして取り扱われたい。
　〔編注〕　令別表第1(2)項ニ、(5)項イ、(6)項イ(1)から(3)まで、ロ、ハ（利用者を入居させ、又は宿泊させるものに限る。）の防火対象物は、法令改正により平成27年4月1日及び平成28年4月1日から、みなし従属から除外された（昭50・4・15消防予41・消防安41）。
　　例2
　　設問の売店が主たる用途に機能的に従属していると認められる場合は、令別表第1(15)項に掲げる防火対象物に該当する。
　　例3及び例4
　　設問のバーやスナック並びに連続店舗は、一般的に主たる用途に機能的に従属しているとは認められないので、令別表第1(16)項イに掲げる防火対象物に該当する。

消防設備設置基準一覧表

消防用設備等の区分	消防法施行令による基準			東京都火災予防条例による付加基準
	設置すべき面積・収容人員等（原則となる規制基準）	関係条文	設置基準の緩和	
消火設備	消火器・簡易消火用具（消火器具）	各用途部分の設置基準により設置	令10①	令10③	令別表第1(16)項のうち、(3)項～(6)項・(9)項・(12)項～(15)項の用途で、延

第3章　主たる用途別の消防設備設置基準

				べ面積150㎡以上（条例36①）
屋内消火栓設備	各用途部分の設置基準により設置	令11① 令11②	令11④	① 耐火構造　延べ面積3,000㎡以上 　耐火構造・準耐火構造　延べ面積2,000㎡以上 　その他　延べ面積1,000㎡以上 （条例38①一） ② 地階を除く階数5以上（条例38①二）（※23）
スプリンクラー設備	地階を除く階数11以上（※12）	令12①三	令12③	① 地階・無窓階で、令別表第1(5)項ロ・(7)項・(8)項及び(12)項の用途に供する部分の床面積の合計2,000㎡以上（条例39①四） ② 地下4階以下の階（条例39条1項2号を除く。）で、地下4階以下の階の床面積の合計1,000㎡以上（小規模特定用途複合防火対象物を除く。）（条例39①四の二） ③ 小規模特定用途複合防火対象物の地下4階以上の階で、地下4階以下の階の床面積の合計が2,000㎡以上（条例39①四の三） ④ 地盤面からの高さが31mを超える階（条例39①五）
	令別表第1(1)項～(4)項・(5)項イ・(6)項・(9)項イの用途が存する階 床面積の合計3,000㎡以上（※12）	令12①十		
	令別表第1(1)項～(4)項・(5)項イ・(6)項・(9)項イの用途が存する階 地階、無窓階 床面積の合計1,000㎡以上	令12①十一		
	令別表第1(1)項～(4)項・(5)項イ・(6)項・(9)項イの用途が存する階 4階以上10階以下の階 床面積の合計1,500㎡以上（令別表第1(2)項・(4)項の用途が存する階は、1,000㎡以上）（※12）			
特殊消火設備	第4章2～10参照	令13	－	部分の用途による（条例40①）
屋外消火栓設備	各用途部分の設置基準により設置	令19① 令19②	令19④	－

第3章　主たる用途別の消防設備設置基準

	動力消防ポンプ設備	各用途部分の設置基準により設置	令20① 令20②	令20⑤	建築物が同一敷地内に2以上ある場合(耐火建築物、準耐火建築物を除く。)で延べ面積の合計3,000㎡以上（条例40の2①）（※24）
警報設備	自動火災報知設備	延べ面積300㎡以上	令21①三	－	－
		令別表第1(1)項～(4)項・(5)項イ・(6)項・(9)項イの用途が存する特定1階段等防火対象物（※5）の設置基準により設置	令21①七		
		地階・無窓階 令別表第1(2)項・(3)項の用途に供される部分の床面積の合計100㎡以上	令21①十		
		地階・無窓階・3階以上の階 床面積300㎡以上	令21①十一		
		11階以上の階	令21①十四		
	ガス漏れ火災警報設備	温泉採取設備が設けられているもの（※6）	令21の2①三	令21の2①かっこ書	－
		地階の床面積の合計1,000㎡以上 令別表第1(1)項～(4)項・(5)項イ・(6)項・(9)項イの用途が存する部分の床面積の合計500㎡以上	令21の2①五		
	漏電火災警報器	延べ面積500㎡以上 令別表第1(1)項～(4)項・(5)項イ・(6)項・(9)項イの用途が存する部分の床面積の合計300㎡以上（※7）	令22①六	－	－
		契約電流容量50Aを超えるもの（※7）	令22①七		
	消防機関へ通報する火災報知設備	各用途部分の設置基準により設置	令23①	令23①ただし書 令23③	－
	非常警報器具	各用途部分の設置基準により設置	令24①	令24①ただし書	－
	非常警報設 非常ベル、自動式サイレン又は放送設備	収容人員50人以上	令24②二	令24②ただし書	－
		地階・無窓階 収容人員20人以上			

— 220 —

第3章　主たる用途別の消防設備設置基準

備	非常ベル及び放送設備又は自動式サイレン及び放送設備	地階を除く階数11以上	令24③二	令24⑤	
		地階の階数3以上			
		収容人員500人以上	令24③三		
避難設備	避難器具	3階(※14)以上の階のうち、当該階(※15)から避難階又は地上に直通する階段が2以上設けられていない階　収容人員10人以上	令25①五	令25①かっこ書　令25②一ただし書	6階以上の階で、収容人員30人以上（条例44①）
	誘導灯・誘導標識	全部	令26①	令26①ただし書　令26③	―
消防用水		高さ31m超　延べ面積（地階に係るものを除く。）25,000㎡以上	令27①二	―	―
消火活動上必要な施設	排煙設備	各用途部分の設置基準により設置	令28①	令28③	地下4階以下の階で、駐車場部分の床面積1,000㎡以上（条例45の2①）（※25）
	連結散水設備	各用途部分の設置基準により設置	令28の2①	令28の2③　令28の2④	―
	連結送水管	地階を除く階数7以上	令29①一	―	屋上を回転翼航空機の発着場、自動車駐車場の用途に供するもの（条例46①二）
		地階を除く階数5以上　延べ面積6,000㎡以上	令29①二		
	非常コンセント設備	地階を除く階数11以上	令29の2①一	―	地下4階以下の階で、地下4階以下の階の床面積の合計1,000㎡以上（条例46の2①）
	無線通信補助設備		―	―	地階の階数4以上かつ地階の床面積の合計3,000㎡以上のものの地階（条例46の3①一）
総合操作盤		第4章11参照	―	―	―

注　表中の（※）については、「「消防設備設置基準一覧表」の見方・扱い方」（76頁）参照

30 複合型居住施設

関係条文：令別表第1(16)項イ

	用途の定義
共通する内容	共同住宅の一部を利用して小規模なグループホーム等の福祉施設が入居した場合、防火対象物全体として令別表第1(16)項イとして判定され、新たに共同住宅部分についても消防用設備等の設置・改修が必要となってきた。このことから、福祉施設の新設等において入居を拒否される、あるいは、既存のものにあっても退去を求められる事態となった。 このことから、「小規模施設に対応した防火対策に関する検討会報告書（中間報告）」（平21・2 小規模施設に対応した防火対策に関する検討会）で、小規模なグループホーム等の福祉施設は、「家具・調度等の可燃物、調理器具、暖房器具等の火気使用、入所者数等も他の一般住戸とほぼ同様の形状」であり、「グループホーム等における入所者の避難安全性が確保されれば、他の一般住戸については、グループホーム等の入居により危険性が高まることはない」として、共同住宅にまで及ぶ規制の緩和措置を講じることが適当であるとする答申が出された。 このため、「複合型居住施設における必要とされる防火安全性能を有する消防の用に供する設備等に関する省令」（平22・2・5総務令7）及び「消防法施行規則及び特定共同住宅等における必要とされる防火安全性能を有する消防の用に供する設備等に関する省令の一部を改正する省令」（平22・2・5総務令8）が公布され、グループホーム等の部分に一定の構造要件を満たした場合には、共同住宅の部分のスプリンクラー設備、自動火災報知設備の感知器及び誘導灯の設置を免除できることとされた。また、特定共同住宅等の定義が拡大され、共同住宅の一部にグループホーム等が入居する防火対象物についても「特定共同住宅等における必要とされる防火安全性能を有する消防の用に供する設備等に関する省令」（平17・3・25総務令40）の適用が可能とされた。
複合型居住施設	令別表第1(16)項イに掲げる防火対象物のうち、延べ面積が500㎡未満で、かつ、令別表第1(5)項ロ（共同住宅）、(6)項ロ、(6)項ハ（有料老人ホーム、福祉ホーム、認知症高齢者グループホーム、障害者グループホーム、ケアハウス。以下「居住型福祉施設」という。）に掲げる防火対象物の用途以外の用途に供する部分が存在しないもので、かつ、一定の防火区画を有するもの（平22・2・5総務令7 2、平22・2・5事務連絡）をいう。 ＜参考＞ ① 「家具・調度等の可燃物、調理器具・暖房器具等の火気使用、入所者数等も他の一般住戸とほぼ同様の形状」であるものに限るため、令別表第1(6)項ロ及びハに掲げる防火対象物のうち、通所施設及び入所者が入れ替わる施設等を除いている。 ② 現にごく小さい駐車場や物品販売売店等が存する共同住宅で令別表第1(5)項ロと判断している防火対象物の一部に居住型福祉施設が入居するものは、対象に含まれる。
居住型福祉施設	居住型福祉施設とは、具体的に①有料老人ホーム、②福祉ホーム、③認知症高齢者グループホーム（老人福祉法5条の2第6項に規定する認知症対応型老人共同生活援助事業を行う施設）、④障害者グループ・ケアホーム（障害者の日常生活及び社会生活を総合的に支援するための法律5条17項に規定する共同生活援助を行う施設）をいう（平22・2・5総務令7 2）。

第3章　主たる用途別の消防設備設置基準

消防設備設置基準一覧表
（共同住宅のみの防火対象物に居住型福祉施設が入居した場合）

該当する消防用設備等	(5)項ロ共同住宅	(16)項イ特定複合用途防火対象物
自動火災報知設備	延べ面積500㎡以上	延べ面積300㎡以上
スプリンクラー設備	11階以上の階	地階を除く階数11以上(※12)
誘導灯	地階、無窓階、11階以上の部分	全部
特定共同住宅等の特例	適用可（区画や内装制限等により、消防用設備等の免除や簡易な設備への代替が可能）	適用不可

注　耐火構造かつ内装制限をすればスプリンクラー設備・自動火災報知設備・誘導灯の設置を免除できる。
　　表中の(※)については、「「消防設備設置基準一覧表」の見方・扱い方」（76頁）参照

○特定共同住宅等の特例（平17・3・25総務令40）

消防設備設置基準一覧表（住戸利用施設(注1)）

	特定共同住宅等の種類		通常用いられる消防用設備等	必要とされる防火安全性能を有する消防の用に供する設備等
	構造類型	階　数		
初期拡大抑制性能	二方向避難型特定共同住宅等	地階を除く階数が5以下のもの	屋内消火栓設備（3項2号イに掲げる階及び部分に設置するものに限る。以下同じ。） スプリンクラー設備 自動火災報知設備 屋外消火栓設備 動力消防ポンプ設備	共同住宅用スプリンクラー設備（注3） 共同住宅用自動火災報知設備又は住戸用自動火災報知設備及び共同住宅用非常警報設備
		地階を除く階数が10以下のもの	屋内消火栓設備 スプリンクラー設備 自動火災報知設備 屋外消火栓設備 動力消防ポンプ設備	共同住宅用スプリンクラー設備（注3） 共同住宅用自動火災報知設備
		地階を除く階数が11以上のもの	屋内消火栓設備 スプリンクラー設備 自動火災報知設備 屋外消火栓設備 動力消防ポンプ設備	共同住宅用スプリンクラー設備 共同住宅用自動火災報知設備
	開放型特定共同住宅等	地階を除く階数が5以下のもの	屋内消火栓設備 スプリンクラー設備 自動火災報知設備 屋外消火栓設備 動力消防ポンプ設備	共同住宅用スプリンクラー設備（注2、注3） 共同住宅用自動火災報知設備又は住戸用自動火災報知設備及び共同住宅用非常警報設備
		地階を除く階数が10以下のもの	屋内消火栓設備 スプリンクラー設備 自動火災報知設備 屋外消火栓設備 動力消防ポンプ設備	共同住宅用スプリンクラー設備（注2、注3） 共同住宅用自動火災報知設備

	特定共同住宅等の種類		通常用いられる消防用設備等	必要とされる防火安全性能を有する消防の用に供する設備等
	構造類型	階 数		
		地階を除く階数が11以上のもの	屋内消火栓設備 スプリンクラー設備 自動火災報知設備 屋外消火栓設備 動力消防ポンプ設備	共同住宅用スプリンクラー設備 （注2） 共同住宅用自動火災報知設備
	二方向避難・開放型特定共同住宅等	地階を除く階数が10以下のもの	屋内消火栓設備 スプリンクラー設備 自動火災報知設備 屋外消火栓設備 動力消防ポンプ設備	共同住宅用スプリンクラー設備 （注2、注3） 共同住宅用自動火災報知設備又は住戸用自動火災報知設備及び共同住宅用非常警報設備
		地階を除く階数が11以上のもの	屋内消火栓設備 スプリンクラー設備 自動火災報知設備 屋外消火栓設備 動力消防ポンプ設備	共同住宅用スプリンクラー設備 （注2） 共同住宅用自動火災報知設備
	その他の特定共同住宅等	地階を除く階数が10以下のもの	屋内消火栓設備 スプリンクラー設備 自動火災報知設備 屋外消火栓設備 動力消防ポンプ設備	共同住宅用スプリンクラー設備 （注2、注3） 共同住宅用自動火災報知設備
		地階を除く階数が11以上のもの	屋内消火栓設備 スプリンクラー設備 自動火災報知設備 屋外消火栓設備 動力消防ポンプ設備	共同住宅用スプリンクラー設備 （注2） 共同住宅用自動火災報知設備
	特定共同住宅等の種類		通常用いられる消防用設備等	必要とされる防火安全性能を有する消防の用に供する設備等
	構造類型	階 数		
避難安全支援性能	二方向避難型特定共同住宅等及び開放型特定共同住宅等	地階を除く階数が5以下のもの	自動火災報知設備 非常警報器具又は非常警報設備	共同住宅用自動火災報知設備又は住戸用自動火災報知設備及び共同住宅用非常警報設備
		地階を除く階数が6以上のもの	自動火災報知設備 非常警報器具又は非常警報設備	共同住宅用自動火災報知設備
	二方向避難・開放型特定共同住宅等	地階を除く階数が10以下のもの	自動火災報知設備 非常警報器具又は非常警報設備	共同住宅用自動火災報知設備又は住戸用自動火災報知設備及び共同住宅用非常警報設備
		地階を除く階数が11以上のもの	自動火災報知設備 非常警報器具又は非常警報設備	共同住宅用自動火災報知設備
	その他の特定共同住宅等	全てのもの	自動火災報知設備 非常警報器具又は非常警報設備	共同住宅用自動火災報知設備

第3章　主たる用途別の消防設備設置基準

	特定共同住宅等の種類		通常用いられる消防用設備等	必要とされる防火安全性能を有する消防の用に供する設備等
	構造類型	階数		
消防活動支援性能	全ての型	住戸、共用室及び管理人室（主たる出入口が階段室等に面するもの）	連結送水管 非常コンセント設備	共同住宅用連結送水管 共同住宅用非常コンセント設備

<参考>　「通常用いられる消防用設備等」の欄に設けられていない消防用設備等は、令の技術基準に従って設置する必要がある（平18・11・30消防予500）。

(注1)　住戸利用施設とは、特定共同住宅等の部分であって、令別表第1(5)項イ並びに(6)項ロ及びハに掲げる防火対物の用途に供されるものをいう（平17・3・25総務令40）。
　　　また、特定住戸利用施設とは、住戸利用施設のうち、次に掲げる部分で、規12条の2第1項又は第3項に規定する構造を有するもの以外のものをいう（平17・3・25総務令40）。
　　① 令別表第1(6)項ロ(1)に掲げる防火対象物の用途に供される部分
　　② 令別表第1(6)項ロ(5)に掲げる防火対象物の用途に供される部分（規12条の3に規定する者を主として入所させるもの以外のものにあっては、床面積が275㎡以上のものに限る。）

(注2)　二方向避難・開放型特定共同住宅等（平17・3・25総務令40第3条3項2号イに掲げる部分に限り、特定住戸利用施設を除く。）又は開放型特定共同住宅等（平17・3・25総務令40第3条3項2号イに掲げる部分のうち14階以下のものに限り、特定住戸利用施設を除く。）において、住戸、共用室及び管理人室の壁並びに天井（天井がない場合にあっては、上階の床又は屋根）の室内に面する部分（回り縁、窓台等を除く。）の仕上げを準不燃材料とし、かつ、共用室と共用室以外の特定共同住宅等の部分（開放型廊下又は開放型階段に面する部分を除く。）を区画する壁に設けられる開口部（規13条2項1号ロの基準に適合するものに限る。）に、特定防火設備である防火戸（規13条2項1号ハの基準に適合するものに限る。）が設けられているとき、共同住宅用スプリンクラー設備の設置をしないことができる（平17・3・25総務令40）。

※　平17・3・25総務令40第3条3項2号イ
　共同住宅用スプリンクラー設備は、次の(イ)から(ハ)に掲げる階又は部分に設置すること。
　(イ)　特定共同住宅等の11階以上の階及び特定住戸利用施設（10階以下の階に存するものに限る。）
　(ロ)　特定共同住宅等で、住戸利用施設の床面積の合計が3,000㎡以上のものの階のうち、当該部分が存する階（(イ)に掲げる階及び部分を除く。）
　(ハ)　特定共同住宅等で、住戸利用施設の床面積の合計が3,000㎡未満のものの階のうち、当該部分が存する階で、当該部分の床面積が、地階又は無窓階にあっては1,000㎡以上、4階以上10階以下の階にあっては1,500㎡以上のもの（(イ)に掲げる階及び部分を除く。）

(注3)　10階以下の階に存する特定住戸利用施設を令12条1項1号に掲げる防火対象物とみなして同条2項3号の2の規定を適用した場合に設置することができる同号に規定する特定施設水道連結型スプリンクラー設備を当該特定住戸利用施設に同項に定める技術上の基準に従い、又は当該技術上の基準の例により設置したとき（当該特定住戸利用施設に限る。）、共同住宅用スプリンクラー設備の設置をしないことができる（平17・3・25総務令40）。

○居住型福祉施設における消防用設備等の設置免除　（規13①一・23④一〜ヘ・28の2②四、平22・2・5総務令7）
1　該当する消防用設備等

消防用設備等	免除部分
スプリンクラー設備	10階以下の部分（居住型福祉施設の部分を含む。）

第3章 主たる用途別の消防設備設置基準

自動火災報知設備 （感知器のみ）（注）	延べ面積500㎡未満（特定1階段等防火対象物を除く。）
誘導灯	地階、無窓階、11階以上の階を除く共同住宅部分

（注） 居住型福祉施設の床面積の合計が300㎡未満の場合には、一定の区画がなくても特定小規模用自動火災報知設備を設置することが可能。

2　一定の区画の要件

自動火災報知設備・誘導灯	スプリンクラー設備
①　福祉施設等の居室を、準耐火構造の壁及び床（3階以上の階に存する場合にあっては、耐火構造の壁及び床）で区画したものであること。	①　同左
②　福祉施設等の壁及び天井（天井のない場合にあっては、屋根）の室内に面する部分（回り縁、窓台その他これらに類する部分を除く。）の仕上げを地上に通ずる主たる廊下その他の通路にあっては準不燃材料で、その他の部分にあっては難燃材料でしたものであること。	②　同左
③　区画する壁及び床の開口部の面積の合計が8㎡以下であり、かつ、一の開口部の面積が4㎡以下であること。	③　同左
④　③の開口部には、防火設備である防火戸（3階以上の階に存する場合にあっては、建築基準法施行令112条1項に規定する特定防火設備である防火戸）（廊下と階段とを区画する部分以外の部分の開口部にあっては、防火シャッターを除く。）で、随時開くことができる自動閉鎖装置付きのもの若しくは次に定める構造のもの又は防火戸（防火シャッター以外のものであって、2以上の異なった経路により避難することができる部分の出入口以外の開口部で、直接外気に開放されている廊下、階段その他の通路に面し、かつ、その面積の合計が4㎡以内のものに設けるものに限る。）を設けたものであること。 　㋐　随時閉鎖することができ、かつ、煙感知器の作動と連動して閉鎖すること。 　㋑　居室から地上に通ずる主たる廊下、階段その他の通路に設けるものにあっては、直接手で開くことができ、かつ、自動的に閉鎖する部分を有し、その部分の幅、高さ及び下端の床面からの高さが、それぞれ、75cm以上、1.8m以上及び15cm以下であること。	④　同左
⑤　福祉施設等の主たる出入口が、直接外気に開放され、かつ、福祉施設等における火災時に生ずる煙を有効に排出することができる廊下、階段その他の通路に面していること。	⑤　区画された部分の全ての床の面積が100㎡以下であること。

31 非特定複合用途防火対象物

関係条文：令別表第1(16)項ロ

	用途の定義
共通する内容	複合用途防火対象物は、1棟の建物のうち、法2条2項に掲げる防火対象物であって、令別表第1に掲げる(1)項から(15)項に供されている用途について2以上の異なる用途が存するものとされている。非特定複合用途防火対象物は、特定複合用途防火対象物（令別表第1(16)項イ）以外の複合用途防火対象物（令別表第1(1)項から(4)項まで、(5)項イ、(6)項、(9)項イに掲げる用途に供されている部分を有さないもの）をいう。 2以上の異なる用途の判断は、令1条の2第2項の後段に、「権原、利用形態、その他の状況により他の用途に供される防火対象物の部分の従属的な部分（機能従属・みなし従属）を構成すると認められるものがあるときは、当該一の用途は、当該他の用途に含まれる」とされている。 主たる用途に従たる用途が従属すれば単独用途、従属しなければ複合用途に区分される。 従属的な部分は、次のように定義されている（昭50・4・15消防予41・消防安41）。 (1) 機能従属 　令別表第1(1)項から(15)項までの防火対象物の区分に応じ、主たる用途に供される部分に機能的に従属していると認められる部分が次に該当するものをいう。 　① 当該従属的な部分について管理権原を有する者が、主用途部分の管理権原を有する者と同一であること。 　② 当該従属的な部分の利用者が、主用途部分の利用者と同一か又は密接な関係を有していること。 　③ 当該従属的な部分の利用時間が主用途部分の利用時間とほぼ同一であること。 (2) みなし従属 　主たる用途の床面積の合計(注)が当該防火対象物の延べ面積の90%以上であり、かつ、当該主たる用途以外の独立した用途に供される部分の床面積の合計が300㎡未満である場合における当該独立した用途（令別表第1(2)項ニ、(5)項イ、若しくは(6)項イ(1)から(3)まで、若しくは(6)項ロ、(6)項ハ（利用者を入居させ、又は宿泊させるものに限る。）の用途に供される部分を除く。）をいう。 　(注) 他の用途と共用される廊下、階段、通路、便所、管理室、倉庫、機械室等の部分の床面積は、主たる用途に供される部分及び他の独立した用途に供される部分のそれぞれの床面積に応じて按分する。 (3) 店舗併用住宅等の扱い（寄宿舎、下宿、共同住宅を除く。） 　一般住宅に令別表第1に掲げる用途が存する防火対象物は、次のように定義されている。 　① 用途に供される部分の床面積の合計が一般住宅の用途に供される部分の床面積の合計よりも小さく、かつ、用途に供される部分の床面積の合計が50㎡以下の場合は、一般住宅とする。 　② 用途に供される部分の床面積の合計が一般住宅の用途に供される部分の床面積の合計よりも大きい場合は、令別表第1の用途とする。 　③ 用途に供される部分の床面積の合計が一般住宅の床面積の用途に供される

第3章 主たる用途別の消防設備設置基準

	部分の合計よりも小さく、かつ、用途に供される部分の床面積の合計が50㎡を超える場合は、複合用途とする。 ④ 用途に供される部分の床面積の合計が一般住宅の用途に供される部分の床面積の合計とおおむね等しい場合は、複合用途とする。
非特定複合用途防火対象物	令別表第1(16)項ロ（非特定複合用途防火対象物）は、令別表第1(16)項イ以外のその一部が令別表第1(5)項ロ、(7)項、(8)項、(9)項ロ、(10)項から(15)項までの用途に供されている。 令制定時、2以上の異なる用途が混在する対象物は、複合用途防火対象物として令別表第1(16)項と定められていたが、昭和47年政令411号による改正で、複合用途防火対象物のうち、特定防火対象物の用途以外のものを令別表第1(16)項ロとした。

用途判定の行政実例等

●**令別表第1に掲げる防火対象物の取扱い**（昭52・1・6消防予3）

問 標記について大阪市消防局長から下記のとおり照会がありましたので、御教示下さるようお願いします。

記

1 消防法施行令別表第1に掲げる複合用途防火対象物のうち(16)項イ又はロの判定区分により、消防法令上の規制に差異が生じるところから次により判定してもよいか。

　昭和50年4月15日付消防予第41号消防安第41号通達1及び2により複合用途防火対象物となるものについて、これを非特定防火対象物の用途に供される部分（以下「甲」という。）及び特定防火対象物の用途に供される部分（以下「乙」という。）に区分し、「甲」が防火対象物の延べ面積の90％以上であり、かつ「乙」が300㎡未満である場合は(16)項ロとして判定する。この場合「乙」は「甲」のうち床面積が大なる用途に従属するものとみなす。

　したがって次の例1及び2についてはいずれも(16)項ロとして取り扱う。（例1においては「甲」1,920㎡、「乙」80㎡であり、又、例2においては「甲」1,850㎡、「乙」150㎡である。）

　なお、例3のA部分については令第2章第3節の規定を適用する場合(16)項ロとして扱う。

例1

4 F	(5) 項ロ	500㎡		
3 F	(5) 項ロ	500㎡		
2 F	(15) 項	500㎡		
1 F	(15) 項 420㎡		(2) 項イ 40㎡	(3) 項イ 40㎡

（注）1階における各用途の出入口は道路側及び建物内部通路に面して設けられている。

例2

4 F	(5) 項ロ	500㎡	
3 F	(5) 項ロ	500㎡	
2 F	(15) 項	500㎡	
1 F	(15) 項	350㎡	(2) 項イ 150㎡

（注）1階における各用途の出入口は道路側及び建物内部通路に面して設けられている。

第3章　主たる用途別の消防設備設置基準

例3

4 F	(5) 項ロ	500㎡		
3 F	(5) 項ロ	500㎡		
2 F	(6)項イ 50㎡	(2)項ロ 50㎡	(5)項ロ 50㎡	(15)項 350㎡
1 F	(2) 項ロ 600㎡			

A／B　令第8条区画

（注）　1階におけるA部分用途の出入口はB部分用途と令第8条区画がされている。

答　設問の例により判定してさしつかえない。

〔編注〕　令別表第1(2)項ニ、(5)項イ、(6)項イ(1)から(3)まで、ロ、ハ（利用者を入居させ、又は宿泊させるものに限る。）の防火対象物は、法令改正により平成27年4月1日及び平成28年4月1日から、みなし従属から除外された（昭50・4・15消防予41・消防安41）。

消防設備設置基準一覧表

消防用設備等の区分	消防法施行令による基準			東京都火災予防条例による付加基準
	設置すべき面積・収容人員等（原則となる規制基準）	関係条文	設置基準の緩和	
消火設備　消火器・簡易消火用具（消火器具）	各用途部分の設置基準により設置	令10①	令10③	令別表第1(16)項のうち、(3)項～(6)項・(9)項・(12)項～(15)項の用途で、延べ面積150㎡以上（条例36①）
屋内消火栓設備	各用途部分の設置基準により設置	令11①　令11②	令11④	①　耐火構造　延べ面積3,000㎡以上　耐火構造・準耐火構造　延べ面積2,000㎡以上　その他　延べ面積1,000㎡以上（条例38①一）②　地階を除く階数5以上（条例38①二）（※23）
スプリンクラー設備	11階以上の階（※12）	令12①十二	令12③	①　地階・無窓階で、令別表第1(5)項ロ・(7)項・(8)項及び(12)項の用途に供する部分の床面積の合計2,000㎡以上（条例39①四）②　地下4階以下の

第3章　主たる用途別の消防設備設置基準

					階で、地下4階以下の階の床面積の合計が2,000㎡以上（条例39①四の三） ③　地盤面からの高さが31mを超える階（条例39①五）
	特殊消火設備	第4章2～10参照	令13	－	部分の用途による（条例40①）
	屋外消火栓設備	各用途部分の設置基準により設置	令19① 令19②	令19④	－
	動力消防ポンプ設備	各用途部分の設置基準により設置	令20① 令20②	令20⑤	－
警報設備	自動火災報知設備	地階・無窓階・3階以上の階 床面積300㎡以上	令21①十一	令21③	①　2階以上を令別表第1(5)項ロの用途に供するもので、延べ面積300㎡以上（主要構造部が耐火構造又は準耐火構造に該当するものを除く。）（条例41①二） ②　延べ面積1,000㎡以上（条例41①三）
		11階以上の階	令21①十四		
		各用途部分の設置基準により設置	令21①		
	ガス漏れ火災警報設備	温泉採取設備が設けられているもの（※6）	令21の2①三	令21の2①かっこ書	－
	漏電火災警報器	契約電流容量50Aを超えるもの（※7）	令22①七	－	
	消防機関へ通報する火災報知設備	各用途部分の設置基準により設置	令23①	令23①ただし書 令23③	－
	非常警報器具	各用途部分の設置基準により設置	令24①	令24①ただし書	
	非常警報設備	非常ベル、自動式サイレン又は放送設備	収容人員50人以上	令24②二	令24②ただし書	－
			地階・無窓階 収容人員20人以上			
		非常ベル及び放送設備又は自動式サイレン及び放送設備	地階を除く階数11以上	令24③二	令24⑤	
			地階の階数3以上			

— 230 —

第3章 主たる用途別の消防設備設置基準

避難設備	避難器具	各用途部分の設置基準により設置	令25①	令25①かっこ書 令25②一ただし書	6階以上の階で、収容人員30人以上（条例44①）
	誘導灯	地階・無窓階・11階以上	令26①一 令26①二	令26①ただし書	−
	誘導標識	全部	令26①四	令26①ただし書 令26③	−
消防用水		高さ31m超 延べ面積（地階に係るものを除く。）25,000㎡以上	令27①二	−	−
消火活動上必要な施設	排煙設備	各用途部分の設置基準により設置	令28①	令28③	地下4階以下の階で、駐車場部分の床面積1,000㎡以上（条例45の2①）（※25）
	連結散水設備	各用途部分の設置基準により設置	令28の2①	令28の2③ 令28の2④	−
	連結送水管	地階を除く階数7以上	令29①一	−	屋上を回転翼航空機発着場、自動車駐車場の用途に供するもの（条例46①二）
		地階を除く階数5以上 延べ面積6,000㎡以上	令29①二		
	非常コンセント設備	地階を除く階数11以上	令29の2①一	−	地下4階以下の階で、地下4階以下の階の床面積の合計1,000㎡以上（条例46の2①）
	無線通信補助設備	−	−	−	地階の階数4以上かつ地階の床面積の合計3,000㎡以上のものの地階（条例46の3①一）
総合操作盤		第4章11参照	−	−	−

注　表中の（※）については、「「消防設備設置基準一覧表」の見方・扱い方」（76頁）参照

… 第3章 主たる用途別の消防設備設置基準

32 地下街

関係条文：令別表第1(16の2)項

	用途の定義
地下街	地下の工作物内に設けられた店舗、事務所その他のこれらに類する施設で、連続して地下道に面して設けられたものと当該地下道を合わせたものをいう（法8の2）。令別表第1(1)項から(16)項までに掲げる用途に供される建築物が令別表第1(16の2)項に掲げる防火対象物内に存するときは、これらの建築物は、令別表第1(16の2)項に掲げる防火対象物の部分とみなす（令別表第1備考2）。
消防用設備等の設置上の例外	地下街及びこれと接続する防火対象物の地階の部分は、火災が発生した場合に相互に影響するところが大きいことから、特定防火対象物の地階で地下街と一体をなすものは、消防長又は消防署長が指定したものについては、スプリンクラー設備、自動火災報知設備、ガス漏れ火災警報設備及び非常警報設備について、当該防火対象物の地階を地下街とみなして適用する（令9の2）。

用途判定の行政実例等

●地下街の判定について（昭60・5・15消防予68）

問 このことについて、下記事案につき、消防法施行令（昭和36年政令第37号）別表第1(16の2)項に掲げる地下街と判定すべきかどうか御教示ください。

記

1 設置場所
  国鉄中央線高蔵寺駅内（線路及びホームの下部）
2 設置形態
  国鉄高蔵寺駅南口から北口へ、線路敷下を横断する公共通路の両側に店舗を設けるもの。なお、当該通路は市道認定を受けている。
3 周囲の状況
  高蔵寺駅の北側と南側では地盤面に落差があり、当該公共通路は駅南側において地上に開口しているが、駅北側においては、駅前広場の下に地下道として延びている。
  店舗部分は線路敷の下に設ける（一部分南側へ頭を出す）。
  店舗部分を設けない線路敷の部分は土盛りとなっている。

答 設問の部分が建築基準法に定める地下の工作物内に設ける建築物に該当する場合は、お見込みのとおり。

第3章　主たる用途別の消防設備設置基準

別図1　高蔵寺駅店舗開発計画図　S：1/1,000

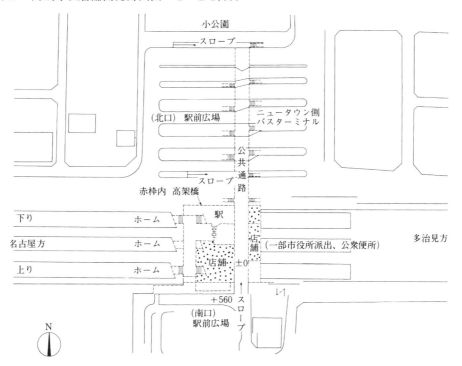

別図2　高蔵寺駅店舗開発計画（案）高架下平面図　S＝1：300

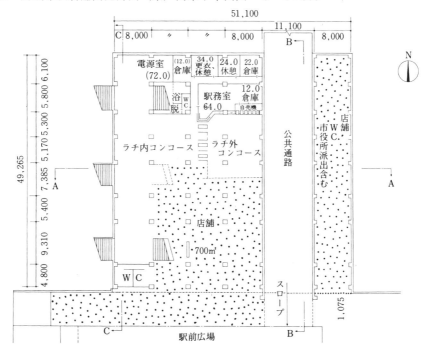

第3章　主たる用途別の消防設備設置基準

別図3　断面図　S＝1：300

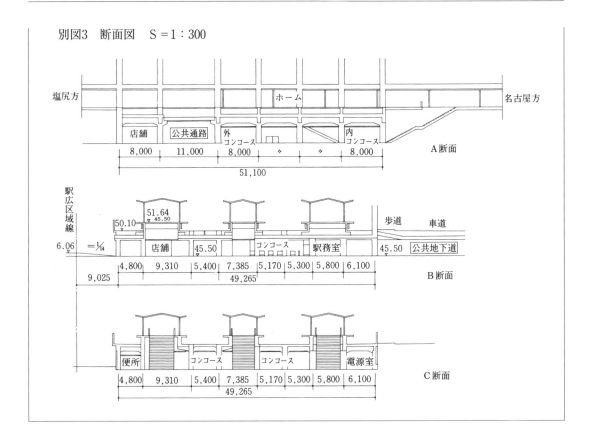

消防設備設置基準一覧表				
消防用設備等の区分		消防法施行令による基準			東京都火災予防条例による付加基準
^		設置すべき面積・収容人員等（原則となる規制基準）	関係条文	設置基準の緩和	^
消火設備	消火器・簡易消火用具（消火器具）	全部	令10①一	令10③	部分の用途による（条例37①）（※22）
^	屋内消火栓設備	延べ面積150㎡以上 基準面積の緩和 ①　耐火構造（※1） 　→延べ面積450㎡以上 ②　耐火構造・準耐火構造（※2） 　→延べ面積300㎡以上	令11①四 令11②	令11④	―
^	スプリンクラー設備	延べ面積1,000㎡以上	令12①六	令12③	―
^	^	令別表第1(6)項イ(1)若しくは(2)又はロに掲げる防火対象物の用途に供されるもの（※10）	令12①九		
^	特殊消火設備	第4章2～10参照	令13	―	部分の用途による（条例40①）

第3章 主たる用途別の消防設備設置基準

	屋外消火栓設備	−	−	−	−
	動力消防ポンプ設備	−	−	−	−
警報設備	自動火災報知設備	延べ面積300㎡以上	令21①三	−	−
		令別表第1(2)項ニ・(5)項イ・(6)項イ(1)〜(3)・(6)項ロ・(6)項ハ（利用者を入居させ、又は宿泊させるものに限る。）に掲げる防火対象物の用途に供されるもの	令21①九		
	ガス漏れ火災警報設備	延べ面積1,000㎡以上	令21の2①一	令21の2①かっこ書	−
		温泉採取設備が設けられているもの（※6）	令21の2①三		
	漏電火災警報器	延べ面積300㎡以上（※7）	令22①三	−	−
	消防機関へ通報する火災報知設備	全部	令23①一	令23①ただし書 令23③	−
	非常警報器具	−	−	−	−
	非常警報設備	非常ベル、自動式サイレン又は放送設備	収容人員50人以上	令24②二	令24②ただし書	−
			地階・無窓階 収容人員20人以上			
		非常ベル及び放送設備又は自動式サイレン及び放送設備	全部	令24③一	令24⑤	−
避難設備	避難器具	−	−	−	−
	誘導灯	全部	令26①	令26①ただし書	−
	誘導標識	−	−	−	−
消防用水		高さ31m超 延べ面積（地階に係るものを除く。）25,000㎡以上	令27①二	−	−
消火活動上必要	排煙設備	延べ面積1,000㎡以上	令28①一	令28③	−
	連結散水設備	地階の床面積の合計700㎡以上	令28の2①	令28の2③ 令28の2④	−

第3章　主たる用途別の消防設備設置基準

な施設	連結送水管	延べ面積1,000㎡以上	令29①三	－	－
	非常コンセント設備	延べ面積1,000㎡以上	令29の2①二	－	－
	無線通信補助設備	延べ面積1,000㎡以上	令29の3①	－	－
総合操作盤		第4章11参照	－	－	－

注　表中の(※)については、「「消防設備設置基準一覧表」の見方・扱い方」(76頁)参照

33 準地下街

関係条文：令別表第1(16の3)項

用途の定義	
準地下街	連続して地下道に面して設けられた建築物の地階と地下道を合わせたものを一体として地下街に準じて取り扱うこととされ、令別表第1(16の3)項の準地下街として追加された（昭56・1・23令6改正）。
	建築物の地階（令別表第1(16の2)項に掲げるものの各階を除く。）で連続して地下道に面して設けられたものと当該地下道とを合わせたもの（令別表第1(1)項から(4)項まで、(5)項イ、(6)項又は(9)項イに掲げる防火対象物の用途に供される部分が存するものに限る。）と定義されている。令別表第1(1)項から(16)項までに掲げる用途に供される建築物又はその部分が(16の3)項に掲げる防火対象物の部分に該当するものであるときは、これらの建築物又はその部分は、同項に掲げる防火対象物の部分であるほか、令別表第1(1)項から(16)項に掲げる防火対象物又はその部分でもあるものとみなす（令別表第1備考3）。
準地下街の範囲	地下道に接続する建物の地階が次の条件に該当するときは、準地下街の部分として取り扱う。なお、建物の地階が、準地下街として取り扱われた場合には、その建物から10m以内の地下道をその範囲としてみなす（昭56・1・23消防予20）。 ① 地下道との接続部分の開口部の面積の合計（開口部相互間の歩行距離が20m以内にある2以上の建物の開口部の面積の合計）が40㎡以上である。 ② ①の開口部が常時閉鎖式又は煙感知器連動閉鎖式の特定防火設備である防火戸の場合は、開口部面積は2分の1として算定する。 ③ ①の接続部が特別避難階段の附室を経由して接続する場合は、開口部がないものとしてみなす。 ④ 地下鉄の改札口内の区域及び改札口外で耐火壁又は特定防火設備である防火戸（常時閉鎖式）若しくは煙感知器連動閉鎖式の甲種防火戸で区画されている区域は準地下街の建築物及び地下道とは取り扱わない。

用途判定の行政実例等

●準地下街の範囲について（昭56・12・18消防予299）

問 下図のように、地下道に面して同一建築物に2箇所の開口部がある場合、当該開口部間の歩行距離が20mを超える場合であっても消防法施行令（以下「令」という。）別表第1(16の3)項に掲げる防火対象物としての開口部の面積算定に入れるのか、また、面積算定に入れるのであれば、その範囲はどこまでか。

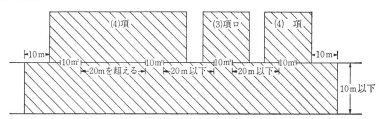

第3章　主たる用途別の消防設備設置基準

|答|　前段　お見込のとおり

　　　後段　図面中 ▨▨▨ の範囲とする。

●準地下街の範囲について（昭56・12・18消防予299）
|問|　下図のように建築物の地階の開口部が異なる2本の地下道に面して設けられている場合、令別表第1(16の3)項に掲げる防火対象物としての開口部の面積算定方法はいかにすべきか、また、この場合令別表第1(16の3)項に掲げる防火対象物の範囲はどこまでか。

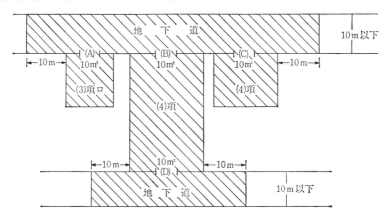

|答|　前段　(A)(B)(C)(D)の開口部の合計面積とする。

　　　後段　図面中 ▨▨▨ の範囲とする。

●準地下街の範囲について（昭56・12・18消防予299）
|問|　昭和56年、消防予第133号通達第1　2文中「地下道で通行の用に供される部分」には、地下道に置かれている移動可能な売店、設備等の存する部分も含まれるとあるが、この「移動可能」の範囲はどの程度のものをいうのか。
|答|　「移動可能」の範囲は、一概に限定しにくいが床に固定されておらず入力により移動できるものが該当する。

●準地下街に該当するかどうかについて（昭56・12・18消防予299）
|問|　建築物の地下1階部分が令別表第1(16の3)項に掲げる防火対象物としての構成要件を満たしている場合、当該建築物の地下2階以下の階についても令別表第1(16の3)項に掲げる防火対象物に該当するものとして解してよいか、また、この場合、地下1階と地下2階との間に常時閉鎖装置付又は煙感知器連動閉鎖式の甲種防火戸を設け、区画した場合、地下2階以下の階については、令別表第1(16の3)項対象物に該当しないと解してよいか。
|答|　前段　お見込みのとおり
　　　後段　令別表第1(16の3)項に掲げる防火対象物に該当する。

●準地下街に該当するかどうかについて（昭56・12・18消防予299）
|問|　下図のように地下道に面して建築物の地階及び地下建築物（昭和56年消防予第133号通達第1　1(1)でいう地下にある建築物。）がある場合、令別表第1(16の3)項に掲げる防火対象物に該当するか。

第3章　主たる用途別の消防設備設置基準

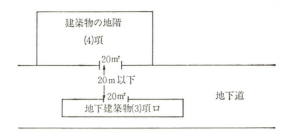

答　お見込みのとおり。

●**準地下街の範囲について**（昭56・12・18消防予299）
問　下図のように地下道に面して建築物の地階がある場合、令別表第1(16の3)項の範囲はどこまでか。

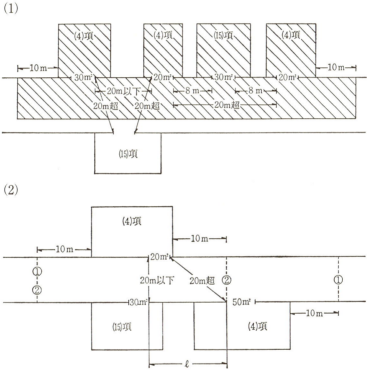

答(1)　別添(1)図中 ╱╱╱╱ 部分

(2)　別添(2)図中 ℓ の間が歩行距離20m以下の場合にあっては、①の範囲まで、ℓ の間が歩行距離20mを超える場合にあっては②の範囲までとする。

●**準地下街の範囲について**（昭56・12・18消防予299）
問　準地下街を構成する店舗、事務所等の各部分から歩行距離10m以内の範囲で、次の場合はどこまでの範囲か。

第3章　主たる用途別の消防設備設置基準

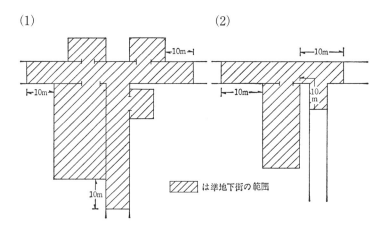

|答| 地下道の壁と建築物の地階の地中壁が互いに独立して設けられている場合には、(2)、その他の場合には、(1)によること。

●地下道部分の取扱いについて（昭56・12・18消防予299）
|問| 令別表第1(16の3)項の地下道部分の取り扱いについて、
　(1)　令別表第1(16の3)項の延べ面積に算入するのか。
　(2)　用途（令別表第1に規定する項）の扱いはどのように考えるのか。
|答|(1)　お見込みのとおり。
　(2)　令第12条第1項第5号の2、令第21条第1項第5号及び令第21条の2第1項第2号の規定で定める。令別表第1(1)項から(4)項まで、(5)項イ、(6)項又は(9)項イに掲げる防火対象物の部分の床面積の算定に地下道部分は加えない。

消防設備設置基準一覧表

消防用設備等の区分		消防法施行令による基準			東京都火災予防条例による付加基準
^^	^^	設置すべき面積・収容人員等（原則となる規制基準）	関係条文	設置基準の緩和	^^
消火設備	消火器・簡易消火用具（消火器具）	全部	令10①一	令10③	−
^^	屋内消火栓設備	−	−	−	−
^^	スプリンクラー設備	延べ面積1,000㎡以上 令別表第1(1)項〜(4)項・(5)項イ・6(項)・(9)項イの床面積の合計500㎡以上	令12①七	令12③	−
^^	特殊消火設備	第4章2〜10参照	令13	−	部分の用途による （条例40①）
^^	屋外消火栓設備	−	−	−	−
^^	動力消防ポンプ設備	−	−	−	−

第3章 主たる用途別の消防設備設置基準

警報設備	自動火災報知設備	延べ面積500㎡以上 令別表第1(1)項～(4)項・(5)項イ・(6)項・(9)項イの床面積の合計300㎡以上	令21①五	－	－
	ガス漏れ火災警報設備	延べ面積1,000㎡以上 令別表第1(1)項～(4)項・(5)項イ・(6)項・(9)項イの床面積の合計500㎡以上	令21の2①二	令21の2①かっこ書	－
		温泉採取設備が設けられているもの(※6)	令21の2①三		
	漏電火災警報器	－	－	－	－
	消防機関へ通報する火災報知設備	全部	令23①一	令23①ただし書 令23③	－
	非常警報器具	－	－	－	－
	非常警報設備	非常ベル、自動式サイレン又は放送設備	収容人員50人以上	令24②二	令24②ただし書	
			地階・無窓階 収容人員20人以上			
		非常ベル及び放送設備又は自動式サイレン及び放送設備	全部	令24③一	令24⑤	
避難設備	避難器具	－	－	－	－
	誘導灯	全部	令26①	令26①ただし書	－
	誘導標識	－	－	－	－
消防用水		高さ31m超 延べ面積（地階に係るものを除く。）25,000㎡以上	令27①二	－	－
消火活動上必要な施設	排煙設備	－	－	－	－
	連結散水設備	－	－	－	－
	連結送水管	－	－	－	－
	非常コンセント設備	－	－	－	－
	無線通信補助設備	－	－	－	－
総合操作盤		－	－	－	－

注　表中の(※)については、「「消防設備設置基準一覧表」の見方・扱い方」（76頁）参照

34 重要文化財等

関係条文：令別表第1(17)項

	用途の定義
共通する内容	昭和24年の法隆寺金堂火災を契機として、翌25年に文化財保護法が制定された。その後、同火災が発生した1月26日を文化財防火デーとして、重点的な広報啓発、防火訓練等が行われるようになった。また、昭和36年の消防法施行令制定により、重要文化財建造物等の防火基準が規定された。 文化財保護法又は旧重要美術品等の保存に関する法律の規定によって所定の指定（重要文化財、重要有形民俗文化財、史跡、重要美術品等）がされた建造物をいう。 重要な文化財とは、文化財保護法182条2項の規定によって地方公共団体が重要なものとして指定した建造物をいう。
重要文化財等	文化財保護法の規定によって重要文化財、重要有形民俗文化財、史跡若しくは重要な文化財として指定され、又は旧重要美術品等の保存に関する法律の規定によって重要美術品として認定された建造物と定義されている（令別表第1(17)項）。 近年、使用中の劇場、旅館等の防火対象物が文化財として指定される例が増えてきたことから、このような防火対象物の火災危険上又は避難安全上の観点から、令別表第1(17)項に掲げる防火対象物に該当するものであるときは、令別表第1(17)項の防火対象物であるほか、令別表第1(1)項から(16)項までに掲げる防火対象物又はその部分としても扱うこととし、令別表第1備考4を追加した（平16・2・6令19改正）。 重要文化財等に指定された建築物の取扱いは、次による（昭50・4・15消防予41・消防安41）。 ① 令別表第1(1)項から(16)項までに掲げる用途に供される建築物その他の工作物又はその部分が重要文化財に指定された場合は、指定された時点で令別表第1(17)項に掲げる防火対象物であるほか、令別表第1(1)項から(16)項までに掲げる防火対象物又はその部分であること。  ② 令別表第1(1)項から(16)項までに掲げる用途に供される建築物又は工作物又はその部分の一部が重要文化財として指定された場合は、指定された部分は令別表第1(17)項の防火対象物であるほか、令別表第1(1)項から(16)項までの防火対象物であること。 　この場合、防火対象物全体は令別表第1(1)項から(16)項までに掲げる防火対象物であるほか、令別表第1(17)項の部分を含む複合用途防火対象物として取り扱うこと（昭50・4・15消防予41・消防安41）。 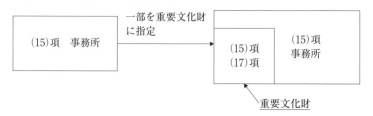

③ 重要文化財として指定されている防火対象物に令別表第1(1)項から(16の2)項までに掲げる防火対象物を増築（法17条の2の5第2項に該当）した場合は、現行基準に適合する必要があること。なお、重要文化財として指定された部分の消防用設備等については、令32条の適用又は「消防用設備等の設置単位について」（昭50・3・5消防安26）について考慮すること。

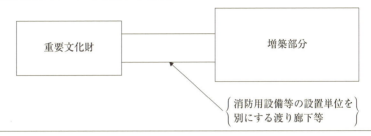

用途判定の行政実例等

●令別表第1(17)項の防火対象物の解釈について （昭42・8・3自消丙予発61）

問1　次の各号に掲げるように防火対象物の部分が消防法別表第1(17)項の防火対象物に該当する場合は当該防火対象物全体を(17)項防火対象物とみなし同施行令第21条の規定を適用してさしつかえないか。

(1) 別表第1(1)項から(15)項防火対象物と複合する場合

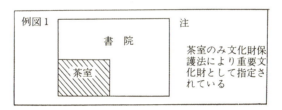

(2) 個人の住居と複合する場合

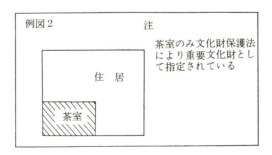

(3) 渡り廊下をもって接続する場合
　　（昭和38年9月21日付自消丙予発第57号の通達にもとづき渡り廊下等により接続する建造物とみなされる場合）

第3章　主たる用途別の消防設備設置基準

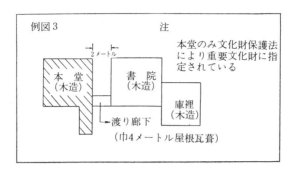

2　(17)項防火対象物にいう史跡として指定された建造物とは史跡指定地にある建造物を含めて指定された建造物と解してさしつかえないか。

答1　設問については、重要文化財として指定された部分以外は(17)項の防火対象物とは解しがたいが、この規定の趣旨から、指定された部分以外の部分も(17)項に含めて運用することが適当である。

2　設問については、貴意見のとおりでさしつかえない。

●項の判定について　(平4・5・22消防予108)

問　文化財保護法第2条第1項第5号に規定する（周囲の環境と一体をなして歴史的風致を形成している伝統的な建造物群で価値の高いもの（以下「伝統的建造物群」という。）が存する区域で都市計画において伝統的建造物群保存地区として指定された区域では、区域ごと消防法施行令別表第1(17)項の取扱いとなるか。
　　区域内には、国又は地方公共団体が指定した重要文化財建築物が点在している。

答　文化財保護法第2条第1項第5号に規定する伝統的建造物群を構成している建築物等が存する区域で、同法第83条の3の規定に基づき都市計画において伝統的建造物群保存地区として指定された区域内の建築物であっても、地方公共団体が条例の定めるところにより重要な文化財として指定したもの等以外の防火対象物は、消防法施行令別表第1(17)項に該当しない。

消防設備設置基準一覧表

消防用設備等の区分		消防法施行令による基準			東京都火災予防条例による付加基準
^^		設置すべき面積・収容人員等（原則となる規制基準）	関係条文	設置基準の緩和	^^
消火設備	消火器・簡易消火用具（消火器具）	全部	令10①一	令10③	－
^^	屋内消火栓設備	－	－	－	地階を除く階数5以上（条例38①二）
^^	スプリンクラー設備	11階以上の階（※12）	令12①十二	令12③	地盤面からの高さが31mを超える階（条例39①五）
^^	特殊消火設備	第4章2～10参照	令13	－	部分の用途による（条例40①）

第3章 主たる用途別の消防設備設置基準

	屋外消火栓設備	床面積(※3) ① 耐火建築物 9,000㎡以上 ② 準耐火建築物 6,000㎡以上 ③ その他 3,000㎡以上	令19①	令19④	－
		同一敷地内の2以上の建築物(一の建築物とみなされるもの(※4))の床面積(※3) 上記①～③	令19②		
	動力消防ポンプ設備	床面積(※3) ① 耐火建築物 9,000㎡以上 ② 準耐火建築物 6,000㎡以上 ③ その他 3,000㎡以上	令20①二 令20②	令20⑤	建築物が同一敷地内に2以上ある場合(耐火建築物、準耐火建築物を除く。)で、延べ面積の合計3,000㎡以上 (条例40の2①)(※24)
		同一敷地内の2以上の建築物(一の建築物とみなされるもの(※4))の床面積(※3) 上記①～③			
警報設備	自動火災報知設備	全部	令21①一	令21③	－
	ガス漏れ火災警報設備	温泉採取設備が設けられているもの(※6)	令21の2①三	令21の2①かっこ書	－
	漏電火災警報器	全部(※7)	令22①一	－	－
	消防機関へ通報する火災報知設備	延べ面積500㎡以上	令23①二	令23①ただし書 令23③	－
	非常警報器具	－	－	－	－
	非常警報設備	非常ベル、自動式サイレン又は放送設備	収容人員50人以上	令24②二	令24②ただし書	
			地階・無窓階 収容人員20人以上			
		非常ベル及び放送設備又は自動式サイレン及び放送設備	地階を除く階数11以上	令24③二	令24⑤	
			地階の階数3以上			
避難設備	避難器具	3階以上の階のうち、当該階(※15)から避難階又は地上に直通する階段が2以上設けられていない階 収容人員10人以上	令25①五	令25①かっこ書 令25②一ただし書	－
	誘導灯・誘導標識	－	－	－	－

— 245 —

第3章　主たる用途別の消防設備設置基準

消防用水		敷地面積20,000㎡以上 床面積(※3) ① 耐火建築物 15,000㎡以上 ② 準耐火建築物 10,000㎡以上 ③ その他 5,000㎡以上 (※8)	令27①一	−	−
		敷地面積20,000㎡以上 同一敷地内の2以上の建築物（一の建築物とみなされるもの(※9)）の床面積(※3) 上記①〜③	令27②		
		31m超 延べ面積（地階に係るものを除く。）25,000㎡以上	令27①二		
消火活動上必要な施設	排煙設備		−	−	−
	連結散水設備	地階の床面積の合計700㎡以上	令28の2①	令28の2③ 令28の2④	−
	連結送水管	地階を除く階数7以上	令29①一	−	屋上を回転翼航空機の発着場、自動車駐車場の用途に供するもの（条例46①二）
		地階を除く階数5以上 延べ面積6,000㎡以上	令29①二		
	非常コンセント設備	地階を除く階数11以上	令29の2①一	−	−
	無線通信補助設備		−	−	−
総合操作盤			−	−	−

注　表中の(※)については、「「消防設備設置基準一覧表」の見方・扱い方」(76頁) 参照

35　延長50m以上のアーケード

関係条文：令別表第1(18)項

用途の定義	
共通する内容	アーケードは、商店街等を覆う屋根により日差しや雨、雪等から歩行者等を守る目的で設置されている。 アーケードの形態としては、道路の片側、両側に設けるもの、道路の全面や大部分を覆うもの及び屋根が定着していないものがある。 アーケードの取扱いは、昭30・2・1国消発72・発住5・警察庁発備2の通達により、アーケードの設置等の運用が定められている。
延長50m以上のアーケード	アーケードとは、日よけ、雨よけ又は雪よけのため路面上に相当の区間連続して設けられる公益上必要な構築物、工作物その他の施設をいい、延長50m以上のものが令別表第1(18)項に該当する。 なお、夏季仮設的に設けられる日よけで期間終了後は全部取り壊されるようなものは、令別表第1(18)項のアーケードには含まれない。

用途判定の行政実例等

●**アーケードの取扱い**（昭30・2・1国消発72・発住5・警察庁発備2）

　標記に関し、別紙の通りアーケード設置基準を定めたから、左記〔下記〕の事項に御留意の上事務の処理に遺憾のないようにせられたい。
　おって、貴管下各当該機関に対しても、この旨御指導、御連絡願いたい。
記
1　アーケードの設置は、防火、交通及び衛生上の弊害を伴うものであるから、抑制の方針をとること。従ってこの基準は、その設置を奨励する意味を持つものではなく、相当の必要があって真にやむを得ないと認められる場合における設置の最低基準を定めたものであること。
2　この基準は、建築基準法第44条第1項但書に規定する「公共用歩廊その他これらに類する公益上必要な建築物」に該当する建築物の確認、消防法第7条に規定する同意、道路法第32条第1項第4号に規定する「歩廊、雪よけその他これらに類する施設」の許可、道路交通取締法第26条第1項第4号〔現行道路交通法第77条〕に該当するものの許可等の権限の行使に際しての基準を示したものであるから、この基準の実施についての別段の法的措置を要しないこと。なお、この基準に適合するアーケードについては、消防法第5条に基く措置を命じないこと。
3　この基準に定めるアーケードの外、アーケード類似のものは認めないこと。
4　この基準に対する制限の附加、アーケードの設置禁止区域等（基準第1項第5号及び第2項第1号ハ、ホ）は、アーケードの申請があった際に定めても差支えないができ得れば、あらかじめ第5項の連絡協議会で決定して、適宜の方法によって周知させておくことが望ましいこと。
5　アーケードの設置許可等に関する連絡及び調整を行うため、道路管理者、建築主事、警察署長及び消防長又は消防署長からなる連絡協議会を設けること。
6　連絡協議会は、アーケードの設置の申請があったときに開催すれば足りるが、その設置が予想されるような都市においては、あらかじめ開催し、第4項の事務打合せ等を行っておくことが望ましいこと。
7　各機関は、それぞれ自己の所管部分に関して責任を有すると共に、他の機関の所管部門に関する意見を尊重するものとし、許可等は、連絡協議会において各機関の意見が一致した場合に限り行う

第3章　主たる用途別の消防設備設置基準

　　ものとすること。
8　アーケードのうち、がんぎについては公益上の必要性により特に基準を緩和しているので、冬季人の通行を確保するため欠くことのできない場合以外は認めないこと。
9　アーケードが設置されたときは、市町村長は消防法第8条の規定により「防火責任者を定め、消防計画を立て、その訓練を行うべき建築物又は工作物」としてアーケードを指定すること。
10　アーケードが設置されたときはややもすれば道路上にみだりに商品、立看板、自転車等を存置する傾向があり、単に平常時の円滑な通行を妨げるばかりでなく、火災等の災害時において、延焼の危険を増大し、避難及び防災活動を著しく阻害するおそれがあるので、このようなことのないように厳重に取締ること。
11　アーケードの設置後これに臨時的な広告物、装飾等の添架、塗装を行うときは、当然許可を要するものであるが、その外消防長又は消防署長は防火上支障がないよう設置者に対し指導を行うこと。
12　適法に設置された既存のアーケードで、この基準に適合しない部分があるものについては、この基準に適合するよう指導するものとし、特に道路の占用期間を更新しようとする場合には、厳に所要の事項を指示すること。
13　仮設のアーケードで、期間を限って設置を認めたものについては、当該期間が経過したときは撤去を励行させること。
14　〔省略〕
アーケードの設置基準〔省略〕

消防設備設置基準一覧表

消防用設備等の区分		消防法施行令による基準			東京都火災予防条例による付加基準
^^		設置すべき面積・収容人員等（原則となる規制基準）	関係条文	設置基準の緩和	^^
消火設備	消火器・簡易消火用具（消火器具）	−	−	−	−
^^	屋内消火栓設備	−	−	−	−
^^	スプリンクラー設備	−	−	−	−
^^	特殊消火設備	第4章2〜10参照	令13	−	−
^^	屋外消火栓設備	床面積（※3） ① 耐火建築物 9,000㎡以上 ② 準耐火建築物 6,000㎡以上 ③ その他 3,000㎡以上	令19①	令19④	−
^^	^^	同一敷地内の2以上の建築物（一の建築物とみなされるもの（※4））の床面積（※3） 上記①〜③	令19②		
^^	動力消防ポンプ設備	床面積（※3） ① 耐火建築物 9,000㎡以上 ② 準耐火建築物 6,000㎡以上 ③ その他 3,000㎡以上	令20①二 令20②	令20⑤	

第3章 主たる用途別の消防設備設置基準

警報設備		同一敷地内の2以上の建築物(一の建築物とみなされるもの(※4))の床面積(※3) 上記①〜③				
	自動火災報知設備		−	−	−	−
	ガス漏れ火災警報設備		−	−	−	−
	漏電火災警報器		−	−	−	−
	消防機関へ通報する火災報知設備					
	非常警報器具		−	−	−	−
	非常警報設備		−	−	−	−
避難設備	避難器具		−	−	−	−
	誘導灯・誘導標識		−	−	−	−
消防用水		敷地面積20,000㎡以上 床面積(※3) ① 耐火建築物 15,000㎡以上 ② 準耐火建築物 10,000㎡以上 ③ その他 5,000㎡以上 (※8)	令27①一	−	−	−
		敷地面積20,000㎡以上 同一敷地内の2以上の建築物(一の建築物とみなされるもの(※9))の床面積(※3) 上記①〜③	令27②			
		高さ31m超 延べ面積(地階に係るものを除く。)25,000㎡以上	令27①二			
消火活動上必要な施設	排煙設備		−	−	−	−
	連結散水設備		−	−	−	−
	連結送水管	全部	令29①四	−	−	−
	非常コンセント設備					
	無線通信補助設備		−	−	−	−
総合操作盤			−	−	−	−

注 表中の(※)については、「「消防設備設置基準一覧表」の見方・扱い方」(76頁)参照

36　市町村長の指定する山林

関係条文：令別表第1(19)項

用途の定義		
市町村長の指定する山林	山林には、山岳山林に限らず森林、原野及び荒蕪地が含まれる。 令別表第1(19)項は、市町村長が指定する山林が該当するが、現在のところ指定する山林はない。

注　消防用設備等の設置義務はない。

37　舟　車

関係条文：令別表第1(20)項

用途の定義

| 舟　車 | ①　舟車とは、船舶安全法2条1項の規定を適用しない船舶、端舟、はしけ、被曳船その他の舟及び車両をいう（法2⑥）。
　令別表第1(20)項の総務省令で定める舟車は、法2条6項に規定する舟車のうち、次の舟及び車両とされている（規5⑩）。
　㋐　総トン数5 t 以上の舟で、推進機関を有するもの
　㋑　鉄道営業法、軌道法若しくは道路運送車両法又はこれらに基づく命令の規定により消火器具を設置することとされる車両
②　船舶安全法2条1項の規定が適用されない船舶のうち、次のものが令別表第1(20)項に該当する。
　㋐　災害発生時にのみ使用する救難用の船舶で国又は地方公共団体の所有するもの
　㋑　係留中の船舶
　㋒　告示（昭49・8・29運輸告353）で定める水域のみを航行する船舶
③　船舶安全法32条によって同法2条1項の規定の適用を受けない政令で定める総トン数20 t 未満の漁船は、専ら本邦の海岸から20海里（昭和55年から12海里）以内の海面又は内水面において従業するものであること（船舶安全法第32条の漁船の範囲を定める政令）。
④　鉄道営業法に基づく鉄道に関する技術上の基準を定める省令83条4項で定める「火災が発生した場合に初期消火ができる設備」は、機関車（蒸気機関車を除く。）、旅客車又は乗務員が執務する車室を有する貨物車であること。
⑤　軌道法に基づく軌道運転規則37条で定める消火用具を備え付けなければならない場所は、車両（蒸気機関車を除く。）の運転室又は客扱い若しくは荷扱いのため乗務する係員の車室であること。
⑥　軌道法に基づく無軌条電車運転規則26条で定める消火器を設けなければならないものは、すべての車両であること。
⑦　道路運送車両法に基づく道路運送車両の保安基準47条で定める消火器を備えなければならない自動車は、次のとおりである。
　㋐　火薬類（火薬にあっては5kg、猟銃雷管にあっては2,000個、実砲、空砲、信管又は火管にあっては200個をそれぞれ超えるものをいう。）を運送する自動車（被けん引自動車を除く。）
　㋑　危令別表第3に掲げる指定数量以上の危険物を運送する自動車（被けん引自動車を除く。）
　㋒　道路運送車両の保安基準の細目を定める告示71条、149条及び227条で定める品名及び数量以上の可燃物を運送する自動車（被けん引自動車を除く。）
　㋓　150kg以上の高圧ガス（可燃性ガス及び酸素に限る。）を運送する自動車（被けん引自動車を除く。）
　㋔　㋐〜㋓に掲げる火薬類、危険物、可燃性又は高圧ガスを運送する自動車をけん引するけん引自動車
　㋕　放射性同位元素等の規制に関する法律施行規則18条の3第1項に規定する放射性輸送物（L型輸送物を除き、同条2項に定めるIP−1型輸送物、IP−2型輸送物 |

及びIP-3型輸送物を含む。）を運送する場合若しくは放射性同位元素等車両運搬規則18条の規定により運送する場合又は核燃料物質等の工場又は事業所の外における運搬に関する規則3条に規定する核燃料輸送物（L型輸送物を除く。）若しくは同11条に規定する核分裂性輸送物を運送する場合若しくは核燃料物質等車両運搬規則19条の規定により運送する場合に使用する自動車
- ㋖ 乗車定員11人以上の自動車
- ㋗ 乗車定員11人以上の自動車を牽引する牽引自動車
- ㋘ 幼児専用車

消防設備設置基準一覧表

消防用設備等の区分		消防法施行令による基準			東京都火災予防条例による付加基準
^^^		設置すべき面積・収容人員等（原則となる規制基準）	関係条文	設置基準の緩和	^^^
消火設備	消火器・簡易消火用具（消火器具）	全部	令10①一	令10③	－

注　他の消防用設備等は非該当

消防用設備等の設置緩和

項目	内容	関係条文
消火器具	車両に係る消火器具の設置及び維持に関する技術上の基準は、それぞれ鉄道営業法、軌道法若しくは道路運送車両法又はこれらに基づく命令の定めるところによる。	規10

38 住宅の用に供される防火対象物

関係条文：法9の2、平16・12・15消防安227

用途の定義	
共通する内容	建物火災による死者のおおむね9割が住宅火災によるもので、特に65歳以上の高齢者がその半数を占める状況にあることから、住宅の防火安全性を高めるため、平成16年6月に法9条の2が追加された。

住宅用防災機器の設置・基準

住宅の用に供される防火対象物（法9条の2第1項に規定する住宅）の関係者は、住宅用防災機器の設置及び維持に関する基準に従って、次の住宅用防災機器を設置し、維持しなければならない（法9の2①、令5の6）。
① 住宅用防災警報器（住宅における火災の発生を未然に又は早期に感知し、及び報知する警報器）
② 住宅用防災報知設備（住宅における火災の発生を未然に又は早期に感知し、及び報知する火災報知設備）
住宅用防災警報器及び住宅用防災報知設備の技術上の基準は、「住宅用防災警報器及び住宅用防災報知設備に係る技術上の規格を定める省令」に規定されている。
また、住宅用防災機器の設置、維持に関する基準その他住宅における火災予防のために必要な事項は、政令で定める基準に従い市町村条例で定めることとされている（法9の2②）。
なお、住宅用防災機器の設置及び維持に関する事項については、火災予防条例（例）の一部改正（平16・12・15消防安227）に従い、各市町村の火災予防条例も改正されているが、住宅用防災機器の設置場所等が市町村条例により異なることがあることから、住宅の存する市町村条例の設置基準等を確認することが必要である（平16・12・15消防安227）。
東京都では、住宅火災の予防、住宅用火災警報器の設置等が規定されている（条例55の5の3・55の5の4）。

注1　住宅用防災機器以外の消防用設備等の設置基準は、一般住宅該当なし。
注2　令別表第1に該当する用途がある場合は、それぞれの該当用途の設置基準で判断する。

第4章 部分の用途に着目した消防設備設置基準

1 少量危険物を貯蔵し、又は取り扱うもの又は部分

　防火対象物又はその部分において、少量危険物を貯蔵し、又は取り扱う場合には、当該貯蔵し、又は取り扱うもの又は部分に着目して、消防用設備等の設置が義務付けられる。

1－1 少量危険物の定義

　少量危険物とは、法2条7項に規定する危険物のうち、危令1条の11（危令別表第3）に規定する指定数量の5分の1以上で当該指定数量未満のものとされている（令10①四）。
＜危令別表第3＞

類　別	品　名	性　質	指定数量
第1類　酸化性固体		第一種酸化性固体	50kg
		第二種酸化性固体	300kg
		第三種酸化性固体	1,000kg
第2類　可燃性固体	硫化りん		100kg
	赤りん		100kg
	硫黄		100kg
		第一種可燃性固体	100kg
	鉄粉		500kg
		第二種可燃性固体	500kg
	引火性固体		1,000kg
第3類　自然発火性物質及び禁水性物質	カリウム		10kg
	ナトリウム		10kg
	アルキルアルミニウム		10kg
	アルキルリチウム		10kg
		第一種自然発火性物質及び禁水性物質	10kg
	黄りん		20kg
		第二種自然発火性物質及び禁水性物質	50kg
		第三種自然発火性物質及び禁水性物質	300kg
第4類　引火性液体	特殊引火物		50ℓ
	第一石油類	非水溶性液体	200ℓ
		水溶性液体	400ℓ
	アルコール類		400ℓ
	第二石油類	非水溶性液体	1,000ℓ
		水溶性液体	2,000ℓ

	第三石油類	非水溶性液体	2,000ℓ
		水溶性液体	4,000ℓ
	第四石油類		6,000ℓ
	動植物油類		10,000ℓ
第5類　自己反応性物質		第一種自己反応性物質	10kg
		第二種自己反応性物質	100kg
第6類　酸化性液体			300kg

1－2　設置が義務付けられる消防用設備等

(1)　令別表第1に掲げる建築物その他の工作物で、少量危険物を貯蔵し、又は取り扱うものに義務付けられる。

消防用設備等	義務付けられる量	関係条文	設置基準の緩和
消火器具	危令1条の11に規定する指定数量の5分の1以上で当該指定数量未満	令10①四	令10③

注　「設置基準の緩和」については、「第2章　4－3」を参照

(2)　少量危険物を貯蔵し、又は取り扱うものが令別表第1(1)項から(16)項までに掲げる防火対象物又は部分に含まれる場合には、当該防火対象物又は部分の用途に応じて、消防用設備等の設置が必要となる。

＜参考＞　東京都火災予防条例
　　　少量危険物を貯蔵し、又は取り扱うものについて、東京都火災予防条例で付加しているものは、次のとおりである。

消防用設備等の種類	危険物の種別等	関係条文
消火器具	動植物油、鉱物油その他これらに類する危険物又は可燃性固体類等を煮沸する設備又は器具のある場所	条例36②五

第4章　部分の用途に着目した消防設備設置基準

2　指定可燃物を貯蔵し、又は取り扱うもの又は部分

　防火対象物又はその部分において、指定可燃物を貯蔵し、又は取り扱う場合には、当該貯蔵し、又は取り扱うもの又は部分に着目して、消防用設備等の設置が義務付けられる。

2－1　指定可燃物の定義

　指定可燃物とは、危令別表第4の品名欄に掲げる物品で、同表の数量欄に定める数量以上のものとされている。

品　名	数　量	具体的な品名
綿花類	200kg	・不燃性又は難燃性でない綿状又はトップ状の繊維及び麻糸原料 ・製糸工程前の原毛、羽毛
木毛及びかんなくず	400kg	・椰子の実繊維、製材中に出るかんなくず
ぼろ及び紙くず	1,000kg	・不燃性又は難燃性でないもの（動植物油がしみ込んでいる布又は紙及びこれらの製品を含む。） ・使用していない衣服、古新聞、古雑誌
糸類	1,000kg	・不燃性又は難燃性でない糸（糸くずを含む。）及び繭 ・綿糸、麻糸、化学繊維糸、毛糸
わら類	1,000kg	・乾燥わら、乾燥繭及びこれらの製品並びに干し草
再生資源燃料	1,000kg	・資源の有効な利用の促進に関する法律2条4項に規定する再生資源を原材料とする燃料 ・廃棄物固形化燃料（RDF等）
可燃性固体類	3,000kg	・固体で、次の①、③又は④のいずれかに該当するもの（1気圧において、温度20℃を超え40℃以下の間において液状となるもので、次の②、③又は④のいずれかに該当するものを含む。） 　① 引火点が40℃以上100℃未満のもの 　② 引火点が70℃以上100℃未満のもの 　③ 引火点が100℃以上200℃未満で、かつ、燃焼熱量が34kJ/g以上であるもの 　④ 引火点が200℃以上で、かつ、燃焼熱量が34kJ/g以上であるもので、融点が100℃未満のもの ・石油アスファルト、クレゾール
石炭・木炭類	10,000kg	・コークス、粉状の石炭が水に懸濁しているもの、豆炭、練炭、石油コークス、活性炭及びこれらに類するもの
可燃性液体類	2m³	・法別表第1備考14号の総務省令で定める物品で液体であるもの ・法別表第1備考15号及び16号の総務省令で定める物品で1気圧において温度20℃で液状であるもの

第4章　部分の用途に着目した消防設備設置基準

			・法別表第1備考17号の総務省令で定めるところにより貯蔵保管されている動植物油で1気圧において温度20℃で液状であるもの ・引火性液体の性状を有する物品（1気圧において、温度20℃で液状であるものに限る。）で1気圧において引火点が250℃以上のもの ・潤滑油、自動車用グリス
木材加工品及び木くず		10㎥	・家具類、建築廃材
合成樹脂類 （注）	発泡させたもの	20㎥	・発泡ウレタン、発泡スチロール、断熱材
	その他のもの	3,000kg	・ゴムタイヤ、天然ゴム、合成ゴム

（注）　合成樹脂類とは、不燃性又は難燃性でない固体の合成樹脂製品、合成樹脂半製品、原料合成樹脂及び合成樹脂くず（不燃性又は難燃性でないゴム製品、ゴム半製品、原料ゴム及びゴムくずを含む。）をいい、合成樹脂の繊維、布、紙及び糸並びにこれらのぼろ及びくずを除く。

＜参考＞　東京都火災予防条例では、指定可燃物として、危令別表第4に掲げられているものに加え、次のものを指定している（条例別表7）。

品　名	数　量	具体的な品名
紙類	10,000kg	洋紙、和紙、板紙、ルーフィング及び段ボール
穀物類	20,000kg	米粉、麦粉、ぬか、でん粉、大豆粉、粉乳及び砂糖
布類	10,000kg	不燃性又は難燃性でない織物生地及び織物製品

2－2　設置が義務付けられる消防用設備等

(1)　設置義務

　令別表第1に掲げる建築物その他の工作物で、指定可燃物を貯蔵し、又は取り扱うものには、次の消防用設備等の設置が義務付けられる。

消防用設備等		指定可燃物を貯蔵し、又は取り扱う量	関係条文	設置基準の緩和
消火器具	大型消火器以外のもの	危令別表第4で定める数量以上	令10①四	令10③
	大型消火器	危令別表第4で定める数量の500倍以上	規7①	規7②
屋内消火栓設備		危令別表第4で定める数量の750倍以上（可燃性液体類に係るものを除く。）	令11①五	令11④
スプリンクラー設備		危令別表第4で定める数量の1,000倍以上（可燃性液体類に係るものを除く。）	令12①八	令12③
水噴霧消火設備等(注)		危令別表第4で定める数量の1,000倍以上	令13①	令13②
自動火災報知設備		危令別表第4で定める数量の500倍以上	令21①八	令21③

（注）　水噴霧消火設備等は、次の指定可燃物の種別に応じて、設置することのできる消火設備が定められており、設置する場合には、貯蔵し、又は取り扱うもの又は部分の形態に応じ、最も適しているものを設置する（令13①）。

第4章　部分の用途に着目した消防設備設置基準

指定可燃物の種別	消火設備の種類
① 綿花類 ② 木毛及びかんなくず ③ ぼろ及び紙くず（動植物油がしみ込んでいる布又は紙及びこれらの製品を除く。） ④ 糸類 ⑤ わら類 ⑥ 再生資源燃料 ⑦ 合成樹脂類（不燃性又は難燃性でないゴム製品、ゴム半製品、原料ゴム及びゴムくずに限る。）	水噴霧消火設備 泡消火設備 全域放出方式の不活性ガス消火設備
① ぼろ及び紙くず（動植物油がしみ込んでいる布又は紙及びこれらの製品に限る。） ② 石炭・木炭類	水噴霧消火設備 泡消火設備
① 可燃性固体類 ② 可燃性液体類 ③ 合成樹脂類（不燃性又は難燃性でないゴム製品、ゴム半製品、原料ゴム及びゴムくずを除く。）	水噴霧消火設備 泡消火設備 不活性ガス消火設備 ハロゲン化物消火設備 粉末消火設備
木材加工品及び木くず	水噴霧消火設備 泡消火設備 全域放出方式の不活性ガス消火設備 全域放出方式のハロゲン化物消火設備

＜参考＞　東京都火災予防条例
　　　指定可燃物を貯蔵し、又は取り扱う指定可燃物貯蔵取扱所等について、東京都火災予防条例で付加しているものは、次のとおりである。

消防用設備等の種類	指定可燃物の種別等	関係条文
消火器具	① 動植物油、鉱物油その他これらに類する危険物又は可燃性固体類等を煮沸する設備又は器具のある場所 ② 紙類（洋紙、和紙、板紙、ルーフィング及びダンボール）、穀物類又は布類（以下「紙類等」という。）を貯蔵し、又は取り扱う指定可燃物貯蔵取扱所	条例36②五・六
大型消火器	条例別表第7に定める数量の500倍以上の紙類等を貯蔵し、又は取り扱う指定可燃物貯蔵取扱所	条例37①六
屋内消火栓設備	条例別表第7に定める数量の750倍以上の紙類等を貯蔵し、又は取り扱う指定可燃物貯蔵取扱所	条例38①三
スプリンクラー設備	条例別表第7に定める数量の1,000倍以上の紙類等を貯蔵し、又は取り扱う指定可燃物貯蔵取扱所	条例39①六
水噴霧消火設備 泡消火設備 不活性ガス消火設備 ハロゲン化物消火設備	条例別表第7に定める数量の1,000倍以上の紙類等を貯蔵し、又は取り扱う指定可燃物貯蔵取扱所	条例40① 緩和基準（条例40⑤）

第4章　部分の用途に着目した消防設備設置基準

動力消防ポンプ設備	令別表第1に掲げる建築物（耐火建築物及び準耐火建築物を除く。）が同一敷地内に2以上ある場合において、当該建築物の延べ面積の合計（屋内消火栓設備、スプリンクラー設備、水噴霧消火設備、泡消火設備、不活性ガス消火設備、ハロゲン化物消火設備、粉末消火設備又は屋外消火栓設備が、条例38条から40条まで及び令11条から19条までの規定の例により設置され、かつ、維持されている部分の床面積を除く。）が3,000㎡となるとき	条例40の2①
自動火災報知設備	条例別表第7に定める数量の500倍以上の紙類等を貯蔵し、又は取り扱う指定可燃物貯蔵取扱所	条例41①四

(2)　設置の緩和
　(1)の表中、水噴霧消火設備等を除く「設置基準の緩和」については、「第2章　4－3」を参照すること。
　(1)の(注)の表に掲げる指定可燃物（可燃性液体類に係るものを除く。）を貯蔵し、又は取り扱う建築物その他の工作物にスプリンクラー設備を技術上の基準に従い、又は当該技術上の基準の例により設置したときは、当該設備の有効範囲内の部分について、それぞれ同表の右欄に掲げる消火設備を設置しないことができる（令13②）。

3　屋上部分で航空機等の発着の用に供される部分

　建築物の屋上部分に航空機等の発着の用に供される部分を設ける場合には、当該部分における火災発生危険性等に着目し、消防用設備等の設置が義務付けられる（令13①）。

3－1　回転翼航空機又は垂直離着陸航空機の発着の用に供されるものの定義

(1)　回転翼航空機又は垂直離着陸航空機は、次のように定義されている。

回転翼航空機	回転する翼（ロータ）によって必要な揚力及び推力の全部又は一部を得て飛行する航空機。ロータクラフトともいう。 ヘリコプター、オートジャイロ、ティルトロータ等が含まれる。
垂直離着陸航空機	ヘリコプターのように垂直に離着陸できる飛行機。 なお、回転翼機であるヘリコプターは、一般的に垂直離着陸機には含まない。

(2)　「発着の用に供されるもの」には、ヘリコプターの緊急救助用スペース（災害活動に際し、建築物の屋上で緊急用ヘリコプターがホバリングする場所をいう。）は、含まないとされている。

3－2　設置が義務付けられる消防用設備等

(1)　令別表第1に掲げる防火対象物の屋上部分で、回転翼航空機又は垂直離着陸航空機の発着の用に供される部分には、次の消防用設備等の設置が義務付けられる。

消防用設備等	関係条文
①　泡消火設備	令13①
②　粉末消火設備	

(2)　令別表第1(1)項から(16)項までに掲げる防火対象物又は部分の屋上部分に航空機等の発着の用に供される部分がある場合には、当該防火対象物又は部分の用途に応じて、消防用設備等の設置が必要となる。

3－3　ヘリコプターの屋上緊急離着陸場等の特例

　高層建築物等にヘリコプターの屋上緊急離着陸場等を設ける場合については、令13条1項の規定にかかわらず、次の消防用設備等の設置が必要とされている（平2・2・6消防消20・消防予14・消防救14）。

ヘリコプターの屋上緊急離着陸場等	消防用設備等
緊急離着陸場（建築物の屋上で航空消防活動を行うヘリコプター（以下「緊急用ヘリコプター」という。）が離着陸する場所をいう。）	①　連結送水管 ②　消火器
緊急救助用スペース（建築物の屋上で緊急用ヘリコプターがホバリングする場所をいう。）	①　連結送水管 ②　消火器

　なお、消防長等が防火対象物の位置、構造及び設備等の状況から判断して、この基準によらなくとも消防活動上支障ないと認めるときは、この基準によらないことができる。

第4章　部分の用途に着目した消防設備設置基準

<参考>
●高層建築物等におけるヘリコプターの屋上緊急離着陸場等の設置の推進について（概要）
(平2・2・6消防消20・消防予14・消防救14)

　消防におけるヘリコプターの活用とその整備のあり方については、平成元年3月20日に、消防審議会から消防庁長官に答申により、消防ヘリコプターの有効活用に必要な諸条件の1つとして、離着陸場の整備を図ることの重要性が指摘されている。
　また、高層建築物等におけるヘリコプターの屋上緊急離着陸場等の設置について、建設省から「高層建築物等におけるヘリコプターの屋上緊急離着陸場等の設置の推進について」(平2・1・11住指発14)が示されている。
　高層建築物等におけるヘリコプターの屋上緊急離着陸場等の設置については、次の事項が示されている。
1　建物火災時のヘリコプターによる消防活動は、特にはしご自動車による消防活動が期待できない高層建築物においては高い効果が期待できるものであり、各消防本部が保有するはしご自動車の性能等を勘案し、原則として高さ31mを超える非常用エレベーターの設置を要する高層建築物を対象として設置の指導を行うこと。
2　ヘリコプターによる傷病者の搬送については、医療施設に緊急離着陸場が整備されることにより、搬送時間の短縮、傷病者の効率的な収容等、極めて高い効果が期待できるので、3次救急医療機関をはじめとする高度医療施設を対象として設置の指導を行うこと。
3　ヘリコプターの屋上緊急離着陸場等の整備が行われた高層建築物に係る警防計画については、当該施設の活用に留意するとともに、必要に応じて「大規模特殊災害時における広域航空消防応援について」(昭61・5・30消防救61)の大規模特殊災害時における広域航空応援実施要綱に定めるヘリコプターの要請等が速やかに実施できるようその内容の充実を図ること。
4　設置の指導に当たっては、特定行政庁と十分に連絡をとられたいこと。
別添
　高層建築物等におけるヘリコプターの屋上緊急離着陸場等の設置の推進について(平2・1・11住指発14))
　去る昭和63年5月に発生した米国ロスアンゼルス市ファーストインターステート銀行ビル火災では、ヘリコプターを利用してやむを得ず屋上へ避難した人々が多数救助されたところである。
　高層建築物等については、建築基準法等において防火上及び避難上必要な措置を講じているところであるが、緊急時にヘリコプターが屋上へ離着陸できることは、消防隊の屋上から建築物への進入を可能にするとともに、やむを得ず屋上へ避難した者を救助することができ、高層建築物等の防火安全性の一層の向上につながるものである。
　ついては、今後、主として火災時に消防活動が制約される可能性のある高さ31mを超える非常用エレベーターの設置を要する高層建築物及び緊急時に離着陸等が必要な医療用建築物等について、その所有者等に対し、ヘリコプターの屋上緊急離着陸場又は緊急救助用スペースの設置を積極的に指導されたい。
　また、設置の指導に当たっては消防機関等と十分に連絡をとられたい。
　別途「ヘリコプターの屋上緊急離着陸場等の設置に関する指針・同解説」((財)日本建築センター発行)を送付するので、設置の指導の際の参考にされたい。
　ヘリコプターの屋上緊急離着陸場等の設置に関する指針・同解説（略）

4 道路の用に供される部分

防火対象物である建築物の一部に道路の用に供される部分が設けられているものであり、原則として道路の用に供される部分も含め防火対象物とされる。

4-1 道路の用に供される部分の定義

(1) 道路とは、車両の交通の用に供されるものであって、次に掲げるものに限るとされている（規31の8）。

①	道路法による道路
②	土地区画整理法、旧住宅地造成事業に関する法律、都市計画法、都市再開発法、新都市基盤整備法、大都市地域における住宅及び住宅地の供給の促進に関する特別措置法又は密集市街地における防災街区の整備の促進に関する法律による道路
③	港湾法又は道路運送法による道路
④	①から③までに掲げるもののほか、交通の用に供される道路で自動車（道路運送車両法2条2項に規定するものをいう。）の通行が可能なもの なお、自動車とは、原動機により陸上を移動させることを目的として製作した用具で軌条若しくは架線を用いないもの又はこれにより牽引して陸上を移動させることを目的として製作した用具であって、総排気量又は定格出力を有する原動機により陸上を移動させることを目的として製作した用具で軌条若しくは架線を用いないもの又はこれにより牽引して陸上を移動させることを目的として製作した用具以外のものをいう。

(2) 建物と一体をなすと認められる道路の範囲

防火対象物の道路の用に供される部分として規制の対象となる道路は、建物と一体をなすと認められる構造のものであり、建物と分離構造をなしている道路は含まれない。したがって、高架下に構造的に分離して設けられている建築物を有する高架道路、建築物の構造と分離して設けられている地下トンネル内の道路等は、該当しない。

また、防火対象物の関係者、利用者等が主として使用する当該防火対象物内の通路、傾斜路、駐車場進入路等及び敷地内の防火対象物への取り付け通路等は、含まれない（平2・7・10消防予92）。

(3) 道路の用に供される部分の取扱い

防火対象物の道路の用に供される部分は、当該防火対象物の各用途に従属する部分として取り扱われる。

また、複合用途防火対象物の道路の用に供される部分については、当該道路の用に供される部分が特に特定の用途の部分に従属している場合を除き、原則として、当該道路の用に供される部分の面積を各用途に供されている部分の面積に応じて按分する（平2・7・10消防予92）。

4-2 設置が義務付けられる消防用設備等

(1) 令別表第1に掲げる防火対象物の道路の用に供される部分には、次の消防用設備等の設置が義務付けられる。

消防用設備等	道路の用に供される部分の床面積		関係条文	設置基準の緩和
水噴霧消火設備	屋上部分	600㎡以上	令13①	－

第4章　部分の用途に着目した消防設備設置基準

泡消火設備 不活性ガス消火設備 粉末消火設備	それ以外の部分　　400㎡以上		
自動火災報知設備	屋上部分　　　　　600㎡以上 それ以外の部分　　400㎡以上	令21①十二	令21③
連結送水管	道路の用に供する部分	令29①五	－

注　「設置基準の緩和」については、「**第2章　4-3**」を参照

(2)　道路の用に供されている部分については、(1)に掲げる消防用設備等のほかに、当該道路の設けられる防火対象物の用途（令別表第1(1)項から(16)項まで）に応じて、消防用設備等の設置が必要となる。

4-3　道路の用に供される部分に係る基準の特例

道路の用に供される部分に係る基準の特例が認められる一定の基準が定められている（令31②）。
なお、一定の基準とは次のとおりである（規33①）。
①　防火対象物の道路の用に供される部分とその他の部分とが、開口部のない防火対象物の床又は壁で区画されていること
②　防火対象物の道路の用に供される部分の開口部に接する外壁は、耐火構造のひさし、床、そで壁その他これらに類するものにより、延焼防止上有効な措置がとられていること

この要件については、道路の用に供される部分及び建物の相互関係から、その延焼防止上の有効性について、個々具体的に判断することが必要である。

例えば、道路の用に供される部分とその他の部分との間の壁又は床に開口部があり、当該開口部について延焼防止のため構造上、管理上特別の対策が講じられ、規33条1項1号と同等以上の効果があると認められる場合にあっては、同様の取扱いが可能とされている。

この場合の消防用設備等の設置に係る特例は、次のとおりである（規33②）。

道路の用に供される部分	消防用設備等
屋上部分	設置を省略
その他の部分	水噴霧消火設備等、自動火災報知設備及び連結送水管を除きその他の消防用設備等の設置が省略

5　自動車の修理等に供される部分

5−1　自動車の修理等に供される部分の定義

　自動車の修理又は整備の用に供される部分であり、作業時に危険物である油類を取り扱うことが多く、部品の洗浄や塗装等にラッカー、シンナー等の引火性の高いものの使用がある。

5−2　設置が義務付けられる消防用設備等

(1)　令別表第1に掲げる防火対象物の自動車の修理等に供される部分には、次の消防用設備等の設置が義務付けられる。

消防用設備等	自動車の修理又は整備の用に供される部分の床面積	関係条文
泡消火設備 ハロゲン化物消火設備 不活性ガス消火設備 粉末消火設備	地階又は2階以上の階　200㎡以上 1階　　　　　　　　　500㎡以上	令13①

(2)　自動車の修理等に供される部分が令別表第1(1)項から(16)項までに掲げる防火対象物又は部分に含まれる場合には、当該防火対象物又は部分の用途に応じて、消防用設備等の設置が必要となる。

6　駐車の用に供される部分

6－1　駐車の用に供される部分の定義

主として自動車を駐車する部分のほか、駐車場内の車路部分が含まれる。

6－2　設置が義務付けられる消防用設備等

(1)　令別表第1に掲げる防火対象物の駐車の用に供される部分には、次の消防用設備等の設置が義務付けられる。

消防用設備等	消防法施行令による基準 床面積等		関係条文	設置基準の緩和	東京都火災予防条例による付加基準
泡消火設備 ハロゲン化物消火設備 不活性ガス消火設備 粉末消火設備 水噴霧消火設備	当該部分の存する階（屋上部分を含み、駐車するすべての車両が同時に屋外に出ることができる構造の階(注)を除く。）における当該部分	地階又は2階以上の階 200㎡以上	令13①	－	－
		1階 500㎡以上			
		屋上部分 300㎡以上			
	昇降機等の機械装置により車両を駐車させる構造のもので、車両の収容台数が10以上				
自動火災報知設備	当該部分の存する階（駐車するすべての車両が同時に屋外に出ることができる構造の階(注)を除く。）における当該部分の床面積　200㎡以上		令21①十三	令21③	－

(注)　駐車するすべての車両が同時に屋外に出ることができる構造の階：自動車が横一列に並んで収容されている車庫のように、それぞれの車が同時に屋外に出ることができるものが該当する。

＜参考＞　「設置基準の緩和」については、「第2章　4－3」を参照すること。

(2)　駐車の用に供される部分が令別表第1(1)項から(16)項までに掲げる防火対象物又は部分に含まれる場合には、当該防火対象物又は部分の用途に応じて、消防用設備等の設置が必要となる。

7 電気設備が設置されている部分

7-1 電気設備が設置されている部分の定義

　発電機、変圧器その他これらに類する電気設備が設置されている部分とは、発電気、変圧器のほかにリアクトル、電圧調整器、油入開閉器、油入コンデンサー、油入遮断器、計器用変成器等が該当する（昭51・7・20消防予37）。
　なお、次のものは該当しないとされている（昭51・7・20消防予37）。
① 配電盤又は分電盤
② 電気設備のうち、冷却又は絶縁のための油類を使用せず、かつ、水素ガス等可燃性ガスが発生するおそれのないもの
③ 電気設備のうち、容量（同一の場所に2以上の電気設備が設置されている場合は、それぞれの電気設備の容量の合計をいう。）が20kVA未満のもの

7-2 設置が義務付けられる消防用設備等

(1) 令別表第1に掲げる防火対象物の電気設備が設置されている部分には、次の消防用設備等の設置が義務付けられる。

消防用設備等	消防法施行令による基準			東京都火災予防条例による付加基準
	床面積（注）	関係条文	設置基準の緩和	
ハロゲン化物消火設備 不活性ガス消火設備 粉末消火設備	200㎡以上	令13①	-	油入機器を使用する特別高圧変電設備のある場所 油入機器を使用する全出力1,000kw以上の高圧又は低圧の変電設備のある場所 全出力1,000kw以上の燃料電池発電設備又は内燃機関を原動力とする発電設備のある場所 前記以外の無人の燃料電池発電設備、変電設備又は内燃機関を原動力とする発電設備のある場所 地盤面からの高さが31mを超える階に存する部分に電気設備が設置されている場所 （条例40）

（注）　電気設備が設置されている部分の床面積は、電気設備が据え付けられた部分の周囲に水平距離5mの線で囲まれた部分の面積（同一の室内に電気設備が2箇所以上設置されている場合はその合計面積）をいう。
　　　ただし、不燃材料の壁、天井、床又は特殊防火設備（随時開くことのできる自動閉鎖装置付きのもの又は随時閉鎖することができ、かつ、煙感知器の作動と連動して閉鎖できるものに限る。）で区画されている部分に設ける場合は、当該区画された部分の床面積とすることができる（昭51・7・20消防予37）。

(2) 電気設備が設置されている部分が令別表第1(1)項から(16)項までに掲げる防火対象物又は部分に含まれる場合には、当該防火対象物又は部分の用途に応じて、消防用設備等の設置が必要となる。

7-3　設置の緩和

次のいずれかに該当する電気設備が設置されている部分に大型消火器を設置した場合には、必要とする消火設備を設置しないことができる（昭51・7・20消防予37）。

①	密封方式の電気設備（封じ切り方式又は窒素封入方式の電気設備であって、内部に開閉接点を有しない構造のものに限る。）で、絶縁劣化、アーク等による発火危険のおそれが少なく、かつ、当該電気設備の容量が15,000KVA未満のもの
②	1,000KVA未満の容量の電気設備
③	密封方式のOFケーブル油槽
④	告示基準に適合するキュービクルに収納されている電気設備 キュービクル式非常電源専用受電設備（昭50・5・28消告7） キュービクル式蓄電池設備（昭48・2・10消告2） キュービクル式自家発電設備（昭48・2・10消告1）
⑤	発電機、変圧器のうち、冷却又は絶縁のための油類を使用せず、かつ、水素ガス等可燃性ガスを発生するおそれのないもの

8 鍛造場等多量の火気を使用する部分

8-1 鍛造場等多量の火気を使用する部分の定義

　鍛造場等とは、鍛造場、ボイラー室、乾燥室その他多量の火気を使用する部分とされている。その他多量の火気を使用する部分とは、金属溶解設備、給湯設備、温風暖房設備、厨房設備等のうち、最大消費熱量の合計が300,000kcal/時以上のものが設置されている場所が該当する（昭51・7・20消防予37）。

8-2 設置が義務付けられる消防用設備等

(1)　令別表第1に掲げる防火対象物の鍛造場等多量の火気を使用する部分には、次の消防用設備等の設置が義務付けられる。

消防用設備等	消防法施行令による基準			東京都火災予防条例による付加基準
	床面積	関係条文	設置基準の緩和	
ハロゲン化物消火設備 不活性ガス消火設備 粉末消火設備	200㎡以上	令13①	－	－

(2)　鍛造場等多量の火気を使用する部分が令別表第1(1)項から(16)項までに掲げる防火対象物又は部分に含まれる場合には、当該防火対象物又は部分の用途に応じて、消防用設備等の設置が必要となる。

8-3 設置の緩和

　火気使用設備（鍛造場、ボイラー室、乾燥室に設置する火気使用設備又は金属溶解設備、給湯設備、温風暖房設備、厨房設備等）の最大消費熱量の合計が300,000kcal/時未満のものが設置されている場所に大型消火器を設置した場合には、必要とする消火設備を設置しないことができる（昭52・1・27消防予12）。

9　通信機器室

9-1　通信機器室の定義

　自動又は手動により信号の送受を行うための機器が設置されている室をいい、電話局における通信機器室には、電話通信機器室、電報通信機器室、無線通信機器室、搬送通信機器室及びデータ通信機器室が該当する（昭45・11・18消防予225）。

9-2　設置が義務付けられる消防用設備等

(1)　令別表第1に掲げる防火対象物の通信機器室には、次の消防用設備等の設置が義務付けられる。

消防用設備等	消防法施行令による基準			東京都火災予防条例による付加基準
	床面積	関係条文	設置基準の緩和	
ハロゲン化物消火設備 不活性ガス消火設備 粉末消火設備	500㎡以上	令13①	－	地盤面からの高さが31mを超える階に存する部分の通信機器室、電子計算機室、電子顕微鏡室その他これらに類する室（条例40）
自動火災報知設備	500㎡以上	令21①十五	令21③	－

注　「設置基準の緩和」については、「第2章　4-3」を参照

(2)　通信機器室が令別表第1(1)項から(16)項までに掲げる防火対象物又は部分に含まれる場合には、当該防火対象物又は部分の用途に応じて、消防用設備等の設置が必要となる。

10　冷凍室・冷蔵室

10−1　冷凍室・冷蔵室の定義

冷凍室は−18℃以下の温度、冷蔵室は0〜10℃の温度範囲に設定されている。冷凍室又は冷蔵室は、保温効果を高めるために、壁・床・天井部分に断熱材等を用いているほか、開口部が少ない。

10−2　設置が義務付けられる消防用設備等

東京都火災予防条例により、令別表第1に掲げる防火対象物の冷凍室又は冷蔵室の部分には、次の消防用設備等の設置が義務付けられる。

消防用設備等	消防法施行令による基準			東京都火災予防条例による付加基準
	床面積	関係条文	設置基準の緩和	
ハロゲン化物消火設備 不活性ガス消火設備	−	−	−	床面積の合計が500㎡以上（条例40）

第4章　部分の用途に着目した消防設備設置基準

11　大規模・高層建築物等の総合操作盤

　大規模な防火対象物では、設置される消防用設備等の種類が増え、監視・制御盤や操作盤等が当該消防用設備等ごとに設置されたり、これらを取りまとめて総合監視制御等のシステムが複雑化する。総合操作盤は、これらの消防用設備等の監視や操作を防災センターで一括して総合的に行うために設けられる。

11－1　総合操作盤の定義

　総合操作盤とは、消防用設備等又は特殊消防用設備等の監視、操作等を行うために必要な機能を有する設備をいう。
　また、総合操作盤は、表示部、操作部、制御部、記録部及び附属設備で構成されるものとし、防火対象物の規模、利用形態、火災における人命安全の確保、防火管理体制及び消火活動の状況に応じて、円滑に運用できる機能を有する（平16・5・31消告7）。
　総合操作盤の概念図は、次のとおりである。

11－2　消防用設備等に係る総合操作盤を設ける防火対象物の要件

○総合操作盤の設置の義務付け
　高層の建築物、大規模な建築物その他の防火対象物のうち、＜表1＞に掲げるものに設置される＜表2＞に掲げる消防用設備等には、当該設備の監視、操作等を行うことができ、かつ、消防庁長官が定める基準に適合する総合操作盤を、消防庁長官が定めるところにより、当該設備を設置している防火対

第4章　部分の用途に着目した消防設備設置基準

象物の防災センター（総合操作盤その他これに類する設備により、防火対象物の消防用設備等又は特殊消防用設備等その他これらに類する防災のための設備を管理する場所をいう。）、中央管理室（建築基準法施行令20条の2第2号に規定する中央管理室をいう。）、守衛室その他これらに類する場所（常時人がいる場所に限る。）に設ける（規12①八）。

<表1>　総合操作盤の設置が必要な防火対象物

防火対象物	義務付けが生じる規模
①　令別表第1(1)項から(16)項までに掲げる防火対象物で、右欄のいずれかに該当するもの	㋐　延べ面積50,000㎡以上 ㋑　地階を除く階数が15以上であり、かつ、延べ面積30,000㎡以上
②　令別表第1(16の2)項（地下街）	延べ面積1,000㎡以上
③　令別表第1(1)項から(16)項までに掲げる防火対象物(注)で、右欄のいずれかを満たすもののうち、消防長又は消防署長が防火対象物の利用形態、管理運営等の観点から火災予防上必要があると認めて指定するもの	㋐　地階を除く階数が11以上であり、かつ、延べ面積10,000㎡以上 ㋑　特定防火対象物で、地階を除く階数が5以上であり、かつ、延べ面積20,000㎡以上 ㋒　地階の部分の床面積の合計が5,000㎡以上

（注）　①に該当するものを除く。

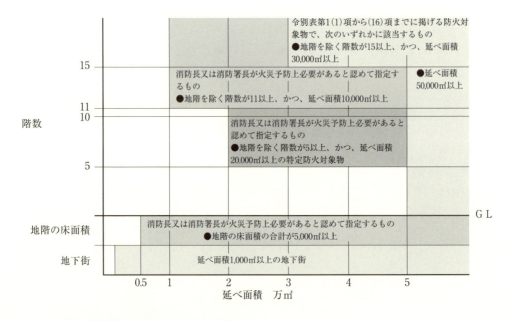

<表2>　総合操作盤の義務付けられる消防用設備等

消防用設備等の種別		関係条文
消火設備	屋内消火栓設備	規12①八
	スプリンクラー設備	規14①十二
	水噴霧消火設備	規16③六
	泡消火設備	規18④十五

— 272 —

第4章　部分の用途に着目した消防設備設置基準

	不活性ガス消火設備	規19⑤二十三
	ハロゲン化物消火設備	規20④十七
	粉末消火設備	規21④十九
	屋外消火栓設備	規22十一
警報設備	自動火災報知設備	規24九
	ガス漏れ火災警報設備	規24の2の3①十
	非常警報設備（放送設備）	規25の2②六
避難設備	誘導灯	規28の3④十二
消火活動上必要な施設	排煙設備	規30十
	連結散水設備	規30の3五
	非常コンセント設備	規31の2十
	無線通信補助設備	規31の2の2九

＜参考＞　東京都火災予防条例55条の2の2
　　次に掲げる防火対象物の消防用設備等又は特殊消防用設備等の総合操作盤及び制御装置等は、防災センターにおいて集中して管理しなければならない。

防火対象物	義務付けが生じる規模
令別表第1(1)項から(4)項まで、(5)項イ、(6)項、(9)項イ及び(16)項イに掲げる防火対象物（小規模特定用途複合防火対象物を除く。）	①　地階を除く階数が11以上であり、かつ、延べ面積10,000㎡以上 又は ②　地階を除く階数が5以上であり、かつ、延べ面積20,000㎡以上
令別表第1(16の2)項（地下街）	延べ面積1,000㎡以上
令別表第1(5)項ロ、(7)項、(8)項、(9)項ロ、(10)項から(15)項まで及び(16)項に掲げる防火対象物（同表(16)項イに掲げる防火対象物にあっては、小規模特定用途複合防火対象物に限る。）	地階を除く階数が15以上であり、かつ、延べ面積30,000㎡以上
前記各欄に掲げる防火対象物以外の令別表第1に掲げる防火対象物	延べ面積50,000㎡以上

用途別　消防設備設置基準

	平成29年3月28日	初　版発行
	令和元年9月13日	第二版発行

編　集　消防設備設置基準研究会

発行者　新日本法規出版株式会社
代表者　星　　謙　一　郎

発行所　新日本法規出版株式会社

本　　社 総轄本部	（460-8455）	名古屋市中区栄1－23－20 電話　代表　052(211)1525
東京本社	（162-8407）	東京都新宿区市谷砂土原町2－6 電話　代表　03(3269)2220
支　　社		札幌・仙台・東京・関東・名古屋・大阪・広島 高松・福岡
ホームページ		https://www.sn-hoki.co.jp/

※本書の無断転載・複製は、著作権法上の例外を除き禁じられています。＊
※落丁・乱丁本はお取替えします。
ISBN978-4-7882-8223-0
50962　消防設備基準
Ⓒ 2017 Printed in Japan